나를 믿고 나아가기

일러두기

1. 이 책은 랄프 왈도 에머슨의 에세이 단행본 《에세이 첫 번째 시리즈(Essays: First Series)》, 《에세이 두 번째 시리즈(Essays: Second Series)》, 《인생의 처신(The Conduct of Life)》, 《사회와 고독(Society and Solitude)》과 강연문 〈미국학자(The American Scholar)〉에서 선별해 엮은 것이다. 에세이 제목은 내용을 반영하여 새롭게 지었다.
2. 이 책의 각주는 모두 옮긴이 주다.
3. 외래어 표기법을 준수하되 랄프 왈도 에머슨의 이름처럼 널리 알려진 경우는 통용 표기를 따랐다.

에머슨 산문선
나를 믿고 나아가기

랄프 왈도 에머슨 | 구원 옮김

BOOKERS
CLASSIC

오직 그대만이
그대 자신의 마음을 다스릴 수 있다.
오직 신념의 승리를 통해서만
마음의 평화를 얻을 수 있다.

차례

고독에 관하여 7

사유하는 사람 22

나를 믿고 나아가기 56

소중한 친구여 100

품격 있는 인간 126

보이는 것에 현혹되지 말라 156

두려움에 맞서는 법 173

나이 듦의 기쁨 199

부록 : 에머슨의 일기 220

옮긴이 후기 250

랄프 왈도 에머슨 연보 274

고독에 관하여

❖

 여행 중에 재치 있는 사람을 만나 제법 가까운 사이가 되었다. 그의 방에는 메두사 론다니니 석고상이 있었는데, 그는 그 뛰어난 예술 작품의 이름이 잘못 기록되었다고 확신한다며, 사실은 조각가가 뮤즈들의 어머니인 '기억'[1]이라는 이름을 붙였을 것이라고 말했다. 이어진 대화에서 나의 새로운 친구는 꽤 놀라운 이야기를 털어놓았다. "모르시겠습니까." 그가 말했다. "교육이 어떤 해를 끼치는지 말입니다. 선생님께서 S-에서 만나신 학자들은 설령 자신이 바로 다음 차례더라도 주저없이 앞 사람의 목을 자를 것입니다. 토머스 후드 시[2]의 처형자들처럼 말이죠. 그는 계속해서 농담조로 이야기했으나 척 봐도 진정성 있는 성격이 나의 관심을 끌었고, 이후 몇 주간 우리는 서로를 더욱 잘 알게 되었다.

 그는 유능하고 성격이 원만했으며 도덕적으로 올곧았다. 그

---

[1] 기억의 여신 므네모시네(Mnemosyne)를 뜻한다.
[2] 영국 시인 토머스 후드(Thomas Hood)의 〈최후의 인간(The Last Man)〉을 뜻한다.

러나 한 가지 결점이 있었는데, 사람들 앞에서 말을 잘 하지 못한다는 것이었다. 마치 의지가 마비되기라도 한 양, 사람들과 일상적인 대화를 나눌 때도 그는 입을 여는 순간부터 겁 많은 여자아이처럼 웅얼거렸다. 스스로 그것을 의식하면서 더욱 버벅거렸다. 그는 식당에 앉아 있는 여느 방목자나 목수들의 당당한 말투를 부러워했다. 그는 미라보[3]의 무시무시한 친화력을 원했고, 가장 신분이 낮은 사람들과도 공감할 수 있는 자들이야말로 왕이 가장 두려워해야 하는 대상이라고 믿었다. 자기로 말하자면, 자기는 친구에게 편지 한 통 쓸 수 있을 만큼 평온한 고독도 누리지 못한다고 했다. 그는 도시를 떠나 시골에서 칩거했다. 한 줄기 강도 고독을 지켜 주지 못했다. 해와 달도 신경에 거슬렸다. 그는 집을 사자마자 오크 나무를 심었다. 아무리 심어도 충분히 자신을 가려 주지 못하는 듯했다. 여기에 덤불을 심고 저기에 오크 나무를 심으며, 첩첩이 나무를 둘렀다. 그러고는 일 년 내내 이파리를 잃지 않는 상록수들을 심었다.

누군가의 집이나 거리에서 조우했을 때 그를 못 본 척해 주는 것만큼 그를 기쁘게 하는 일은 없었다. 그는 비록 지금 이곳에서는 사람들이 자신을 볼 수 있음에 괴로워했으나, 이곳을 제외

---

[3] 오노레 가브리엘 리케티 드 미라보(Honoré Gabriel Riqueti, Comte de Mirabeau), 프랑스 혁명 시대에 활동한 정치가이자 사상가.

한 나머지 세상에서는 자신이 보이지 않는다는 사실을 위로로 삼았다. 그는 재단사에게 남들 눈에 띄지 않을 디자인과 차분한 색의 옷을 주문했다. 그러나 비엔나와 스미르나와 런던에서, 다양한 옷의 축제와도 같은 다채로움 속에서 자기와 비슷하게 입은 사람이 한 명도 없다는 사실을 깨닫고 경악했다. 기게스의 반지[4]를 손에 넣을 수 있다면 그는 영혼도 팔았으리라. 그는 사람들 시선을 너무도 두려워해서 죽음의 공포마저 잊었다. 그가 말했다. "제가 총을 두려워하겠습니까? 저는 육신이라는 재킷을 훌훌 벗어 던진 뒤에 별들의 세계로 슬그머니 돌아가, 저와 다른 영혼들 사이에 태양계의 직경과 별의 궤도만 한 거리를 둔 채로 고독 속에서 세월을 보내며 기억 자체를 잊고 싶은 사람입니다." 그는 자신의 서투름에 좌절하며 얼굴의 경련과 팔다리의 움찔거림을 잠재우려고 수십 마일을 걷곤 했다. 그가 말했다. "하나님이 죄는 용서할지 몰라도, 어색함은 하늘에서나 땅에서나 용서받지 못합니다." 그는 뉴턴이 달을 보고 발견한 법칙보다 뉴턴이 콜린스에게 보낸 편지를 더욱 존경했다. 편지에서 뉴턴은 「생물학 저널」에 실린 난제의 해답에 자신의 이름을 넣지 말라고 요청하며, "그로 인해 사람들을 더 많이 만나게 될지도 모르는데, 그것만큼은 반드

---

[4] 플라톤의 저서 《국가》에 나오는 마법 반지로, 소유자를 보이지 않게 해 주는 신비한 힘을 지녔다고 한다.

시 피하고 싶습니다"라고 말했다.

그와 대화를 나눈 뒤에 나는 비슷한 사례들을 알게 되었으며, 그처럼 생각하는 이들이 상당히 흔하다는 사실 또한 깨달았다. 자연에는 순수한 상태로 존재하는 물질이 드물다. 이 거친 세상을 맨몸으로 견딜 수 있는 것들은 철, 소금, 공기, 물처럼 일차원적이고 단순한 구조를 지녔다. 칼륨이나 나트륨 같은 금속 원소는 나프타 속에 보관해야 순수한 상태를 보존할 수 있다. 특정한 전문 분야의 재능도 이와 같아서, 고도화된 문명에서는 대도시의 중심부와 왕궁에서 이런 재능을 양성한다. 자연은 자신의 작품을 보호한다. 세계 문명에 아르키메데스와 뉴턴은 반드시 필요하다. 따라서 자연은 그들을 일종의 고립 상태에 둠으로써 보호한다. 아르키메데스와 뉴턴이 춤과 맥주와 사교 클럽을 즐기는 유쾌한 사내들이었다면 인류는 '구의 부피 공식'이나 《프린키피아》를 접하지 못했으리라. 그들에게는 천재성이 느끼는 고립 상태가 필요했다. 자신의 전자성을 유지하려면 모두가 자기만의 안정적이고 외부와 차단된 유리 삼각대에 서야 한다. 스베덴보리는 우주에 관한 이론을 애정에 기초해 세웠으며, 순수한 지성의 해악과 위험을 질리도록 비판했으나, 심지어 그도 예외가 있다는 사실을 인정했다. "천국의 중심에서 서로 교제하지 않고 각자의 집에 분리된 채로 사는 천사들이 있는데, 바로 이들이 최고의 천사들이다."

사람들을 불편해하는 탓에 문장 하나 깔끔하게 쓰지 못할 정도로 자기 능력을 발휘하지 못하는 천재들을 많이 안다. 우수한 사람이 사회에 어울리지 못하는 상황은 안타깝고 비극적이다. 먼 발치에서 그는 존경을 받지만, 사람들과 가까워지면 불구가 된다. 이들은 은둔하거나, 깍듯이 예의를 차리거나, 쌀쌀맞은 기품을 내세워 타인을 멀리함으로써 자기 자신을 보호하는데, 이런 행동은 모두 직접적인 인간 관계에서 무능함과 소심함을 자기 나름 감추려는 시도에 지나지 않는다. 이 질병의 중심부까지 미칠 수 있는 치료는 오직, 사람을 독립적으로 만들어 주는 자기 신뢰를 습관화하거나, 혹은 사랑의 교리를 따르는 것이다. 지금으로서 그는 결혼할 자격도 없는 듯하다. 자기 자신조차 지키지 못하는 남자가 어떻게 여자를 지키겠는가?

우리는 남들 사는 대로 살기를 기도한다. 그러나 우리에게 우수한 점이 하나라도 있다면, 경계심 많은 천국은 우리가 그렇게 살지 못하게 한다. 단테는 사교성이 영 없어서 저녁 식사에 한 번도 초대받지 못했다. 미켈란젤로의 삶은 슬프고 쓸쓸했다. 아름다움을 창조하는 이들이 응접실이나 마차에 아름답게 있는 모습은 보기 힘들다. 콜럼버스가 발견한 그 어떤 섬도 그만큼 고독하지 않았다. 그러나 이 지도자들은 자기들이 고립된 이유를 알았다. 이들이 고독했을까? 물론이다. 그러나 이들이 인간관계에서 겪은 결핍의 양은, 이들이 자기 시대에 세상을 이끌도록 자연이 할

당한 재능의 양과 크기가 같다. 로마에 갈 생각이 있느냐는 질문에 단테가 답했다. "내가 여기 머물면, 누가 가겠소? 그리고 내가 가면, 누가 남겠소?"

그러나 고독은 지금껏 언급한 것보다 더 심오하고 유기적인 이유로 필요하다. 나는 자기 혼자만 들어앉을 수 있는 크기의 세계에 사는 철학자들을 많이도 보았다. 그들은 좋은 친구인 척하지만, 사실은 모든 사람들에게 자기만의 체계를 강요할 생각이며 그러지 않고서는 못 배긴다는 충격적인 비밀을 우리는 발견한다. 그러나 사람은 누구나 다른 사람들의 영향을 받는다. 나뭇가지가 근처 나무들의 가지들과 조화를 이루며 뻗어 가는 것과 마찬가지다. 개개인 모두가 자기 머리를 들이미는데 우리 사회가 비좁은 것도 무리가 아니다. 타일러 대통령처럼, 우리는 매일같이 소속감을 상실하고, 결국에는 일인용 마차를 타고 쓸쓸히 홀로 가게 된다.

아, 마음아! 서글프지만 받아들이자. 아무도 협력하지 않는다. 우리는 우정으로 시작하고, 젊은 시절 내내 인류를 구원할 형제애를 찾아 세상을 탐험하고 사람들을 모은다. 멀리서는 하나의 빛을 뿜는 듯한 성운도 망원경으로 보면 별들이 떨어진 채로 따로따로 빛나고 있듯이, 가장 친밀한 친구들 사이에도 결코 건널 수 없는 골이 존재한다. 협력은 우리의 의지와 무관하게 무의식적으로 일어난다. 삶이 자신의 특별한 권리를 내세워 협력을 일으키는 것이다. 집에 혼자 앉아 상념에 잠겨 있을 때 우리는 평온하고 온전하다. 그러나 상대가 누구건 다른 사람과 접하는 즉시 양측 모두 완전함을 잃고 부분이 된다.

훌륭한 두 사람이 함께 있을 때나 떨어져 있을 때나, 그리고 의심이 가는 상황에서도 서로를 끝까지 신뢰했다고 하자. 그들의 신뢰가 신과 인간 앞에서 정당하다고 마침내 판명이 나는 순간은 가히 기쁨과 영광의 눈물을 자아낼 것이며, 이런 도덕적 일체감에는 비극과 로맨스의 요소가 있다. 그러나 이 영웅들은 도덕적 일체를 이루었을지는 몰라도 정신적 일체에는 미치지 못했는데, 도덕적 일체는 마치 선원들이나 소방수들의 협동처럼 비교적 일차적이고 외적인 목적에 합당하다. 우리가 아는 사람들 모두 어찌나 고립되었으며 안쓰럽게 혼자인지! 사람들은 길에서 서로 만나도 상대에 대한 자신의 의견을 솔직히 말하지 못한다. 이런 세상 사람들의 가식적이고 비겁한 예의범절은 조롱받아 마땅할 것이다!

사람들의 집 안팎에서의 관계를 엄밀히 들여다보면 이렇듯 혼자일 수밖에 없는 인간의 비극을 발견한다. 이것은 마치 채찍을 휘두르듯이 성인의 영혼을 사막으로 기어이 몰아내고, 사람 사이의 따뜻한 공감을 감상적이고 일시적으로 만든다. 이처럼 괴로운 대가를 수반하는 진리라면, 그것은 과연 절대적이리라. 이 진리는 말로 표현할 수 없으리만큼 심오하고, 영원하고 무한한 세계에 속한다. 사회 그 자체가 기원하고 소멸하는 근원까지 가 닿는다. 개인이 먼저인가, 사회가 먼저인가? 근원에서는 개개인과 그들의 원천을 분간할 수 없다.

이처럼 바위와 메아리의 벌판으로 추방되는 인간의 고독은 추상적인 사상을 연구해 봤자 치유할 수 없으며 견딜 만해지지도 않는다. 이 결과는 자연에 어긋나고 진실을 반밖에 보여 주지 못하므로, 상식과 경험으로 바로잡아야 한다. "인간은 아버지 곁에서 태어나 그 자리에 머문다." 인간은 사회라는 옷을 두르고 있어야 한다. 그러지 못하면 제자리를 잃고 빈손으로 떠돌 듯이 모종의 결핍과 궁핍을 느낄 터이다. 사람은 실제 옷 말고도 예술과 제도로 자신을 감싸야 한다. 이따금 대단히 특별한 사람은 홀로 살 수 있으며 마땅히 그래야 하지만, 대부분 사람은 고립되면 망가진다.

셀던[5]이 말했다. "폐하께서는 왕궁에서 일반인들과 지내며 상을 겸해 본 끝에 그들을 이해했습니다." 얼마 전에 세상을 떠난 메이슨 씨에게 젊은 변호사가 말했다. "저는 법을 공부하려고 방에 틀어박혀 지냅니다." 노장은 이렇게 답했다. "방에? 법은 법정에서 공부해야 한다네." 문학에도 같은 규칙이 적용된다. 글 쓰는 법을 배우고 싶거든 거리로 나가라. 예술의 재료나 목적을 찾으

---

5   존 셀던(John Selden), 영국의 고전법과 헌법을 연구한 법학자이다.

려면 광장을 자주 기웃거려라. 작가는 대학이 아니라 사람들 틈에 거처를 두어야 한다. 학자는 모든 이의 소망과 사랑을 연료로 삼아 타오르는 양초다. 그는 토지나 금전이 아니라, 수염 덥수룩한 이 얼굴이나 장밋빛 저 얼굴 아래 감추어진 영혼을 매혹할 수 있는 힘으로 자기 몫을 치른다. 그의 생산품은 제빵사의 빵이나 직조인의 옷만큼이나 세상에 필요하다. 사회에는 교양인들이 없어서는 안 된다. 인간은 기초 욕구가 충족되자마자 고차원의 욕구가 절실해지기 때문이다.

자기 최면을 걸거나 자기 몸에 채찍질해 동기를 부여하기는 힘들지만, 타인과의 공감을 통해 우리는 힘을 내고 견딜 수 있다. 공연장에서 뮤지션들은 혼자 연주할 때는 느끼기 힘든 열정에 사로잡힌다. 그것이야말로 사회의 쓸모다. 잘하는 사람과 함께하면 잘하기가 쉽다. 이미 설립된 기준에 가뿐히 도달할 수 있다. 사랑하는 여인을 만나기 위해서라면 남자가 이전에 두려워한 물살을 거뜬히 헤치고 나아가듯이 말이다. 애정의 특혜는 수도 없이 많다. 언제나 설레는 일이 하나 있다면, 그것은 바로 즐거운 대화를 나눌 수 있는 사람과의 만남이다.

우리가 연회장을 지루해하고, 또 연회장의 사람들이 우리를 지루하게 여긴다고 우리가 사회에 적합하지 않다는 뜻은 아니다. 한 벽지 사람이 대학에 가 본 뒤에 말하기를, 법대의 출신 좋은 젊은이들이 무리로 모여 말할 때는 자기 자신이 참 따분한 사람이라는 생각이 들었는데, 그들을 한 명씩 만나 대화해 보면 따분한 쪽은 그들이고 자기가 더 흥미로운 사람이었다는 것이다. 뛰어난 사람들과 어울린 소중하고 드문 시간을 돌이켜 보면, 그들을 만나고서야 우리가 자기 자신을 찾았으며 처음으로 참된 사회의 존재를 느꼈다는 사실을 알게 된다. 그 만남이 쌍돛대 범선의 고물보에서 이루어졌건, 플로리다 키즈섬에서 이루어졌건 말이다.

혈관에서 차가운 피가 굼뜨게 흐르는 양 자신감이 없는 이들은 자기가 지식이 충분하지 않다고 생각해 대화에 참여하지 않는다. 그런데 사실은 떠들어 대고 있는 사람도 충분히 알지 못하기는 매한가지다. 아니, 오히려 더 무지하다. 대화를 이끄는 힘은 새로운 사실이 아니라, 모든 사람들의 사실을 녹여 버릴 수 있는 열정이다. 열정은 산처럼 쌓여 있는 사실들과 그대 사이에 올바른 관계를 맺어 준다. 차갑고 메마른 성격의 가장 큰 결함은 동물적인 원기가 부족하다는 점이다. 그들이 이 원기를 얻으면, 하나님이 죽은 자를 살리는 것과 비슷하게 느껴질 터이다. 남들이 이 원기의 도움을 받아 이루어 내는 성취를 은둔자는 두려움에 가까운 심정으로 지켜본다. 그에게는 사자왕 리처드의 용맹이나 아일랜드 출신 철도 일꾼의 노동처럼 자기 능력 밖의 일이다. 현재와 미래는 늘 힘을 겨루고 있다는 말이 있다. 동물적인 원기는 현재의 힘을 이루며 피라미드 구조처럼 위대한 일을 해낸다. 동물적인 원기가 우리를 군주와 장군과 명랑한 동행으로 만든다. 이 생생한 힘 앞에서 기억이나 기억의 징표는 걸인이나 다름없다! 체질과 무관하게 모두에게 이 따뜻한 열기가 깃들어 있으나, 이것은 사회의 마찰을 통해서만 발생한다. "매너를 경시하지만 않으면 매너를 익힐 수 있다"라고 한 베이컨의 말처럼, 동물적인 원기는 강건한 개인이 사람들과 어울릴 때 자연스럽게 우러나온다. "행동 양식은 사람들끼리 서로 배우며 전염병처럼 퍼진다."

그러나 사람들은 아주 조금씩만 만나기로 하자. 고독이 거만하다면, 사회는 천박하다. 사회에서는 개인의 우수성이 오히려 그들에게 독이 되기도 한다. 공감은 인간을 고양하기도 하지만, 그만큼 쉽게 타락시킨다. 공감으로 인해 타락한 사람들을 많이 보았다. 본래 목적은 고상했으나, 그들은 주변의 천박한 사람들에게 곁을 너무 주었다. 사람들은 자기 장점만으로 타인과 유대감을 쌓을 수 없으므로 자신의 단점을 내세워 서로 맞추고 어울린다. 함께 가십을 즐기거나, 꾹 참아 주거나, 혹은 단순한 친절로 포용한다. 그런 식으로 용감한 포부가 흩어지고 스러진다.

이 모든 문제들은, 사회와 고독이 서로 보강함으로써 해결할 수 있다. 우리가 자기 모습과 자기 의견, 그리고 자신에게 맞는 것을 선택하고 맞지 않는 것은 거부할 힘을 지닌 채로 타인과 어울릴 때는 대화가 우리를 타락시키지 않는다. 사람에게 사회는 필수불가결하다. 그러나 이것이 단순히 소식을 교환하거나 같은 접시에서 음식을 덜어 먹는 만남이 아니라, 진정한 사귐을 뜻하게 하자. 내가 그대의 집 의자에 앉아 있다고 우리가 관계를 형성했다고 할 수 있을까? 나는 가장 가까운 친척집에도 가기를 꺼리는데, 혼자 있기가 싫어서이다. 친밀감이 관계를 형성하지, 관계가 친밀감을 형성하지 않는다.

자유롭게 대화할 수 있는 환경에 놓이면 사람은 누구나 스스로 짝을 찾고 집단을 이룬다. 가장 뛰어난 무리는 배타적이라고 비난을 받는다. 그러나 이것은 물과 기름이 분리되듯, 어린이들과 노인들이 따로 자리를 잡듯, 그들이 별다른 호감이나 적대감 없이 그저 자기와 비슷한 사람을 찾은 것이다. 이런 친밀감을 훼방하면 어김없이 강제적이고 숨 막히는 상황이 발생한다. 모든 대화는 자기장 실험과 비슷하다. 내가 알기로는 달변인 친구를 당신은 말 한 마디 똑바로 못하는 사람으로 생각할 수 있다. 우리가 각각 다른 집단에서 그를 보았기 때문이다. 서로 어울릴 만한 사람들을 모을 생각이 아니면, 아예 아무도 초대하지 말라. 스터브스[6]와 콜리지[7], 퀸틸리아누스[8]와 미리엄 고모를 짝지어 놓으면 다

---

[6] 조지 스터브스(George Stubbs), 말 그림의 대가로 알려져 있으며 해부학을 공부하여 정밀하고 정확하게 묘사했다.

[7] 새뮤얼 테일러 콜리지(Samuel Taylor Coleridge), 영국의 대표적인 낭만주의 시인.

[8] 마르쿠스 파비우스 퀸틸리아누스(Marcus Fabius Quintilianus), 로마제국의 수사학자이자 교육자.

들 얼마나 괴로워하겠는가. 응접실에 일시적으로 싱싱 교도소를 세운 것이나 다름없다. 그러나 각자 알아서 어울릴 사람을 찾게 하면 그들은 참새처럼 명랑하게 재잘거리리라.

예절을 깍듯이 지킴으로써 우리 풍습에서 사라진 사람 간의 존중을 되살릴 수 있다. 울타리마다 족족 뛰어넘고 어느 집에서나 마치 제 안방에 있는 양 행동하는 거침없는 젊은이들을 어찌 하면 좋으랴? 누군가 나와 어울리기를 꺼리면 나는 그것을 즉시 알아챌 터이고, 나를 환영하지 않는 곳에는 밧줄로도 나를 붙들어 놓을 수 없다. 그러나 누군가 내게 애정을 베푼다면 나는 곱으로 돌려줄 터이다.

자주 그렇듯이 자연은 인간관계라는 삶의 일면에서도 우리를 극단적인 선택 사이에 즐겨 놓아두는데, 우리는 사선 위로 균형을 잘 잡음으로써 안전을 도모할 수 있다. 고독은 비현실적이고 사회는 치명적이다. 정신은 하나에 머물게 하고, 손은 다른 하나에 놓자. 우리가 독립성을 지키는 한편 공감을 잃지 않으면 조건이 충족된다. 이 두 필의 명마는 섬세한 손길로 다루어야 한다. 거리에 있을 때나 왕궁에 있을 때나 우리는 고독이 주는 계시가 필요하다. 대부분 사람은 사회에서 움츠러들고, 단둘이 있을 때는 훌륭한 말을 하지만 군중 앞에서는 얼어붙는다. 그러나 우리는 언어의 희생자가 되지 말자.

사회와 고독은 거짓된 이름이다. 사람과 많이 혹은 적게 어울리느냐가 아니라, 타인과 진정한 공감을 이루는 것이 중요하다. 건강한 정신은 깨달음을 통해 자기만의 원칙을 세우고 점차 더 순수하게 다듬음으로써 온전하고 절대적인 진리로 고양시켜, 그 진리를 사회에서 자연스레 행할 터이다.

〈사회와 고독(Society and Solitude)〉에서

사유하는 사람

총장님과 신사 여러분.

배움의 한 해가 다시 한 번 돌아온 오늘, 여러분을 환영합니다. 우리의 기념일에 희망은 충만하나 많은 노력이 들어가지는 않은 듯합니다. 우리는 힘이나 기술을 겨루고자 모인 것이 아니며 고대 그리스인들처럼 헤로도토스의 역사, 비극, 송가를 읊고자 모이지도 않았습니다. 음유 시인들처럼 사랑과 전설의 노래를 부르거나, 영국과 유럽의 수도에서 동시대인들이 하듯이 과학의 진보를 추구하려 모이지도 않았습니다. 이제껏 우리의 기념일은 시간에 쫓겨 더는 문학에 관심을 보이지 않는 군중 사이에서 문학을 아끼는 마음이 아직 살아 있음을 보여 주는 친근한 징표에 지나지 않았습니다. 그것만으로도 결코 파괴할 수 없는 본능을 보여 주었다는 소중한 의미가 있었습니다. 그러나 우리의 기념일이 새롭게 거듭나야 하며 그렇게 될 시간이 어느새 온 듯합니다. 우리 대륙의 게으른 지성이 납덩이와 같은 눈꺼풀을 들어 올리고 기계 기술의 힘보다 뛰어난 것으로 나머지 세상의 기대에 뒤늦게나마 부응할 때가 되었습니다. 타국의 가르침 아래 수습을 받은 오랜 의존의 시대는 끝났습니다. 빠르게 성장하고 있는 이 나라의 수백만 인구에게 언제까지고 외국에서 거둔 수확의 시들시들한 찌꺼기를 먹일 수는 없습니다. 반드시 노래되어야 하는 움직임이 스스로 일어나고 있습니다. 지금 우리의 천창에서 빛을 뿜고 있다고 천문학자들이 공표한 하프 성좌의 별이 언젠가는 북극성이 되어 천년을 빛낼 수 있듯이, 시(時)가 부활하여 새로운 시대를 이끌리라는 것을 누가 의심할 수 있겠습니까.

이러한 희망을 품고 저는 협회가 이 기념일에 부여한 특성과 용도에 걸맞다고 여겨지는 주제를 정했습니다. 바로 미국 학자입니다. 매년 우리는 이곳에 모여 미국 학자의 전기를 펼치고 새로운 장을 넘깁니다. 새로운 시대와 사건들이 미국 학자의 품성과 희망에 어떤 빛을 비추었는지 알아봅시다.

유래를 알 수 없는 오래된 전설 하나에 뜻밖의 지혜가 담겨 있는데, 바로 태초에 신들이 한 사람을 여럿으로 나누어 그가 자기 자신에게 더욱 쓸모가 있게 만들었다고 합니다. 마치 손에서 손가락이 갈려 나온 것처럼 자기 목적에 더욱 유용해졌습니다.

이 오래된 전설은 언제 들어도 새롭고 경이로운 가르침을 담고 있습니다. 우리 모두가 각자 태초의 한 사람을 일부만 표현하거나 그의 능력 중 한 가지만 지니고 있어서, 완전한 사람을 찾으려면 사회 전체를 아울러 보아야 한다는 점입니다. 그는 한 농부나 한 교수나 한 엔지니어가 아니라 우리 모두를 합친 존재입니다다. 그는 수도승이자 학자이자 정치가이자 제조업자이자 군인입니다. 사회는 이처럼 개인에게 역할을 분담하고, 개인은 공동의 일에서 각자 자기가 맡은 바를 합니다. 전설은 사람이 스스로를 이해하려면 때로 자기 일에서 시선을 돌리고 다른 사람들과 연결되어야 한다고 암시합니다. 그러나 안타깝게도 최초의 단위라고 할 수 있는 이 힘의 원천이 너무도 많은 사람에게 분배되는 과정에서 잘게 나뉘었고, 흩뿌려진 물방울처럼 다시 한데로 모을 수가 없습니다. 그래서 우리 사회 구성원들은 몸통에서 잘려 나간 채로 우쭐대며 걸어 다니는 괴기한 모습입니다. 멀쩡한 손가락, 목, 배, 팔꿈치가 따로따로 존재할 뿐, 하나의 온전한 몸을 이루지 못합니다.

이리하여 인간이 하나의 역할에 불과한 존재가 되었습니다. 식량을 수확하러 들판으로 나간 사람인 재배자는 자기 역할의 진정한 존엄성을 좀처럼 느끼지 못합니다. 그는 곡식과 수레 이상을 보지 못하고, '재배하는 사람'이 아닌 단순한 농부로 전락합니다. 기술자는 자기 일에 가치를 두기보다는 일상에 시달리며 금전의 노예가 됩니다. 성직자는 허수아비, 대리인은 법령집, 기술자는 기계, 선원은 선박의 밧줄로 전락했습니다.

이러한 역할의 배분에서 학자는 지성을 대표합니다. 그의 올바른 정체성은 '사유하는 사람'입니다. 그러나 사회의 희생자로 타락한 상태에서 그는 단순히 사상가가 되거나, 심지어 더 퇴락

하면 남들의 생각을 되풀이하는 앵무새가 되기에 십상입니다.

학자를 사유하는 사람으로 보는 관점에 그의 본분이 담겨 있습니다. 자연은 고요하지만 여러 훈계를 담은 형상으로 그를 일깨웁니다. 과거는 그를 가르치고 미래는 그를 초대합니다. 따지고 보면, 우리는 모두 학생이며, 이 세상은 학생을 위해 존재하지 않습니까? 그리고 결국에는, 진정한 학자가 곧 유일한 스승 아니겠습니까? 그러나 옛 격언은 경고합니다. "세상 모든 것에는 손잡이가 두 개 있다. 잘못된 손잡이를 잡지 않도록 주의하라." 현실에서는 누구나 그렇듯이 학자 역시 그릇된 길로 가고 자신의 특권을 잃어버리는 경우가 빈번합니다. 배움의 길에 있는 학자에게 주된 영향을 끼치는 사항들을 살펴봅시다.

자연은 인간의 마음에 가장 먼저 그리고 가장 중요한 영향을 끼칩니다. 날마다 해가 뜨고, 해가 진 뒤에는 밤이 되어 별이 나옵니다. 바람은 끝없이 살랑거리고 풀은 쉼 없이 자라납니다. 매일매일 남자와 여자가 대화를 나누고, 시선을 주고받습니다. 학자는 이러한 광경을 주의 깊게 관찰하고 마음에 새겨야 합니다. 이것들의 가치를 가슴속에서 헤아려야 합니다. 자연은 학자에게 무슨 의미일까요? 신이 드리운 이 그물의 불가해한 연속성은 어디에서 시작하고 끝나는지 알 수 없으나 순환의 힘으로 끝없이 돌고 돕니다. 이러한 자연의 성질은 너무도 완전하고 너무도 무한하여 시작이나 끝을 결코 찾을 수 없는 학자의 정신과 유사합니다. 물질과 분자를 아울러 겹겹의 체계 속에서 자연은 빛줄기처럼 중심이나 원주 없이 사방으로 광휘를 퍼뜨리며 단숨에 자신의 특성을 학자에게 드러냅니다. 바야흐로 분류가 시작됩니다. 어린 마음에는 만물이 개별체로 존재합니다. 그러다 두 가지를 연결하여 하나의 공통 특성을 발견하고, 그다음에는 세 개로, 삼천 개로 연관성을 확장해 나갑니다. 통합의 본능 아래에서 정신은 끊임없이 공통성을 찾고 변칙을 제거합니다. 서로 요원하고 상반되는 것들이 하나의 줄기에서 피어난 꽃처럼 연결되어 있음을 확인하고 그 줄기의 뿌리를 땅속에서 찾습니다. 그러다 보면 머지않아 역사의 시작부터 인간은 사실을 축적하고 분류해 왔음을 깨닫습니다. 그러나 분류란 무엇입니까? 만물이 무질서하거나 낯설지 아니하며 인간의 정신과 같은 법칙을 따른다는 사실을 깨닫는 것 아니겠습니까? 천문학자는 인간의 정신이 발명한 순수한 추상 개념인 기하학적 원리가 천체 운동에 적용됨을 발견합니다. 화학자는 물질에서 비례와 이해 가능한 공식을 발견합니다. 과학은 가장 요원한 것들 간의 유사성과 본질을 발견하는 것에 지나지 않습니다. 난해한 현상 앞에 마주 앉은 야심 찬 영혼은 그것의 낯선 특성을 차례차례 제거하고 새로운 사실을 종과 법칙으로 재규정하여, 자연의 변두리에 있는 조직의 마지막 섬유질까지 통찰의 빛으로 밝힙니다.

그리하여 저무는 하루의 끝에 학생은 자신이 자연과 하나의 뿌리를 공유함을 깨닫습니다. 하나가 이파리라면 다른 하나는 꽃입니다. 모든 잎맥과 혈관에서 연관성과 동질성이 약동합니다. 그렇다면 그 뿌리는 무엇일까요? 그것은 바로 영혼의 핵심이 아닐까요? 지나치게 대담한 생각이자 믿기 어려운 꿈일지도요. 그러나 이 영적인 빛이 좀 더 물질적인 자연의 법칙을 드러내고 나면, 그가 영혼의 숭고함을 배우고 현존하는 자연 철학은 그 거대한 손의 첫 더듬음에 지나지 않는다는 사실을 깨닫고 나면, 학생은 끝없이 지식을 늘려 나감으로써 자신이 창조자가 될 수 있음을 알게 됩니다. 그는 자연과 영혼이 반대의 위치에서 서로 상응함을 깨닫습니다. 하나가 인장이라면 다른 하나는 그것의 인영입니다. 자연의 아름다움은 곧 그의 마음의 아름다움이며 자연의 법칙은 그의 정신의 법칙입니다. 따라서 그는 자연을 잣대 삼아 자신의 정신적 기량을 잽니다. 자연을 배우는 만큼 자기 정신에 눈을 뜹니다. 한마디로, "자기 자신을 알라"는 고대의 가르침과 "자연을 연구하라"는 현대의 가르침은 본질적으로 동일한 말입니다.

학자에게 두 번째로 영향을 끼치는 것은 과거의 정신인데, 문학, 예술, 제도 등 다양한 형태로 우리에게 전달됩니다. 그중 책이 가장 대표적이므로, 책의 가치만을 고찰함으로써 이 영향을 좀 더 편리하게 헤아리고 진실에 가 닿을 수 있을지도 모르겠습니다.

책은 중요한 역할을 합니다. 역사의 시작에 학자는 주변 세상을 관찰하고 알처럼 품은 채로 깊이 사유한 끝에 자기만의 해석으로 새롭게 정리하여 세상에 내보냈습니다. 삶의 경험이 그에게 흘러 들어와 진리로 흘러 나갔습니다. 한순간의 행동으로 들어와 불멸의 사상으로 나갔습니다. 사건으로 들어와 시(詩)가 되어 나갔습니다. 부동의 사실이었던 것이 활력적인 사상으로 탈바꿈하여, 제자리에 머무르거나 떠날 수 있고, 둥지를 틀거나 날아갈 수 있고, 노래로 마음을 움직일 수도 있습니다. 얼마나 높이 날고 얼마나 오래 노래할 수 있는지는 그것을 산출한 정신의 깊이에 정비례합니다.

혹은 삶에서 진리를 추출하는 과정이 얼마나 심도 있었는지에 비례한다고 할 수도 있습니다. 증류의 완성도에 따라 결과물의 순수성과 안정성이 달라지는 것과 마찬가지입니다. 완벽한 것은 없습니다. 세상 그 어떤 공기 주입기도 완벽한 진공 상태를 만들 수 없고, 그 어떤 예술가도 관습적이거나 특정 지역과 시대에 한정된 것을 자신의 책에서 철저히 배제할 수 없으며, 동시대인들, 혹은 다음 세대와 머나먼 후대에 면면으로 똑같은 울림을 줄 만큼 순수한 사상을 담을 수는 없습니다. 모든 시대는 자기 시대를 위한, 아니, 바로 다음 세대를 위한 책을 써야 합니다. 그보다 오래된 책들은 지금 시대에 적합하지 않습니다.

그런데 여기서 중대한 오류가 일어납니다. 창조 행위와 사유 행위에 부착된 신성성이 그것들의 기록에 스며듭니다. 시를 읊조리는 이들은 신성하다고 경외를 받았습니다. 그리하여 그들의 시도 신성시됩니다. 저자가 정의로운 현자였다고 그의 책까지 완벽하다고 여겨집니다. 영웅에 대한 애정이 그의 조각상을 향한 숭배로 변질됩니다. 그렇게 되는 순간 그의 책은 유해해지고 안내자가 독재자로 둔갑합니다. 둔하고 편견에 치우진 군중의 정신은 이성의 자극에 느리게 눈을 뜨는데, 한번 눈을 뜨고 나면, 그러니까 한번 어떤 사상을 받아들이고 나면, 그것에 집착하여 반대 의견은 일절 용납하지 않고 요란하게 항의합니다. 대학들은 과거의 사상 위에 세워졌습니다. 과거의 사상을 주제로 책을 쓰는 이들은 사상가이지 사유하는 사람이 아닙니다. 그러니까 이들은 재능은 있되 첫발을 잘못 디뎠습니다. 자기만의 신조 대신 이미 용인된 도그마를 시작점으로 삼았기 때문입니다. 도서관에서 성장하는 소심한 젊은이들은 키케로와 로크와 베이컨의 관점을 마치 의무처럼 받아들입니다. 자신들이 우러러보는 책을 집필했을 때 키케로와 로크와 베이컨 역시 도서관의 젊은이였다는 사실을 잊었습니다.

 이리하여 사유하는 사람 대신 책벌레가 등장합니다. 이리하여 책으로 지식을 쌓은 계급이 탄생합니다. 이들은 책이 자연과 인간의 본질과 맺은 관계에 가치를 두는 대신에, 세상과 영혼과 단절된 자기들만의 지성인 계층을 설립합니다. 이리하여 책을 복원하고 짜깁기 하는 자들과 온갖 수준의 책 애호가들이 생겨납니다.

적절히 사용되었을 때 책은 매우 유익하지만 잘못 사용되면 그 무엇보다 유해합니다. 그렇다면 어떻게 사용해야 적절할까요? 모든 수단이 가리키는 하나의 궁극적인 목적이 무엇이어야 할까요? 책은 오직 영감을 불러일으키는 용도로만 사용되어야 합니다. 책에 휘둘려 나의 궤도에서 벗어나느니, 나만의 독립적인 체계를 이루는 대신에 위성이 되느니, 나는 차라리 책을 거들떠보지도 않겠습니다. 능동적인 영혼만큼 귀한 것은 없습니다. 능동적인 영혼은 인류 전체의 생득권이며 우리 모두 그것을 품고 있지만, 많은 이들 속에서 그것은 억눌려 있거나 아직 태어나지 못했습니다. 능동적인 영혼은 절대적인 진리를 보고, 진리를 말하거나 창조합니다. 이 행위에는 천재성이 깃들어 있습니다. 그 천재성은 선택받은 소수에게 주어지는 특권이 아닌, 모두에게 주어진 견고한 유산입니다. 천재성은 본질적으로 진보적입니다. 책과 대학과 예술 학교와 모든 제도는 과거의 천재들이 내뱉은 사상을 붙들고 있습니다. "이것이 훌륭하니 받아들이자"라고 그들은 말합니다. 진보에 제동을 걸고, 앞을 보는 대신 뒤돌아봅니다. 그러나 천재는 앞을 봅니다. 사람의 눈은 뒤통수가 아니라 얼굴에 달리지 않았습니까. 사람들이 희망할 때 천재는 창조합니다. 어떠한 재능을 타고났건 간에 창조하지 않으면 신의 순수한 입김을 쐴 수 없습니다. 재와 연기는 날지라도 불꽃이 일지 않습니다. 창조적인 태도와 창조적인 행동과 창조적인 말이 있습니다. 이러한 태도와 행동과 말은 그 어떤 관습이나 권위에 젖어 있지 않고, 무엇이 옳고 정당한지에 대한 자기만의 신념에 의해 자발적으로 솟아납니다.

우리는 홀로 탐구하고 자아를 성찰하여 자기 눈으로 보는 법을 익혀야 합니다. 그러지 않고 타인의 진리를 받아들이면, 그 진리는 눈부신 빛의 폭포 속에서 전달되었다고 해도 치명적인 해를 끼칠 것입니다. 과도하게 영향을 끼침으로써 천재성은 충분히 다른 천재성의 적이 될 수 있습니다. 세계의 문학이 이것을 증명합니다. 이백 년째 셰익스피어에게서 못 벗어나고 있는 영국의 극작가들을 생각해 보십시오.

물론 책을 올바르게 대하는 법은 있으니, 그것을 철저히 따릅시다. 사유하는 사람은 자신의 도구에 종속되면 안 됩니다. 책은 학자의 휴식을 위한 것입니다. 신의 뜻을 직접 볼 수 있는데 다른 사람이 본 뜻을 읽느라 시간을 낭비할 이유가 없습니다. 그러나 필연적으로 태양이 모습을 감추고 별들이 빛을 거둔 어둠의 시간이 찾아오면, 우리는 햇빛과 별빛을 품은 램프를 들고 동이 트는 동쪽으로 다시 한 번 걸음을 옮깁니다. 말하기 위해서 듣는 것입니다. 아라비아에 이런 속담이 있습니다. "다른 무화과나무를 보는 무화과나무가 열매를 맺는다."

최고의 책들은 우리에게 놀라운 즐거움을 선사합니다. 저자가 자신과 한뜻이라고 독자는 확신합니다. 초서, 앤드루 마벌, 존

드라이든 등 위대한 옛 영국 시인들의 작품을 지금 읽어도 신선한 감동을 느낄 수 있는 가장 큰 이유는, 이들의 시는 시간의 구속에 매여 있지 않기 때문입니다. 나의 영혼에 익숙하며 내 가슴속과 혀끝에 맴도는 말을 이삼백 년 전에 살다 간 시인의 작품에서 발견할 때 우리는 즐겁게 놀라면서도 경외심을 느낍니다. 이것이 모든 정신은 유사하다는 철학적 원칙의 증거가 아니라면, 우리는 세상에 어떤 조화가 오래전에 성립되어 있었다고 생각할 수밖에 없습니다. 자신은 끝내 보지 못할 유충을 위해 자양분을 마련해 놓고 죽는 곤충처럼, 선견지명이 있던 선조들이 후대에 필요한 것을 미리 준비해 놓았다고요.

그러나 나는 특정한 이론에 집착하거나 과장된 본능의 충동에 떠밀려 책을 과소평가하지는 않겠습니다. 잘 알려진 대로 인간의 몸은 끓인 풀잎이나 신발을 삶은 물에서도 영양분을 얻어낼 수 있습니다. 이와 마찬가지로 인간의 정신은 무엇을 섭취하든지 간에 지식을 공급받을 수 있습니다. 위인과 영웅 가운데 책 말고는 달리 지식을 쌓을 수단이 없던 이들도 있습니다. 다만 그렇게 편중된 식단은 강인한 정신만이 소화할 수 있다고 덧붙이겠습니다. 창조력이 있어야만 책을 바르게 읽을 수 있습니다. "인도의 부를 고향으로 가져오려면, 일단 인도에서 부를 쟁취해야 한다"라는 속담도 있지 않습니까. 창의적 글쓰기가 있듯이 창의적 독서가 있습니다. 근면성과 창의성을 갖춘 정신이 보면 그 어떤 책의 페이지도 다양한 암시로 빛납니다. 모든 문장이 곱으로 중요해지고 저자의 감각은 이 세상만큼이나 넓게 두루두루 미칩니다. 비구름이 무겁게 드리운 날과 계절에는 앞을 볼 수 있는 시간이 짧고 드물듯이, 불변의 진리 또한 책에서 가장 희귀한 부분임을 우리는 깨닫습니다. 분별력이 있는 독자는 플라톤이나 셰익스피어의 저서에서 바로 이 작은 부분, 즉 이 예언자들의 가장 참된 문장만을 읽고, 나머지는 같은 저자의 말이라도 모두 거부합니다.

물론 현자에게 없어서는 안 될 책들이 있습니다. 역사와 정밀 과학의 지식은 꾸준한 독서로 쌓아야 합니다. 마찬가지로 대학이라는 제도에도 필수 불가결한 쓸모가 있으니, 바로 배움의 장을 마련한다는 것입니다. 그러나 대학이 세상에 숭고한 도움을 주려면 훈련 대신 창조를 목적으로 삼아야 하며, 온갖 종류의 다양한 천재들을 열린 마음으로 받아들이고, 이처럼 다양한 지성의 힘을 하나로 모아 젊은이들의 심장에 순수한 불꽃을 일으켜야만 합니다. 사상과 지식의 영역에서 가식과 위계는 무용합니다. 화려한 교수진과, 마치 금광 도시처럼 부를 쌓아 두고 있는 재단은 아무리 사소하더라도 기지가 담겨 있는 말 한마디에 대적할 수 없습니다. 이 사실을 잊는다면 미국 대학은 매년 금전적으로만 부유해질 뿐 세상에서는 쓸모를 잃을 것입니다.

학자는 사람들과 어울리기를 꺼려 하고 허약하다는 고정관념이 있습니다. 도끼를 써야 할 곳에 주머니칼을 휘두르는 것만큼이나 기술직이나 공무에 무용하다고요. 소위 '실용적인' 이들은 생각하는 이들을 비웃습니다. 늘 추론하고 탐구만 하느라 실제로는 아무 일도 해내지 못한다고 여깁니다. 그 어떤 계층의 사람들보다 보편적으로 자기 시대에서 학자의 역할을 담당해 온 성직자들이 여성 취급을 받는다는 말을 들은 적이 있습니다. 거칠고 자유분방한 남성의 언어 대신 물 탄 듯이 맹맹하고 애매한 언어를 사용한다고 합니다. 성직자들은 여러 면에서 실질적으로 소외된 채로 살아가며, 과연 세상에는 그들이 금욕하는 게 지당하다는 의견마저 있습니다. 이 학구적인 계층에 관한 고정관념은 옳지도, 현명하지도 않습니다. 행동은 학자에게 부차적이지만 필수적입니다. 행동하지 않는 이는 완전한 인격체라고 할 수 없습니다. 행동 없이는 사상이 진리로 무르익을 수 없습니다. 눈앞에 세상이 아름다운 구름처럼 떠 있어도 행동하지 않는 이는 그 아름다움을 볼 수 없습니다. 행동하지 않음은 비겁하고, 영웅적인 정신이 없는 학자는 사유하는 사람이 될 수 없습니다. 행동이란 곧 생각이 무의식의 영역에서 의식의 영역으로 이행되는 것입니다. 우리는 삶에서 겪은 만큼만 알 수 있으며, 누구의 말에 삶이 깃들어 있는지 대번에 파악할 수 있습니다.

영혼의 그림자이자 또 다른 나인 이 세상은 넓디넓습니다. 세상에서 보고 듣는 모든 것이 나의 생각을 열고 나 자신에 대해 알려 줍니다. 이 거대한 소란의 장에 나는 열렬히 뛰어듭니다. 내 옆에 있는 이의 손을 잡고 무대의 내 자리로 가서 버티고 일합니다. 그리하면 무언의 심연에 목소리를 줄 수 있다는 본능의 가르침을 따릅니다. 이렇게 나는 세상의 질서를 깨우치고, 두려움을 물리치고, 그 경험을 바탕으로 삶의 회로를 넓혀 나갑니다. 경험을 통해 무질서의 야생을 정복하고 재배하여 나의 존재와 영역을 펼쳐 나갑니다. 불안하다는 이유로, 쉬고 싶다는 이유로 어찌 행동할 기회를 흘려보낼 수 있겠습니까. 경험이야말로 이론을 빛내는 진주와 루비입니다. 고역과 위기, 피로와 가난은 학자의 말에 설득력과 지혜를 보탭니다. 진정한 학자는 일할 기회를 놓칠 때마다 자신의 힘을 잃었다고 간주하고 아쉬워합니다.

지성은 행동이라는 원료로 아름다운 산물을 빚어냅니다. 뽕잎이 비단이 되는 것만큼 신비로운 과정이며, 이 작업은 멈춤 없이 계속해서 진행되고 있습니다.

어린 시절과 청소년기의 행동과 사건 들은 지금의 우리가 평온히 관조할 수 있는 대상입니다. 이것들은 아름다운 그림처럼 공중에 걸려 있습니다. 그러나 오래되지 않은 과거나 현재의 행동은 그렇지 않습니다. 이것들에 대해서는 사유하기가 어렵습니다. 여전히 감정이 얽혀 있기 때문입니다. 우리가 손발이나 머리 등 신체 부위를 의식적으로 느끼거나 알지 못하는 것과 같은 이치입니다. 최근의 일은 아직 삶의 일부이기에, 지금으로서는 무의식의 세계에 잠겨 있습니다. 그러나 과일이 여물면 나무에서 떨어지듯, 사색의 시간에 이것은 삶에서 분리되어 하나의 생각으로 정신에 새겨지고, 그 즉시 고차원으로 승격하고 변형됩니다. 변질될 수 있던 것이 더는 변질될 수 없는 차원에 이릅니다. 기원과 배경이 얼마나 비천하였든, 이제는 아름다운 대상이 됩니다. 이 변신을 미리 예측할 수 없다는 사실을 기억하십시오. 날지도, 빛나지도 못하는 둔한 애벌레가 아무도 모르는 사이에 찬란한 날개를 펼치고 지혜의 천사가 되어 승천합니다. 삶의 모든 요소와 사건들은 시간이 얼마나 걸리건 간에 끝내 부동의 껍데기를 깨고 우리의 몸에서 솟아 최고천으로 놀라운 비상을 하는 법입니다. 요람과 유년 시절, 학교, 놀이터, 남자아이들과 개와 체벌에 대한 두려움, 여자아이들과 딸기에 대한 애정 등 한때 우리 삶의 하늘을 뒤덮은 수많은 요소가 이미 그렇게 떠났습니다. 친구와 친척들, 일자리와 사교, 도시와 시골, 나라와 세계 또한 언젠가는 솟아올라 우리에게 노래를 들려줄 것입니다.

    최선을 다해 자신에게 적절한 여러 경험을 쌓은 자가 가장 풍요로운 지혜를 수확하는 것은 당연합니다. 나는 다양한 경험을 거부함으로써 참나무 한 그루를 화분에 심어 말려 죽이는 실수를 범하지 않겠습니다. 또한 한 가지 능력으로 낼 수 있는 수익을 믿고 그것의 원천을 고갈시키지 않겠습니다. 담배를 피우는 네덜란드인과 양치기 형태를 조각하여 온 유럽에 파는 것으로 생계를 마련하던 사부아인들은 어느 날 산에 갔다가 자신들이 모든 소나무를 베어 냈음을 깨달았다고 합니다. 많은 작가들이 영감이 동나면 그리스나 팔레스타인으로 여행을 떠나거나 초원의 덫 사냥꾼을 따라 탐험하거나 혹은 알제리를 떠돌며 글의 재료로 삼을 경험을 축적하는데, 참으로 현명한 대처라고 할 수 있겠습니다.

학자는 오직 어휘를 넓히기 위해서라도 일할 기회를 탐낼 것입니다. 세상은 우리 앞에 펼쳐져 있는 사전입니다. 시골에서 일한 시간이나 도시에서 보낸 시간, 거래 혹은 제조를 배운 시간, 여러 남녀와 허심탄회하게 대화한 시간, 그리고 과학과 예술에 정진한 시간은 모두 소중합니다. 궁극의 목적은, 이 모든 경험을 통해 자신의 관점을 담고 표현할 수 있는 언어를 배우는 것입니다. 어휘의 빈곤과 풍요는 그 사람이 삶을 얼마나 경험했는지 순식간에 드러냅니다. 우리는 과거의 경험이라는 채석장에서 타일과 갓돌을 가져와 현재의 건물을 짓습니다. 이것이야말로 기반을 세우는 올바른 방법입니다. 대학과 책은 들판과 일터에서 탄생하는 언어를 모방밖에 하지 못합니다.

행동은 책과 마찬가지로 우리에게 자원을 공급한다는 궁극적인 가치를 지녔는데, 차이가 있다면 책보다 더 많은 자원을 제공한다는 것입니다. 들숨과 날숨, 욕망과 만족, 썰물과 밀물, 밤과 낮, 그리고 열과 차가움에서 찾아볼 수 있는 파동이라는 위대한 자연법칙은 모든 원자와 액체에 한층 더 깊이 깃들어 있으며 우리에게는 극성(極性)이라는 이름으로 알려져 있습니다. 뉴턴이

"투과와 반사가 용이한 주기적 상태"라고 부른 극성의 표현은 영혼을 다스리는 법칙이기에 자연에도 적용됩니다.

정신은 사유하고, 행동합니다. 사유가 행동을 낳고, 행동이 사유를 낳습니다. 예술가의 재료가 소진되고 영감이 찾아오지 않을 때, 사유의 흐름이 막히고 책에서 아무런 자극을 받을 수 없을 때도 삶의 자원은 늘 존재합니다. 인성은 지성보다 높은 차원에 있습니다. 사유는 하나의 기능에 지나지 않습니다. 삶이 진정한 변화를 일으킵니다. 물길은 원천으로 돌아가는 법입니다. 위대한 영혼은 사유의 힘뿐만 아니라 살아가는 힘도 강합니다. 행여나 신체적 한계나 매개체의 부재로 자신의 진리를 알릴 수 없어도 그는 삶이라는 원초적인 힘으로 진리를 구현할 수 있습니다. 삶이야말로 완전한 행동입니다. 사유에서 그치는 것은 불완전한 행동입니다. 그의 일상이 정의로움으로 찬란히 빛나도록 합시다. 따뜻한 애정으로 그의 초라한 집에 기쁨을 불어넣도록 합시다. 명성과는 거리가 먼 그의 가족과 동료들은 바깥에서 의도적으로 보이는 그 어떤 행동보다 일상적인 행동과 선택에서 그의 진가를 느낄 것입니다. 학자는 삶의 한 순간도 허투루 쓰지 않는다는 것을 그는 세월을 통해 배울 것입니다. 삶을 통해서 그는 외부 영향에 가려져 있던 본능의 신성한 싹을 찾아 틔웁니다. 겉치장을 덜어 낸 만큼 내면은 견고해집니다. 옛것을 허물어뜨리고 새것을 건설할 유능한 거인은 교육 체계 속에서 본능을 잃어버린 무리가 아니라, 길들지 않은 야생의 자연에서 탄생합니다. 무시무시한 드루이드교 사제들과 베르세르크들 사이에서 마침내 앨프리드 대왕과 셰익스피어가 탄생합니다.

따라서 나는 모든 시민이 노동해야 하는 필요와 노동의 존엄성을 강조하기 시작한 담론을 두 팔 벌려 반깁니다. 괭이와 삽은 배운 이와 못 배운 이에게 똑같이 유용합니다. 그리고 노동은 어디서나 환영을 받으며 노동할 기회는 어디서나 찾을 수 있습니다. 다만 활동 반경을 넓힌답시고 자기 의견을 희생하고 세상의 판단이나 행동 양식에 굴복하면 안 된다는 것만큼은 기억해야 합니다.

지금까지 자연과 책과 노동이 학자에게 어떤 가르침을 주는지 살펴보았습니다. 이제 학자의 임무에 대해 이야기하겠습니다.

학자는 사유하는 사람이 되어야 합니다. 자기 자신을 굳게 믿어야 합니다. 학자는 표면적인 현상에서 진실을 뽑아내 보여 줌으로써 사람들을 고양하고 발전시키고 인도해야 합니다. 학자는 세상의 인정이나 금전적 보상을 받지 못한 채 오랜 시간을 관찰에 임합니다. 존 플램스티드와 존 허셜은 번쩍이는 천문대에서 별들을 분류하며 세간의 칭송을 받고, 그들의 연구는 과연 훌륭하고 유용하여 명예가 보장되어 있습니다. 그러나 학자는 자기만의 천문대에서 이제껏 아무도 관심을 기울이지 않은 모호하고 흐릿한 인간 정신을 분류하고 몇 가지 진리를 찾기 위해 수많은 날을 소비하며 계속해서 이전 기록을 고쳐 나갑니다. 그는 자신의 연구를 뽐내거나 당장의 명예를 기대할 수 없습니다. 긴긴 준비 기간 동안 학자는 실용적이고 대중적인 지식에 무지하거나 무능하다고 무시받을 수 있으며, 그럼으로써 행동이 빠른 자들의 경멸을 받고 밀려날 수 있습니다. 오랫동안 말을 더듬을 것이며 죽은 자들을 위해 산 자들을 포기해야 할 때도 많습니다. 심지어 이런 경우가 얼마나 많은지요! 가난과 외로움을 견뎌야 합니다. 유행하는 사상과 교육과 종교의 가르침을 따르는 익숙한 길의 즐거움과 편안함에서 돌아서 자기만의 길을 개척해야 합니다. 그 길에서 그는 자기 자신을 믿고 자기 뜻대로 살아가는 사람들을 덮치기 마련인 자책감과 두려움, 끈질긴 불안감과 시간의 손실이라는 쐐기풀과 넝쿨을 헤쳐 나가야 합니다. 또한 그는 사회, 특히 지성인들의 사회에 맞설 때 마주하기 마련인 은근한 적대감을 견뎌야 합니다.

이와 같은 손실과 경멸을 무엇으로 보상받을까요? 학자는 인간에게 내재한 가장 고귀한 기능을 실행한다는 사실에서 위로를 받습니다. 사사로운 고민거리를 초월해 인류 모두가 공유하는 장엄한 사상을 들이마시고 섭취합니다. 그는 세상의 눈이요 심장입니다. 그는 영웅적인 감성과 고귀한 삶의 전기, 아름다운 선율의 시와 역사를 통해 얻은 결론을 보존하고 소통함으로써 자꾸만 야만적으로 퇴화하려는 천박한 물질의 풍요에 맞서야 합니다.

온갖 위급한 상황과 엄숙한 시간에 인간의 마음이 세상의 흐름에 관해 속삭인 지혜를 학자는 오롯이 수용하고 전달해야 합니다. 또한 이성이 그 불가침한 권좌에서 오늘날에 벌어지는 사건과 스쳐 가는 사람들에 대해 내리는 새로운 판결을 빠짐없이 듣고 세상에 공표해야 합니다.

    이러한 역할을 맡았기에 학자는 자기 자신을 신뢰하고 대중의 외침에 흔들리지 않아야 합니다. 오직 그만이 세상을 압니다. 어느 순간에도 세상은 표면적인 현상만을 드러냅니다. 그 아무리 품위 있는 예의범절도, 정부의 성향도, 덧없는 거래도, 전쟁도, 인간도, 세상의 절반은 그것을 찬양하지만 나머지 반은 규탄합니다. 마치 세간의 지지를 얼마나 받느냐에 따라 중요성이 결정된다는 듯이 말입니다. 그러나 장담하건대, 이런 문제들은 학자가 그들의 논쟁을 듣다가 놓치는 생각 중에서 가장 하찮은 것보다도 가치가 없습니다. 연로하고 명망 높은 이들이 종말을 예고하는 폭발 소리라고 단언해도, 공기총은 공기총에 지나지 않는다는 사실을 학자는 유념해야 합니다. 침묵 속에서 꾸준하고 엄격하게 사유하여 자신의 신념을 지켜야 합니다. 세상의 무관심을 견디고, 비난을 견디고, 거듭 관찰하며 때가 오기를 기다려야 합니다. 자신이 진리를 보았음에 홀로 만족할 수 있다면 충분히 행복할 것입니다. 올바른 길로 가는 모든 걸음에 성공이 실려 있습니다. 본능에 확신이 있기에 학자는 자기 생각을 형제들에게 알리고자 합니다.

그리고 자기 마음속 깊은 곳에서 발견한 비밀은 곧 모든 인간의 마음속 비밀임을 깨닫습니다. 자기 생각에 적용되는 법칙을 무엇 하나라도 익힌 자는 그와 같은 언어를 사용하는 모든 이들과 그의 언어로 번역될 수 있는 언어를 사용하는 모든 이들의 생각을 익힌 것입니다. 완벽히 홀로 있는 중에 시인이 즉흥적으로 떠올리고 기록한 생각이 번잡한 도시의 사람들의 마음에 공명합니다. 연설가는 처음에는 과연 얼마나 솔직하게 말할 수 있을지, 청중을 잘 간파했는지 따위를 우려하지만 결국에는 자신이 그들의 본성을 완벽히 충족해 주므로 청중이 자신의 말에 귀를 기울인다는 사실을 알게 됩니다. 자신의 가장 은밀하고 개인적인 직관에 기댈수록 놀랍게도 더 많은 사람들이 너그럽게 수용하는 보편적인 진리에 가까워짐을 깨닫습니다. 사람들은 이 진리에 환희합니다. 일반인들 다수가 느낍니다. "이것이 나의 음악이야. 이것이 나 자신이야."

자기 신뢰에 모든 미덕이 깃들어 있습니다. 학자는 자유로워야 합니다. 자유롭고 용맹해야 합니다. "자신의 본질에서 비롯되지 않았다면 그 어떤 것에도 얽매이지 않은"이라는 자유의 정의에서조차 자유로워야 합니다. 학자는 자신의 역할을 수행함으로써 두려움을 떨쳐 내니, 그는 용감할 수밖에 없습니다. 두려움은 언제나 무지로부터 비롯됩니다. 험난한 시대에 학자가 자신이 여성이나 어린이처럼 보호받는 계층에 속한다고 생각해 두려워하지 않는다면, 얼마나 부끄럽겠습니까. 빽빽한 덤불에 고개를 박고 있는 타조처럼 세상에 눈을 감아 버리거나, 현미경만 들여다보거나, 혹은 휘파람을 불어 두려움을 숨기는 꼬마처럼, 그가 정치와 각종 어려운 문제를 나 몰라라 하고 시집만 들여다보며 일시적인 평온을 구한다면 얼마나 수치스럽겠습니까. 그래 봤자 위험은 사라지지 않고 두려움만 더해집니다. 용기를 내어 뒤돌아서 마주해야 합니다. 두려움과 시선을 맞추고 그것의 본질을 탐구하여, 이 맹수의 그리 오래되지 않은 새끼 시절을 살펴보고 기원을 알아내야 합니다. 그렇게 함으로써 위험의 본질과 강도를 완벽히 이해할 수 있습니다. 그 위험을 오롯이 끌어안음으로써 물리치고 뛰어넘을 수 있습니다. 세상은 가식을 꿰뚫어보는 자들의 것입니다. 아집, 맹목적인 관습, 잡초처럼 도처에서 돋아나는 과실은 지금껏 묵인되었기에, 우리가 묵인했기에 존재합니다. 거짓을 거짓이라고 알아보는 순간 이미 이긴 것이나 다름없습니다.

    그렇습니다, 우리는 기가 죽어 있습니다. 믿음도 없습니다. 세상은 오래전에 이미 완성되었으며 인간이 자연에 뒤늦게 들어섰다는 생각은 옳지 않습니다. 하나님의 손에서 세상이 쉽고 유연하게 빚어졌듯이, 우리는 하나님을 본받아 세상을 변화시킬 수 있습니다. 무지하고 비도덕한 이들에게 세상은 부싯돌처럼 단단합니다. 그들은 세상에 자신을 맞추고 순응합니다. 그러나 내면에 신성을 품은 이들에게는 창공이 자유롭게 흐르며 그의 인장과 형상에 따라 모양을 취합니다. 진정한 위대함은 물질을 변형시킬 수 있는 능력이 아니라 사람의 마음의 움직일 수 있는 힘입니다. 세상의 진정한 지배자들은 자연이 만든 것과 인간이 만든 모든 것을 자신의 생각으로 물들이고, 자신의 과업을 명랑하고 차분하게 해냄으로써 오랜 세월 사람들이 갈망하던 열매가 비로소 무르익었음을 알리고 여러 나라에 수확하기를 권합니다. 위대한 사람이 위대한 것을 만듭니다. 맥도널드[9]가 앉는 자리가 바로 상석이 됩니다. 린네[10]는 농부와 약초를 재배하는 여인들로부터 배운 지식을 바탕으로 식물학에 매력을 부여합니다. 데이비[11]는 화학을, 퀴비에[12]는 화석을 연구하며 그것들을 매혹적으로 만듭니다. 평온한 마음으로 원대한 목표를 향해 일하는 사람이 세상을 손에 넣습니다. 달을 따라 출렁이는 대서양의 파도처럼, 세간의 평가는 진실을 가슴에 품은 사람을 따라가기 마련입니다.

 이러한 자기 신뢰의 근원은 우리가 가늠할 수 없는, 이성으로도 밝히지 못하는 어두운 곳에 뿌리를 두고 있습니다. 나의 고유한 믿음에 여러분은 공감하지 않을지도 모릅니다. 그러나 나는

---

9 존 알렉산더 맥도널드(John Alexander Macdonald), 캐나다의 초대 총리.
10 칼 폰 린네(Carl von Linné), 스웨덴의 식물학자로 현대 생물 분류학의 아버지로 여겨진다.
11 험프리 데이비(Humphry Davy), 영국 화학자로 아산화질소가 마취 역할을 한다는 사실을 비롯해 수많은 발견으로 화학의 발전에 크게 공여했다.
12 조르주 퀴비에(Jean Léopold Nicolas Frédéric Cuvier), 프랑스의 동물학자이자 정치가.

이미 인간은 하나라는 신조를 통해 희망의 근거를 보여 주었습니다. 나는 인간이 부당한 대우를 받아 왔으며, 또한 자기 자신을 부당하게 대했다고 믿습니다. 우리는 본래의 권리로 돌아갈 길을 밝힐 빛을 거의 잃어버렸습니다. 인간은 하찮은 존재가 되었습니다. 옛날이나 오늘날이나 인간은 벌레나 유충 같은 미물이 되어 '무리'나 '떼'로 불립니다. 백 년에 혹은 천 년에 한두 명만이 인간의 올바른 상태에 가까워집니다. 나머지는 자신의 설익고 다듬어지지 않은 존재의 완성을 시인이나 영웅을 통해서만 목격합니다. 그리고 영웅이 위상을 높일 수 있도록 자신은 열등한 상태에 머무르는 것에 만족합니다. 지도자의 영광에서 기쁨을 누리는 딱한 부족원과 당원들의 모습은 인간에게 내재한 본질의 요구를 입증하는, 이 얼마나 고귀하고 겸허한 진술인지요! 가련하고 미천한 이들은 정치적 그리고 사회적 열등을 순순히 받아들임으로써 스스로 이루지 못한 크나큰 도덕적 역량을 어느 정도 보상받습니다. 그들은 위대한 인물의 길에서 파리처럼 떨쳐 내지는 것에 만족합니다. 인간의 공통된 본성, 즉 성장과 영광에 대한 간절한 소망이 위대한 인물을 통해서 이루어지도록 말입니다. 그들은 위대한 영웅의 광명을 쬐며 그것을 자기 것으로 생각합니다. 짓밟힌 자신 속에 깃든 인간의 긍지를 영웅들의 어깨에 맡기고, 그 위대한 심장이 뛰고 위대한 힘줄이 전투하고 정복할 수 있도록 자신의 마지막 피 한 방울을 보탤 것입니다. 그는 우리를 위해 살고,

우리는 그의 안에서 삽니다.

　안타깝게도 인간은 자연스레 돈과 권력에 끌립니다. 권력은 돈만큼 좋기 때문입니다. '벼슬에 딸린 이권'이라고들 부릅니다. 왜 안 그렇겠습니까? 과연 사람들은 지고의 위치를 꿈꾸는데, 몽유병 같은 상태에서 그들은 벼슬살이야말로 가장 높은 이상이라고 착각합니다. 잠에서 깨우면 그들은 거짓된 목표를 버리고 진리로 뛰어들어, 정부 일은 사무원과 서기에게 맡길 것입니다. 이러한 혁명은 문화의 관념을 점차 퍼뜨림으로써 일으킬 수 있습니다. 세상의 빛나고 원대한 사업은 한 인간을 키우는 일입니다. 땅바닥에 재료가 널려 있습니다. 한 사람의 개인적인 삶은 역사상 그 어느 왕국보다 찬란할 수 있습니다. 적에게는 더욱 위협적이고, 친구에게는 더욱 다정하고 온화할 수 있습니다. 사람의 진정한 본질은 만인의 개별적인 특성을 두루 품고 있기 때문입니다. 각각의 철학자와 시인과 배우들은 언젠가 내가 스스로 할 수 있는 것들을 대신해 준 것에 불과합니다. 우리가 눈동자보다 아꼈던 책들은 거의 소진되었습니다. 보편적인 정신이 한 사람의 눈을 통해 본 세상을 우리가 보고 이제는 지나쳤다는 뜻입니다. 처음에 하나, 그리고 또 하나, 이렇게 우리는 모든 저수지를 비웠으며 그 자원들을 섭취하고 성장한 뒤로는 더 영양가 있고 더 많은 양을 원합니다. 우리를 영원히 먹여 살릴 수 있는 사람은 없습니다. 인간의 정신은 무한히 뻗어 나가며 가로막힐 수 없는 제국과 같아서, 이 땅의 어느 한쪽에라도 장벽을 세우려는 사람 속에서는 머무를 수 없습니다. 인간의 정신은 세상 중심의 불과 같아서, 한 순간에 에트나 화산의 입에서 솟아올라 시칠리아의 곶을 밝게 비추고 다음 순간에는 베수비오 화산의 목구멍에서 뿜어져 나와 나폴리의 탑과 포도원에 빛을 뿌립니다. 인류의 정신은 천 개의 별이 쏟아 내는 하나의 빛이요, 모든 인간에게 생명력을 주는 하나의 영혼입니다.

어쩌면 학자라는 관념을 제가 너무 오래 설명했는지도 모르겠습니다. 더는 지체 없이 우리 나라와 우리 시대에 관련이 깊은 것들을 이야기하겠습니다.

역사적으로, 연이어 이어지는 여러 시대는 저마다 주를 이루는 특성이 있고, 고전주의나 낭만주의나 지금의 사색 혹은 철학의 시대를 대표하는 정신이 있습니다. 하나의 정신이 만인에 깃들어 있다는 관점을 밝힌 나는 이러한 차이에 크게 유념하지 않습니다. 사실 나는 개개인이 세 단계를 모두 거친다고 생각합니다. 소년은 그리스의 고전주의에, 청소년은 낭만주의에, 그리고 성인은 사색주의에 비할 수 있겠습니다. 그러나 시대를 대표하는 정신이 불러일으키는 혁명이 뚜렷한 자취를 남긴다는 사실은 부정하지 않겠습니다.

사람들은 우리 시대가 내향적이라고 불평합니다. 그것이 꼭 나쁜가요? 현대인들은 비판적인 경향이 강한 듯합니다. 또한 의견을 바꾸는 것을 부끄러워합니다. 즐거움을 분석하는 데 정신이 팔려 아무것도 즐기지 못합니다. 우리는 눈으로 에워싸여 있으며 발로 세상을 봅니다. 우리 시대는 햄릿의 우울을 앓고 있습니다. '생각의 창백한 그늘 속에 흐릿해진' 햄릿 말입니다.

그렇다면 사유하는 일이 그렇게 나쁜가요? 볼 수 있는 능력은 전혀 가엾게 여길 일이 아닙니다. 차라리 눈이 머는 편이 나을까요? 행여나 자연과 신의 너머를 보고 진리의 샘을 바닥까지 들이켤까 봐 두려워하는 것일까요? 지식인들이 불만을 토로할 때마다 나는 그들이 자기 아버지들의 정신을 물려받지 못한 채로 앞날을 알 수 없어 두려워하는 심정을 내비치는 것으로밖에 볼 수 없습니다. 자신이 수영을 할 수 있다는 것을 깨닫기 전에 물을 두려워하는 소년과 다르지 않습니다. 그 누구인들 혁명의 시대에 태어나고 싶지 않겠습니까? 혁명의 시대에는 옛것과 새것이 나란히 서서 비교될 수 있으며 희망과 두려움을 품은 채로 인간 공통의 정기를 찾고, 과거의 역사적 영광을 잃더라도 새로운 시대의 풍부한 가능성으로 보상받을 수 있습니다. 모든 시대가 그렇지만, 현시대도 우리가 잘 활용한다면 무척 좋은 시대입니다.

나는 벌써부터 시와 예술, 철학과 과학, 그리고 교회와 국가에서 이미 빛을 내고 있는 미래의 상서로운 징표를 기쁜 마음으로 읽고 있습니다.

이런 징표 가운데 하나는 국가에서 가장 낮게 취급되었던 계층의 격상을 일으킨 움직임이 문학에서 매우 뚜렷하고도 자애로운 모습으로 드러났다는 것입니다. 숭고하고 아름다운 것들 대신에 우리에게 익숙하고 편하고 사소한 것들이 탐구되어 시적으로 표현되고 있습니다. 마구를 채우고 식량을 챙겨 먼 나라로 오랜 여행을 준비하던 자들이 함부로 짓밟은 것들이 타국의 모든 자원을 합친 것보다 더 귀중함을 갑작스레 깨달았습니다. 빈민의 문학과 어린아이의 감정과 길거리의 철학과 가정 생활의 의미가 우리 시대의 화두입니다. 우리는 크게 한 걸음 나아갔습니다. 이것이야말로 가장 먼 변두리까지 힘이 가 닿을 때, 손발에 따뜻한 피가 통할 때 생겨나는 새로운 활력을 뜻하지 않겠습니까?

나는 이탈리아나 아라비아에서 일어나는 움직임처럼, 혹은 그리스의 예술 작품이나 프로방스의 음유 시인처럼 웅장하거나 초연하거나 낭만적인 것을 찾지 않습니다. 그 대신에 평범함을 끌어안고 익숙하고 사소한 것들의 발치에 앉아 탐구합니다. 오늘날을 통찰할 수 있다면 과거와 미래를 버리겠습니다. 오늘을 깨닫게 해 주십시오. 그러면 과거와 미래의 세상을 헤아릴 수 있습니다. 우리는 무엇의 의미를 진정 알고 있나요? 그릇에 담긴 음식, 냄비 속의 우유, 거리에 울리는 발라드, 배로 실려 오는 소식들, 스치는 눈길, 몸의 형태와 움직임, 이것들의 궁극적인 근원을 보여 주십시오. 늘 그래 왔듯이 자연의 변두리와 끄트머리에 숨어 있는, 최고로 영적인 이상의 숭고한 존재를 보여 주십시오. 불변의 진리와 일맥상통하는 극성을 가득 품고 있는 사소한 것들을 보여 주십시오. 상점과 쟁기와 장부에도 빛이 아른거리고 시인으로 하여금 노래하게 만드는 힘이 깃들어 있음을 보여 주십시오. 그러면 세상은 단조로운 잡동사니를 모아 둔 창고가 아니라 형태와 질서를 얻을 것입니다. 그 무엇도 하찮지 않습니다. 그 무엇도 불가해하지 않습니다. 하나의 뜻이 가장 높은 첨탑부터 가장 낮은 도랑까지 아우르고 생명을 불어넣습니다.

이러한 생각이 골드스미스와 번스와 쿠퍼, 또한 최근에는 괴테와 워즈워스와 칼라일의 천재성에 영감을 주었습니다. 그들은 각기 다른 방식으로 이 사상을 따르고 각기 다른 정도의 성공을 거두었습니다. 이들의 글에 비하면, 포프와 존슨과 기번의 글은 차갑고 현학적으로 느껴집니다. 이들의 글에는 따뜻한 피가 흐릅니다. 익숙한 것들이 생경한 것들 못지않게 아름답고 경이롭다는 사실에 우리는 놀랍니다. 익숙한 것을 이해함으로써 생경한 것을 이해합니다. 물방울 하나에 바다가 담겨 있으며, 한 사람이 온 자연에 연결되어 있습니다. 하찮은 것에서 가치를 보는 능력은 모든 발견에 유용합니다. 바로 이 면에서 현대 작가들 가운데 가장 현대적인 괴테는 그 누구도 한 적 없는 방식으로 고대인들의 천재성을 우리에게 보여 주었습니다.

이러한 삶의 철학에 크게 기여한 이가 있는데, 그는 문학 작가로서 아직 정당한 평가를 받지 못했습니다. 에마누엘 스베덴보리입니다. 스베덴보리는 가장 풍부한 상상력을 지녔으면서도 수학자처럼 정밀하게 글을 쓰고 자기 시대의 대중 기독교에 순수한 철학적 윤리를 접목하려 노력했습니다. 이러한 시도에는 물론 어느 천재도 극복할 수 없는 어려움이 따릅니다. 하지만 그는 자연과 인간 영혼의 연관을 발견하고 그것을 증명하였습니다. 그는 눈에 보이고 귀로 들을 수 있으며 만질 수 있는 세계의 상징적이고 영적인 특성을 꿰뚫어 보았습니다. 그늘에 몸을 숨기기를 좋아하는 그의 뮤즈는 자연에서 가장 등한시되는 것들에 관심을 두었습니다. 스베덴보리는 악덕과 추한 형태 간의 불가해한 이끌림을 드러내고, 광기와 야수와 더럽고 두려운 것들의 이론을 서사적 우화로 설명했습니다.

우리 시대의 또 다른 징표는 정치적 움직임에도 유사하게 나타나는데, 개인에게 새로운 중요성을 부여했다는 것입니다. 개인을 독립적인 주체로 만드는 것은, 즉 본능적인 존중의 벽을 둘러 각 개인이 자기 세상에서 주체라고 느끼며 하나의 자치 국가가 다른 자치 국가를 상대하듯이 타인과 교류할 수 있게 해 주는 것은 전부 진정한 화합과 위대함을 끌어냅니다. 페스탈로치[13]가 침울하게 말했습니다. "하나님의 드넓은 세상에서 타인을 도울 능

---

13   요한 하인리히 페스탈로치(Johann Heinrich Pestalozzi), 스위스의 교육학자이자 사상가.

력이나 의지가 있는 사람 하나 없다는 사실을 깨달았다." 도움은 반드시 가슴에서 우러나와야 합니다. 학자는 자기 시대의 모든 능력과 과거의 모든 공헌과 미래의 모든 희망을 자기 안에 품어야 합니다. 그는 지식의 보고가 되어야 합니다. 그가 특별히 귀 기울여야 할 교훈은 이것입니다. "세상은 무의미하여 오직 인간이 유의미하다. 그대 안에 자연 전체의 법칙이 깃들어 있으며, 비록 그대는 수액 한 방울이 어떻게 나무를 타고 올라가는지 모를지라도, 그대 안에 우주의 진리가 잠들어 있다. 모든 것을 알아내고, 모든 것에 도전하는 것이 그대의 사명이다."

총장님과 신사 여러분.

미국 학자는 아직 발굴되지 않은 인간의 기량에 대한 믿음을 자기 것으로 만들 모든 원동력과 운명과 준비를 갖추었습니다. 우리는 우아한 유럽의 뮤즈들에게 너무 오래 귀 기울였습니다. 자유로운 미국인의 정신이 소심하고 모방적이며 순종적이라고 벌써 의심받고 있습니다. 공공의 탐욕과 개인의 탐욕이 우리가 들이켜는 공기를 텁텁하고 무겁게 만듭니다. 학자는 점잔을 빼고 게으르고 줏대가 없습니다. 이것은 벌써부터 끔찍한 결과를 낳고 있습니다. 저급한 목표를 세우도록 배운 이 나라의 지성은 속에서부터 좀먹고 있습니다. 남들의 비위를 맞추고 예의를 차리는 사람밖에 일을 구하지 못합니다. 우리의 해변에서 삶을 시작하여

산바람을 타고 떠올라 하나님의 천체에서 별빛을 받은 전도유망한 젊은이들은 발아래 세상이 이것들과 조화롭지 않다는 사실을 깨닫습니다. 이 나라 기업 운영 방침에 역함을 느낀 젊은이들은 행동을 취하는 대신 단순 노동으로 돌아서거나 혐오감에 시들고, 심지어 때로는 자살을 택합니다. 이 사태를 어떻게 치유할 수 있을까요? 그들은 보지 못했습니다. 또한 그들만큼 큰 포부를 품고 성공하고자 장벽으로 우르르 몰려들고 있는 오늘날의 수많은 젊은이들은 아직 알지 못합니다. 단 한 사람이라도 자신의 본능에 굳건히 뿌리를 내리고 서서 견디면 거대한 세상이 그에게 다가온다는 사실을 말입니다.

인내하십시오. 인내해야 합니다. 선하고 위대한 이들의 그림자를 벗으로 삼고, 무한한 그대의 삶을 멀리 바라봄으로써 위안을 받고, 진리를 탐구하고 소통하여 사람들에게 널리 퍼뜨림으로써 세상을 바꾸는 일을 하십시오. 하나의 독립적인 주체로 살지 못하는 것, 하나의 인격으로 인정받지 못하는 것, 개인 각자에게 주어진 사명의 결실을 맺지 못하고 자신이 속하는 당이나 분파의 수백 혹은 수천 명의 일부로만 존재를 인정받는 것, 남부나 북부 따위 지형적 기준으로 자신의 의견이 예측되는 것이야말로 세상에서 가장 수치스러운 일이 아니겠습니까? 그렇게 되어서는 안 됩니다.

형제들이여, 친구들이여. 우리의 삶은 그렇지 않기를 하나님께 청합시다. 우리는 자기 두 발로 걷겠습니다. 자기 두 손으로 일하겠습니다. 자기 생각을 말하겠습니다. 지적 활동이라는 말이 더는 동정받거나 의심받거나 관능적 탐닉이라고 치부되지 않을 것입니다. 사람을 경외하고 사랑하는 마음이 우리 모두에게 방어벽이자 기쁨의 화환이 되어 줄 것입니다. 처음으로 사람의 나라가 건국될 것입니다. 인류 전체에 영감을 주는 신성한 영혼의 힘이 자신에게도 내재함을, 국민 개개인 모두가 느끼기 때문입니다.

〈미국 학자(The American Scholar)〉에서

나를 믿고 나아가기

그대 자신 밖에서 찾지 말라

_ 아울루스 페르시우스 플라쿠스, 〈풍자시〉

인간은 자기만으로 하나의 별이니,

정직하고 완벽한 사람을 빚을 수 있는 영혼이

모든 빛과 모든 힘과 모든 운명을 다스린다.

모든 것이 그에게 이르지도 늦지도 않게 찾아온다.

우리의 행동과 우리의 천사는, 선하거나 악할 텐데,

죽음의 그림자는 언제나 우리와 함께 걷네.

_ 보몽과 플레처, 《정직한 사람의 운명》 에필로그

젖먹이를 바위에 두고 가라.

늑대의 젖을 먹이고

매와 여우와 겨울을 나게 하면

그 손과 발에 힘과 속도가 깃들리.

얼마 전에 나는 저명한 화가의 진부하지 않고 독창적인 시구 몇 마디를 읽었다. 독창성은 글에 담긴 주제와 무관하게 영혼에 경각심을 일깨운다. 이러한 글이 일깨우는 감정은 그 글에 담긴 내용보다 더 가치가 높다. 자신의 생각을 믿는 것, 자신의 내면에서 진실한 것은 모두에게 진실하다는 믿음, 그것이 바로 천재성이다. 그대 속에 잠재한 신념을 말하라. 그 신념이 모두에게 적용될 것이다. 가슴속 가장 깊이 있는 것은 때가 되면 밖으로 표출되기 마련이며, 우리의 첫 생각은 최후 심판의 날에 나팔 소리에 실려 돌아올 것이다. 사람은 누구나 자기 내면의 목소리에 익숙하기 마련이지만, 모세, 플라톤, 밀턴의 제일가는 위대함은, 이들이 책과 전통을 거부하고 타인이 아닌 자신의 생각을 말했다는 점이다. 음유 시인과 현자의 천공에 감도는 광휘보다, 자신의 내면에서 번뜩이는 빛줄기를 발견하고 주시하는 법을 익혀야 한다. 그러나 사람들은 자신의 것이라는 이유로 자기 생각을 등한시한다. 그러고는 천재들의 작품을 접할 때마다 우리가 흘려 보낸 생각들을 마주하는데, 그 생각들은 낯선 권위를 새로이 두르고 돌아온다. 이 사실은 그 어떤 위대한 예술 작품보다 중요한 교훈을 준다. 반대하는 목소리가 높을수록 자신의 가슴에서 자연스레 솟아나는 생각을 꿋꿋이 따르라는 교훈이다. 그러지 아니하면 다음날에 다른 누군가 우리가 줄곧 생각하고 느껴 온 바로 그것을 능란하고 조리 있게 말할 터이고, 우리는 하릴없이 타인의 의견을 받아들이는 수치를 겪는다.

    누구나 배움을 통해 이러한 확신에 도달하는 순간이 있다. 질투는 무지한 감정이며 모방은 자살 행위와 다름없다고. 또한 자기 자신이 훌륭하건 볼품없건 제 운명으로 받아들여야 하며, 드넓은 세상은 풍요롭지만 자신에게 경작하라고 주어진 땅을 일구지 않는 한 이로운 곡식 한 톨 얻을 수 없다고. 각자에게 잠재된 힘은 늘 자연에서 처음 창조된 것이라, 자신의 가능성은 본인만 알지만 이것 또한 시도해 보기 전에는 알 수 없다. 어떤 얼굴, 인품, 사실은 깊은 인상을 남기는 반면 또 어떤 것들은 금세 잊히는 현상에는 좋은 이유가 있다. 기억은 사전에 설립된 조화를 바탕으로 조각된다. 시선이 특정한 빛줄기가 떨어진 곳에 가 닿은 이유는 그 빛줄기의 존재를 입증하기 위해서이다. 그런데 우리는 자기 자신을 절반만 드러내고, 오직 자신만이 표현할 수 있는 신성한 뜻을 부끄러워한다. 우리가 충실하게 표현하기만 한다면 그 신성한 뜻이 세상에 조화롭고 득이 된다고 안심하고 믿어도 좋다. 그러나 하나님은 겁쟁이에게 자신의 역사를 맡기지 않는다. 사람은 온 정성을 쏟아 최선을 다할 때 마음이 가볍고 즐겁다. 정성과 노력이 깃들지 않은 말과 행동은 마음을 어지럽힌다. 그런 식으로 얻은 이득은 영혼에 득이 되지 않는다. 그러다 보면 천재성이 떠나고 뮤즈가 등을 돌려 그는 독창성도 희망도 잃고 말리라.

자기 자신을 믿어라. 그 강철 현의 움직임이 모든 심장을 울린다. 역사의 흐름에서 이 순간에, 이 시대 사람들 사이에 그대를 내려놓은 신의 섭리를 받아들여라. 위대한 인물들은 늘 그렇게 해 왔다. 그들은 시대의 고유한 천재성에 어린아이처럼 자신을 맡기고, 절대적으로 믿을 가치가 있는 것은 마음속에 자리한 채로 자신의 존재 전체를 이끌며 자신의 손을 빌려 뜻을 행한다는 신념을 내비쳤다. 성숙한 어른이 된 우리는 이제 그들과 마찬가지로 개인을 초월하는 운명을 고귀한 사명감으로 받아들여야 한다. 우리는 구석에서 보호받는 어린이나 병자가 아니며 혁명을 피해 도주하는 겁쟁이도 아니다. 우리는 안내자로서, 구원자로서, 돕는 이로서, 전능하신 하나님의 뜻을 받들어 혼돈과 어둠을 헤치고 나아가야 한다.

자연이 어린이들과 아기들, 심지어 동물의 얼굴과 행동을 빌려 얼마나 찬란한 신비를 드러내는지! 계산적인 정신이 우리의 목적에 반하여 이익과 수단을 따지는 까닭에 마음은 분열되고 반발하며 감정을 불신하게 되는데, 어린아이나 짐승은 그러지 않는다. 그들의 정신은 온전하고 눈은 아직 때가 타지 않아서, 그들의 얼굴을 보면 우리의 마음에 동요가 인다. 아기는 누구에게도 자신을 맞추지 않는다. 세상이 아기에게 맞춘다. 그래서 보통 어른 너덧 명이 아기 한 명을 어르고 놀아 주는 것이다. 하나님은 유년과 청년과 성년에도 아기 못지않은 저만의 매력과 힘을 부여해서, 모든 이들이 탐이 나는 개성과 아름다움을 지녔으며, 그들이 자기 자신을 지키는 한 존재를 무시받지 않도록 하였다. 어린아이가 그대나 나에게 말하지 못한다고 무력하다고 생각하지 말라. 들어 보라! 옆방에서 들려오는 그의 목소리는 충분히 또렷하고 강하다. 또래와 말하는 법을 이미 익힌 듯하다. 부끄러움을 많이 타건 자신만만하건, 아이들은 우리 어른을 전혀 불필요한 존재로 만들 터이다.

소년들의 무심함. 저녁 식사가 주어지리라 믿어 의심치 않고, 남의 기분을 맞추려는 말과 행동을 마치 영주처럼 경멸하는 이들의 무심함은 건강한 인간 본성의 특성이다. 응접실에 있는 소년은 마치 극장에 앉아 있는 듯하다. 그는 독립적으로 무책임하게 이런저런 사람들과 상황들을 관찰하며, 좋네 나쁘네 흥미롭네 어리석네 멋지네 골치 아프네 등등 소년들 특유의 신속하고 간결한 판단을 내린다. 자신의 판단으로 발생할 결과와 손익을 걱정하지 않는다. 스스로, 진심으로 판단한다. 그러므로 타인들이 그의 의견에 맞추어야 한다. 그는 남의 의견을 듣지 않을 것이다. 그러나 대부분의 경우 사람들은 자의식의 감옥에 갇혀 있다. 어떤 말이나 행동으로 한번 주목을 받고 나면, 수많은 사람의 애정이나 미움 어린 시선 속에 갇힌 채로 그들의 반응을 걱정한다. 이러한 자의식은 망각의 강물로도 씻어 내지 못한다. 아, 중립적인 입장으로 돌아갈 수만 있다면! 그 어떤 서약에도 묶이지 않고, 한 번 관찰한 뒤에도 처음과 다름없이 순수하고 중립적이며 흔들림이나 두려움 없는 마음으로 다시 볼 수 있는 사람은 과연 압도적이다. 그는 세상만사에 자신의 의견을 밝히는데, 그의 의견은 한낱 사견이 아니라 중요하다고 여겨지며, 모든 사람의 귀에 화살처럼 꽂혀 두려움을 일으킨다.

　이처럼 독립적인 목소리는 홀로 있는 시간에 울리다가 우리가 세상에 들어서는 순간 희미하게 사그라진다. 세상 곳곳의 사회가 구성원 모두의 인간성을 지우는 음모에 가담한다. 사회가 주식회사라면 이 회사에서는 주주들이 각자 자기 몫을 확보하는 대가로 자신의 자유와 가치를 포기하기로 동의했다. 이 회사가 가장 반기는 자질은 순응성이다. 가장 꺼리는 자질은 자립성이다. 이 회사는 진실과 창조자들을 거부하고 명예와 관습을 숭배한다.

　인간답게 살고 싶거든 순응하기를 거부하라. 영적인 보상을 받으려면 선하다는 평판을 덥석 믿지 말고 그것이 과연 진정 선한지 고찰해야 한다. 끝에 가서 신성한 것은 그대 정신의 명예로움뿐이다. 스스로 용서하는 자는 세상의 용서를 받는다. 내가 꽤 어렸을 때 일이다. 명망 높은 조언가 한 명이 자꾸만 내게 교회의 구닥다리 전통 교리를 가르치려 들기에 나는 이렇게 말할 수밖에 없었다. "제가 제 마음속 소리에만 귀 기울이고 산다면, 신성한 전통이 제게 무엇을 가르칠 수 있겠습니까?" 내 말을 듣고 그가 답했다. "허나 그런 충동은 천국이 아니라 지옥에서 왔을지도 모르네.""저는 그렇게 생각하지 않습니다. 하지만 제가 악마의 자식이라면 악마를 따를 수밖에요."

나는 나의 본질이 규정한 법칙만을 신성하게 여긴다. 선과 악은 이런저런 속성에 쉽게 붙일 수 있는 꼬리표에 지나지 않는다. 나의 본질을 따르는 것이 유일하게 옳은 길이요 그것에 반하는 것이 유일하게 그릇된 길이다. 온갖 반대 속에서도 인간은 독립성을 지켜야 한다. 자기 자신을 제외한 모든 것이 일시적이며 이름뿐인 허울인 양 행동해야 한다. 직급과 명성과 규모와 큰 단체와 죽은 제도에 순순히 복종하는 모습을 생각하면 낯이 뜨겁다. 나는 품위 있고 말솜씨가 뛰어난 사람에게 지나치게 영향을 받는 편이다. 나는 허리를 곧추세우고 씩씩하게 일어서서 모든 일에 관한 진실을 곧이곧대로 말해야 한다. 악의와 허영이 자비로운 가면을 쓰고 있다고 사람들이 과연 속을까? 가슴속에 분노와 편견이 가득한 사람이 노예제도 폐지라는 위대한 명분을 내세우며 바베이도스섬의 최근 소식을 전한다면 나는 이렇게 대꾸하겠다. "집에 가서 당신 아이를 사랑해 주시오. 당신의 목공에게 친절하시오. 선량하고 겸손하게 살려고 노력하시오. 품위를 기르시오. 부탁하건대, 천 마일 떨어진 곳의 흑인들을 아낀다는 못미더운 말로 당신의 차갑고 무자비한 야심을 포장하지 마시오. 먼 대상을 아끼는 척은 그만하고 주변 사람들에게나 잘 하란 말이오."

거칠고 무례한 대답일지 몰라도, 진실은 거짓된 사랑보다 아름답다. 선한 마음에도 줏대가 있어야 한다. 그렇지 않다면 선하다고 할 수 없다. 사랑의 교리가 칭얼대고 훌쩍이거든 냉정함의 교리로 균형을 잡자. 천재성의 부름을 받으면 나는 아버지건 어머니건 형제건 아내건 모두를 멀리한다. 문설주에 이렇게 적어 놓으리라. '충동'. 이보다는 명쾌한 표현이 생각나면 좋겠지만 그것을 설명할 시간은 없다. 내가 누군가를 찾거나 혹은 기피하는 이유를 알려고 하지 말라. 오늘 어떤 선량한 사람의 말마따나, 내가 어려운 사람 모두를 도울 의무를 지고 있다고 말하지 말라. 그들이 나의 어려운 사람들인가? 어리석은 자선가여, 그대에게 말하건대, 나와 서로 속하지 않은 사람들에게는 지폐 한 장, 동전 한 닢 주기도 아깝다. 정신적인 친밀감이 통하여 나와 마음을 주고받은 이들이 있다. 이들을 위해서 필요하다면 감옥에도 가겠으나, 그대들의 같잖은 자선업, 멍청이들이 득실거리는 대학 교육, 허영스러운 목적으로 많이도 짓고 있는 교회당, 주정뱅이들의 구호, 수천 개의 구제 단체에 주는 돈은 유해할 뿐이다. 창피하게도 나 역시 때때로 마음이 약해져 돈을 준 적이 있으나, 그것을 단호히 거부할 용기를 차차 기르겠다.

흔히 생각하기를 덕성은 찾기 힘든 희귀한 특성이다. 인간이 있고, 그의 덕성이 따로 존재한다. 소위 선행이라고 불리는, 용기와 연민이 필요한 일을 할 때 사람들은 마치 행진에 결석한 것에 대한 일일 벌금을 내듯이 한다. 자신의 존재를 사과하거나 양해를 구하듯이 선행을 한다. 병자와 정신질환자들이 더 높은 임대료를 내는 것과 같은 마음가짐이다. 사람들은 선행을 속죄의 수단으로 삼는다. 나는 속죄하고 싶지 않다. 나는 살고 싶다. 나는 살기 위해 살지, 남들에게 보이려고 살지 않는다. 번쩍거리지만 불안정한 삶보다는, 단조롭더라도 참되고 안정된 삶이 훨씬 낫다. 내 삶이 건강하고 유쾌하여, 식단을 조절하거나 고통을 겪을 필요가 없기를 바란다. 그대가 신념 있는 사람이라는 근본적인 증거를 보여 달라. 행동만으로 그대를 알아 달라고 하지 말라. 나의 행동이 세상에서 찬양을 받는 종류인지 아닌지는 내게 중요하지 않다. 나의 생득권을 행사하는 데 값을 치르기를 거부하겠다. 비록 내 재능이 부족하고 보잘것없기는 하되, 나는 존재하고 있으므로, 부가적인 증거를 대어 나 자신이나 다른 사람에게 존재를 확인받을 필요가 없다.

　나는 사람들이 바라는 바가 아니라 내게 중요한 일만을 하겠다. 실제 삶과 지적인 삶에서 똑같이 중요한 이 원칙은 위대함과 초라함을 구별하는 척도가 되어 준다. 쉬운 일은 아닌데, 자기가 남의 의무를 본인보디 더 잘 안다고 생각하는 이들이 세상에 꼭 있기 때문이다. 사람들 틈바구니에서는 사람들의 의견을 따르기가 쉽고, 홀로 있을 때는 자신의 의견을 따르기가 쉽다. 그러나 위대한 사람은 군중 속에서도 고독이 주는 독립성의 완벽한 즐거움을 누린다.

쓸모를 잃은 관습에 순응하기를 반대하는 이유는, 그러다 보면 힘이 흐트러지기 때문이다. 그런 노력은 우리의 시간을 낭비하고, 인성이 남기는 인상을 흐린다. 죽은 교회를 유지하고, 죽은 성경 단체에 기부하고, 야당이건 여당이건 우세한 정당에 표를 던지고, 무능한 가정 도우미처럼 대충 상을 차리면, 이 모든 가리개 아래 그대의 본 모습을 나는 알 수 없다. 또한 그대는 제대로 살아갈 기운을 많이 뺏길 터이다. 그대의 일을 하라. 그러면 나는 그대를 알 수 있다. 그대의 일을 하라. 그러면 그대는 강해질 터이다. 순응하는 삶은 까막잡기나 다름없음을 기억하라. 그대가 순응하는 사람이면, 나는 그대의 종파만 듣고서도 그대가 내놓을 논점을 예측할 수 있다. 목사가 자기 교회가 속하는 제도의 편의에 맞추어 설교 주제와 내용을 고르는 현상을 본다. 이 목사에게서는 신선하거나 진심이 담긴 말은 일절 듣지 못하리라고 내가 예상하지 못하겠는가? 그가 제도의 기반을 검토하는 행세만 할 뿐이지 두 손 놓고 있음을 내가 알지 못하겠는가? 그가 한 인간으로서가 아니라 교구의 목사로서 허락받은 측면만 보겠다고 홀로 다짐했음을 내가 모르겠는가? 이런 목사는 고용된 변호사나 다름없으며 그가 강단에서 풍기는 신실함은 텅 빈 허울이다.

글쎄, 대부분 사람들이 이런저런 손수건으로 눈을 가린 채, 특정한 신조를 지지하는 단체에 소속되어 있다. 이렇게 순응함으로써 그들은 한두 가지 방면에서 거짓되게 살며 한두 마디 거짓

말을 하는 것이 아니라, 면면으로 거짓인 삶을 살게 된다. 그들의 진리는 하나같이 다 진실하지 않다. 그들이 말하는 둘은 진정 둘이 아니고, 넷은 넷이 아니다. 따라서 그들은 하는 말마다 우리를 당혹스럽게 하고, 우리는 어디서부터 그들을 바로잡아야 할지 막막하다. 그러는 동안 본능은 우리가 따르는 집단의 죄수복 같은 통일성을 우리에게 금방 입힌다. 다들 똑같은 얼굴과 형체에, 점차 가장 순하고 우둔한 표정을 띤다. 특히나 수치스러운 일이 있는데, 일상에서 어김없이 발견되는 모습이다. 그러니까 나는 지금 '비위를 맞추는 어리석은 표정'을 말하고 있다. 흥미가 동하지 않는 말에 대답해야 하는 불편한 상황에서 사람들이 억지로 짓는 웃음이다. 자연스럽지 못하게 야비한 강요로 움직인 근육은 무척이나 불쾌한 느낌으로 얼굴의 윤곽을 굳힌다.

세상은 비순응자들을 마뜩잖게 여기며 채찍질한다. 따라서 사람은 불쾌한 표정을 식별하는 법을 알아야 한다. 낯선 이들이 거리나 친구의 집에서 그를 흘겨본다. 이러한 적대감이 그 자신이 지닌 것과 같은 경멸과 진정한 거부감에서 우러나왔다면, 그가 울적한 표정으로 집에 가도 이해할 만하다. 그러나 다수의 적대감은 다수의 호감과 마찬가지로 참된 원인이 없어서, 형세가 바뀌는 대로, 또 언론이 가리키는 대로, 오락가락한다. 대중의 불만은 정계나 학계의 불만보다 더 무섭다. 세상의 이치를 아는 굳건한 사람은 교육받은 계층의 분노를 쉽게 견딘다. 이 계층은 화를 낼 때도 예의를 차리고 조심스러운데, 그들은 심약할 뿐 아니라 자신들 역시 너무도 쉽게 비난의 대상이 될 수 있음을 자각하기 때문이다. 그러나 이들의 소극적인 분노에 대중의 분노가 더해져 무지한 자들과 가난한 자들이 흥분하고 사회 밑바닥의 거칠고 막무가내인 세력이 으르렁댈 때 신과 같은 초연함으로 가볍게 대처하려면 엄청난 아량과 종교 정신이 필요하다.

일관성에 대한 집착은 우리가 자기 자신을 믿지 못하게 겁을 주는 또 하나의 요소다. 즉 우리는 자신이 과거에 한 행동과 말에 몹시 연연하는데, 남들은 우리를 판단할 때 우리의 과거 행동밖에 참고할 점이 없으며 우리는 그들을 실망시키고 싶지 않기 때문이다.

하지만 왜 그대가 남들 의견에 전전긍긍해야 하는가? 이런저런 공공장소에서 이전에 한 말과 모순되는 말을 할까 봐 두려워 기억의 시체를 끌고 다닐 필요가 있을까? 그대가 모순된 말을 했다고 치자. 그러면 또 어떠한가? 기억에만 의존하는 것은 현명하지 않음을 모두가 안다. 심지어 순전히 회상하는 순간에도 기억에 전적으로 기댈 것이 아니라, 현재의 무수한 눈에 과거를 비추고 매일을 새롭게 살아야 한다. 형이상학적인 관점에서 그대는 신에게 인간성을 붙이기를 거부했으나, 영혼 속에서 진정한 울림이 느껴질 때는 그 충동에 그대의 심장과 생명을 바쳐라. 그것이 신에게 형상과 색채를 입히는 일이라도 말이다. 요셉이 음란한 보디발 아내의 손에 외투를 버리고 달아났듯이, 그대의 이론을 냉큼 버려라.

　어리석은 일관성은 편협한 정신이 부리는 말썽과도 같아서, 하찮은 의원들과 철학자들과 성직자들이 특히나 좋아한다. 위대한 영혼은 일관성을 고집하지 않는다. 그것은 벽에 비친 자신의 그림자나 보고 앉아 있는 격이다. 지금 이 순간의 생각을 단호히 말하고, 내일 새로운 생각이 떠오르거든 그것이 오늘의 생각과 상반되더라도 똑같이 단호히 말하라. 아, 물론 사람들의 오해를 받을 것이다. 그러나 오해를 받는다고 무엇이 그리 나쁘겠는가? 피타고라스는 당대 사람들에게 오해를 받았고, 소크라테스, 예수, 루터, 코페르니쿠스, 갈릴레오, 뉴턴 등 이 세상을 살다 간 순수하고 현명한 영혼은 모두 오해를 받았다. 위대한 정신은 오해를 받기 마련이다.

　천성을 거스를 수 있는 사람은 없는 듯하다. 지구 표면의 굴곡에서는 안데스 산맥과 히말라야 산맥의 차이가 무의미하듯이, 사람이 의지를 뾰족하게 세워도 결국에는 그의 존재를 규정하는 법칙에 깎이고 다듬어진다. 우리를 보는 타인의 시선과 그들의 판단도 무의미하다. 인성은 아크로스틱이나 알렉산드리아 형식 시의 연(聯)과 비슷해서, 앞으로 읽으나 뒤로 읽으나 대각선으로 읽으나 동일하다. 하나님이 허락한 만족스럽고 겸허한 숲속의 삶에서 나는 과거를 반추하거나 미래를 내다보지 않고 하루하루를 정직하게 기록하련다. 그 삶의 기록은 나의 의도와 예측과 무관하게 대칭을 이루리라 믿어 의심치 않는다. 나의 책에서는 솔향이 풍기고 벌레들의 날갯소리가 울릴 것이다. 내 창문 위로 제비가 물고 오는 실낱과 지푸라기가 나의 그물망과 엮일 것이다. 우리는 본 모습대로 보이게 된다. 천성은 의지보다 강한 영향을 끼친다. 사람들은 눈에 띄는 행동만이 자신의 장단점을 드러낸다고 생각하지, 자신이 매 순간 내쉬는 숨결마다 그것들이 스며 나옴을 알지 못한다.

진솔하고 상황에 적절한 행동들은 그게 무엇이든지 간에 서로 일치를 이룬다. 하나의 의지가 지배하는 행동은 서로 아무리 달라 보이더라도 조화롭다. 한 발짝 물러나, 혹은 조금 더 높은 곳에서 보면 차이점은 금세 사라진다. 하나의 성질이 모든 행동을 엮는다. 가장 우수한 배의 항로를 지도에 나타내면 압정 수백 개가 갈지자로 꽂혀 있는데, 그것들을 멀리서 보면 평균적으로 일직선을 이룬다. 진심에서 우러나온 행동은 자명하고, 또 다른 진심 어린 행동들을 설명한다. 순응해서는 아무것도 설명하지 못한다. 독자적으로 행동하라. 과거의 독자적인 행동이 현재의 그대를 뒷받침한다. 위대함은 미래를 내다본다. 지금 내가 타인의 시선을 무시하고 올바르게 행동할 만큼 굳건하다면, 과거의 내가 지금의 나를 변호할 수 있을 만큼 올바르게 행동했음이 틀림없다. 결과에 연연하지 말고 지금 이 순간에 올바르게 행동하라. 겉치레를 멀리하면 늘 바르게 행동할 수 있다.

인성의 힘은 차곡차곡 쌓인다. 지난날에 행한 덕이 오늘날의 덕에 힘을 싣는다. 우리의 상상력에 불을 지르는 훌륭한 정치인들과 전장의 영웅들이 풍기는 장엄함의 근원은 무엇인가? 지난날에 줄줄이 이어진 위대한 나날과 승리의 기억이다. 과거의 승리와 업적이 하나의 빛으로 합쳐져, 전진하는 영웅을 비춘다. 그는 마치 천사들의 호위를 받고 있는 듯하다. 그것이 대(大) 윌리엄 피트[14]의 목소리에 우레 같은 힘을 실어 주고 워싱턴의 풍채에 위엄을 더하며 애덤스의 눈동자에 미국을 새긴다. 명예는 일시적이지 않기에 사람들의 경외를 받는다. 명예는 언제나 과거에서 비롯된 덕성이다. 오늘날에 우리가 명예를 숭배하는 이유는, 명예가 오늘날의 것이 아니기 때문이다. 명예는 사랑과 존경을 구하지 않기에 우리는 명예를 사랑하고 존경한다. 명예는 외부의 영향에서 독립적이며 스스로 우러나오는 덕이기에, 젊은이들의 명예도 유서 깊고 무결한 역사를 품고 있다.

순응과 일관성이라는 말을 제발 좀 그만 듣고 싶다. 앞으로는 그것들을 학보에서나 쓰이는 어처구니없는 단어로 여기지. 저녁 식사가 준비되었다고 알릴 때 종을 치는 대신에 스파르타의 파

---

14 윌리엄 피트(William Pitt, 1st Earl of Chatham), 영국의 제10대 총리로. 역시 총리가 된 아들 윌리엄 피트와 구별하기 위해 대 윌리엄 피트라고 불린다.

이프를 불자. 굽신거리며 사과하지 말자. 대단한 사람이 우리 집에 식사하러 온다고 해도 나는 그를 즐겁게 하려고 노력하지 않겠다. 그가 나를 즐겁게 해 주기를 바란다. 내 집에서 나는 인류를 대표할 것이다. 친절히 행동하겠지만, 또한 진실하게 행동하겠다. 모나지 않게 중간만 가자는 식으로 비겁하게 안주하는 이 시대의 정신을 경멸하고 꾸짖자. 직업을 막론하고 사람이 일하는 곳에는 언제나 책임감이 투철한 사상가와 행동가가 일하고 있으며, 진실한 사람은 특정한 시대나 장소에 얽매이지 않고 세상의 중심에 있다는, 인류의 역사를 통틀어 밝혀진 진리로 관습과 물질주의와 제도에 맞서자. 진실한 사람이 있는 곳에 자연이 있다. 그는 그대를 포함한 모든 인간과 모든 사건을 판단하는 기준이다. 대체적으로 우리가 사회에서 만나는 사람은 다른 사람이나 다른 무언가를 떠올리게 한다. 그러나 인성과 존재는 그 무엇과도 닮지 않았다. 그것들은 세상 전체를 대신한다. 인간은 모든 외부 영향을 무의미하게 만들 정도로 강력한 인성과 존재를 지녀야 한다.

  진실한 사람은 사명을 대표하고 국가를 움직이며 시대를 좌우한다. 그의 뜻을 온전히 이루는 데 무한한 시간과 공간과 사람이 필요하다. 피보호인이 보호자를 따르듯이 후세는 그의 궤적을 좇는다. 카이사르가 태어나자 로마제국이 수 세대에 걸쳐 부흥했다. 예수가 태어나자 수백 만 명의 정신이 성장하고 그의 신성을 신봉하였고, 예수는 인간의 가능성과 미덕을 대표하기에 이르렀다. 제도는 한 인간의 그림자가 길어진 것이다. 수도원 제도는 은수자 안토니우스, 종교개혁은 루터, 퀘이커교는 폭스, 감리교는 웨슬리, 노예제 폐지는 클락스의 그림자가 길어진 것이다. 밀턴은 스키피오를 '로마의 정점'이라고 불렀다. 인류의 역사는 강건하고 진실한 사람 몇몇의 전기로 설명된다.

그러니 사람들이 자신의 가치를 깨닫고 발아래 세상을 두게 하자. 그를 위한 세상에서 그가 동냥하는 소년이나 사생아나 불청객처럼 엿보고 훔치고 눈치 보지 않게 하자. 거리를 걷다 보면 기가 죽을 수 있다. 탑을 세우고 대리석에 신의 형상을 조각한 이들의 능력 앞에서 자기 자신이 초라하게 느껴진다. 왕궁, 조각상, 귀한 서적은 마치 화려한 마차처럼 낯설고 금기로 여겨진다. 이것들이 묻는 듯하다. "당신이 무엇이라고?" 그러나 사실 이것들은 전부 그의 것이다. 구애자처럼 그의 눈길을 원하고, 그가 능력을 발휘해 자신들을 소유해 주기를 탄원자처럼 호소한다. 저 그림은 나의 평가를 기다린다. 그림은 나를 부리지 못한다. 자신을 보고 감탄하기를 바라는 그림의 요구가 합당한지는 내가 평가한다. 어떤 주정뱅이가 거리에서 만취해 곯아떨어진 채로 발견되었는데, 그를 백작의 집으로 데려가 씻기고 옷을 입혀 백작의 침대에 눕혔으며, 그가 깨어나자 백작처럼 예를 갖추어 대우한 뒤에 지금껏 그가 제정신을 잃었었다고 말해 주었다는 이야기가 있다. 이 이야기는 인간의 모습을 적확히 상징하기에 인기가 많다. 우리 역시 평소에는 주정뱅이처럼 정신을 못 차리고 있으나 때때로 깨어나 합리적으로 사고하고 자기 자신이 사실은 왕자였음을 깨닫지 않는가.

우리는 걸인이 동냥하듯이 비굴하게 책을 읽는다. 이제껏 상상력은 우리를 속여 왔다. 왕국, 군주, 권력, 토지는 조그만 집에서 평범하게 노동하는 존이나 에드워드보다 화려하게 들린다. 그러나 삶의 경험은 누구에게나 똑같다. 이들의 삶이나 그들의 삶이나 총체적으로 같은 무게를 지녔다. 그러니까 왜 우리는 알프레드[15]나 스컨데르베우[16]나 구스타브[17]에게 경외를 표하는가? 그들이 덕망이 높았다고 가정해 보자. 그들이 덕망을 독점했는가? 오늘날 그대의 사적인 삶은 그들의 공적이고 유명한 삶만큼 중요하다. 일반인이 독창적인 관점을 바탕으로 행동할 때, 군주의 행위에 깃든 광택이 이들에게 넘어온다.

세상은 만인의 시선을 잡아끄는 왕들의 가르침을 받아 왔다. 이 장엄한 상징이 인간이 서로에게 표해야 하는 경외를 세상에 가르쳤다. 왕과 귀족과 영주들은 자기만의 법칙으로 세상을 살아

15　알프레드 대왕(Alfred the Great), 웨식스 왕국의 제25대 국왕으로, 잉글랜드의 국가 정체성을 확립했다고 평가받는다.
16　스컨데르베우(Skënderbeu), 본명은 제르지 카스트리오티(Gjergj Kastrioti). 25년에 걸친 반 오스만 항전을 주도한 알바니아의 민족 영웅.
17　구스타브 2세 아돌프(Gustav II Adolf), 스웨덴 바사 왕조 제6대 국왕이다. 북방의 사자, 황금의 왕으로 불렸다.

가며 인간과 사회의 가치를 설립하고 또 재정비한다. 그들은 자기들이 누리는 특권을 돈이 아니라 명예로 갚고, 자신의 존재 자체로 법을 대표한다. 그들에게 세상 사람들이 기꺼이 바치는 충성은, 사람들이 자기 자신에게도 역시 깃든 권리와 아름다움, 즉 모든 인간의 권리를 희미하게나마 의식하고 있음을 뜻하는 상형문자라고 할 수 있다.

모든 독창적인 행위가 품고 있는 매력은 자기 신뢰의 근원을 탐구함으로써 이해할 수 있다. 신뢰받는 대상은 누구인가? 보편적인 신뢰가 기반하는 순수한 자아는 무엇인가? 사소하고 흠이 있는 행위라도 한 줌의 독립성이 깃들어 있다면 그 행위에 아름다움의 빛을 쏘는, 왜곡되거나 계산될 수 없으며 과학으로 설명할 수 없는 이 별의 본질과 힘은 무엇인가? 이러한 질문은 우리를 근원으로 이끈다. 천재성과 미덕과 삶의 핵심인 이 근원을 우리는 자발성 혹은 본능이라고 부른다. 이 원초적 지혜를 우리는 직관이라고 표현한다. 그 뒤로 배우는 것은 모두 학습을 통해 이루어진다. 직관이라는 그 심오한 힘, 분석이 불가한 그 최후의 진실에서 만물의 근원을 찾을 수 있다. 어떻게 해서인지 우리는 알 수 없지만, 평온한 시간에 영혼에 차오르는 존재 의식은 물질과 공간과 빛과 시간과 인간 사이에 차이가 없이 동일하며, 그 의식은 의심의 여지 없이, 모든 생명과 존재가 기원한 원천에서 샘솟는다.

태초에 인간은 만물을 창조한 생명의 에너지를 공유했으나 점차 물질을 자연의 형상으로 분리해서 보게 되었고, 우리가 그들과 근원이 같다는 사실을 잊었다. 이것이 행동과 사상의 원천이다. 바로 이곳에서 인간에게 지혜를 불어넣고, 신을 모욕하거나 거부하지 않고서는 부인할 수 없는 영감의 숨결이 흘러나온다. 우리를 품고 있는 광활한 지성은 우리로 하여금 자신의 진리를 받아들이고 행하게 이끈다. 진리를 식별할 때, 정의를 식별할 때, 우리는 스스로 알아보는 것이 아니라 이 지성의 빛이 뻗어 나갈 길을 터 주는 것이다. 그 어떤 철학으로도 이것의 기원을 알아내거나 이것을 창조한 영혼을 들여다볼 수 없다. 이것의 존재와 부재가 우리가 확인할 수 있는 전부다. 사람은 누구나 정신이 자의적으로 행하는 바와 비자의적으로 받는 인상을 구별하고, 비자의적인 인상을 절대적으로 믿어야 함을 안다. 비자의적인 인상을 정확히 표현하지는 못하더라도, 그것의 진실은 낮과 밤처럼 논쟁의 여지가 없다는 사실을 안다. 나의 고의적 행동과 성취는 일시적이다.

가장 허황된 백일몽과 자연스러운 감정의 희미한 떨림이 나의 호기심을 북돋고 관심을 끈다. 생각 없는 사람들은 어떠한 관점이나 판단을 거부하는 것만큼이나 빠르게 자신의 지각이 알리려는 바를 무시한다. 아니, 오히려 더 열띠게 거부한다. 지각과 생각을 구별하지 못하는 탓이다. 자기가 선택해서 이런저런 것들을 본다고 착각한다. 그러나 지각은 일시적이 아니라 필연적이다. 내가 어떤 특성을 보았다면, 뒤이어 나의 아이들이 보고, 결국에는 모든 사람이 본다. 내 전에 그 누구도 본 적이 없다고 해도 말이다. 나의 지각은 내가 본 특성을 태양만큼이나 분명한 사실로 인지했다.

 영혼과 신성한 정신의 관계는 너무도 순수해서 도움을 준답시고 끼어드는 것은 모욕이다. 하나님이 입을 열 때는 한 가지가 아니라 모든 것을 소통함이 틀림없다. 그의 목소리가 온 세상에 울리고, 현재 생각의 중심에서 빛과 자연과 시간과 영혼을 발산해 새로운 시간 속에서 온 누리를 새롭게 한다. 순수한 정신이 신성한 지혜를 받아들이면 어김없이 낡은 것들이 사라진다. 도구와 교사와 글과 신전이 무너진다. 정신은 지금 이 순간에 머물며 과거와 미래를 현재의 시간으로 흡수한다. 정신과의 관계로 세상 모든 것이 평등하게 신성해진다. 모든 것의 근원을 이해하고 나면 그것들의 정수만 남는다. 보편적인 기적 속에서 사소하고 특정한 기적은 사라진다. 그러니 누군가 하나님을 알고 설명할 수 있다고 주장하며 다른 시대의 다른 나라의 죽고 없어진 옛 사람들의 언어로 그대를 이끈다면, 그를 믿지 말라. 도토리가 그것이 성장하여 완전해진 오크 나무보다 나으랴? 부모가 성숙한 존재로서 자신의 모든 것을 전달한 자신의 아이보다 낫다고 할 수 있을까? 왜 과거를 숭배하는가? 축적된 역사는 우리 영혼의 건강과 권위를 훼손하려고 작당한다. 시간과 공간은 단순히 눈이 그려 내는 생리적 색채에 불과하지만 영혼은 빛이다. 빛이 나면 낮이고 빛이 사라지면 밤이다. 역사는 나의 존재와 성장을 이야기하는 흥미로운 우화나 교훈에 지나지 않는다. 그보다 높은 가치를 부여하면 폐가 되고 해를 끼칠 것이다.

인간은 겁이 많고 죄책감에 시달린다. 더는 당당하지 않다. 자신이 누구라고 밝히거나 의견을 말하지 못하고 웬 성인이나 현자의 말을 인용한다. 풀잎과 피어나는 장미꽃 앞에서 부끄러워한다. 지금 내 창문 밑 장미는 예전 장미나 자기보다 나은 장미를 들먹이지 않는다. 그들은 자기 모습 그대로 존재한다. 지금 이 순간에 신과 함께 존재한다. 그들은 시간에 연연하지 않는다. 장미로서 존재할 뿐이고, 존재하는 매 순간 완벽하다. 싹이 트기 전에도 장미는 완벽히 살아 있다. 줄기조차 자라지 않은 뿌리나 만개한 꽃송이나 정확히 같은 양의 생명력을 품고 있다. 모든 순간에 장미는 본질을 완성한 채로 자연을 만족시킨다. 그러나 인간은 삶을 미루거나 과거의 삶에 갇혀 있다. 현재에 살지 않고 과거를 돌아보며 한숨 짓거나, 지금 자기 주변의 아름다움에 시선을 주지 않고 돋움발로 미래를 보려고 한다. 시간의 굴레를 벗어나 현재 속에서 자연과 더불어 살지 않는 한 그는 행복할 수도, 건강할 수도 없다.

이것은 너무도 자명한 사실이다. 그런데도 뛰어난 지성인들마저 다윗이나 예레미아나 바울의 입을 빌려서가 아니면, 그것이 무엇이든지 간에, 하나님의 말씀을 직접 들을 엄두를 내지 못한다. 우리가 언제까지나 몇몇 글과 몇몇 인생에 그토록 높은 가치를 두지는 않을 터이다. 우리는 할머니나 가정교사의 말을 앵무새처럼 따라하고, 어쩌다 만난 특출나고 고결한 사람의 말을 열심히 기억하여 되풀이하는 아이와 다름없다. 그 말을 한 사람들의 관점을 경험하고 이해하는 날이 오면 그제야 기억을 애써 붙들지 않을 터이다. 진정 이해한 뒤로는 필요한 상황에서 자신의 말로 적절히 표현할 수 있기 때문이다. 진실하게 살면 진실하게 본다. 강한 사람은 쉽게 힘을 내고, 약한 사람은 쉽게 쓰러지는 이치다. 새로운 관점을 얻는 순간, 이제껏 보물처럼 간직하고 있던 기억을 낡은 쓰레기처럼 기꺼이 버린다.

하나님과 함께하는 이의 목소리는 개울의 속삭임이나 옥수수잎의 바스락거림만큼이나 달콤하다.

이 주제의 가장 고귀한 진리는 아직 언급되지 않았다. 아마 말로 표현할 수 없으리라. 우리의 모든 말은 직관의 머나먼 기억에 지나지 않기 때문이다. 내가 지금 최대한 가까이 다가간 생각은 이것이다. 그대가 선에 가까이 다가설 때는, 그대가 내면에 삶을 품고 있을 때는, 이미 알려지거나 관습으로 굳은 방식으로 하지 않는다. 그대는 다른 누구의 발자취를 찾지 않으며, 어떤 얼굴을 보거나 이름을 떠올리지 않는다. 그 방식, 그 생각, 그 선함은 완벽하게 새로우며 낯설다. 경험도, 선례도 없다. 이 방식을 발견하는 길은 타인을 향해서가 아니라, 타인에게서 멀어지는 방향으로 나 있다. 역사에 존재한 모든 인간이 이 고귀한 진리의 잊힌 사역자다. 이것 아래에서는 두려움이나 희망이나 별 차이가 없다. 희망도 그리 중요하지 않다. 깨달음이 찾아오는 순간의 감정은 감사의 마음이나 기쁨이라고 부르기에 적절치 않다. 열정을 초월한 영혼은 삶의 본질과 영원한 인과관계를 이해하고, 독립적인 존재의 진리와 권리를 인식한다. 그리고 모든 것이 잘 되리라는 확신으로 마음을 가라앉힌다. 대서양과 남태평양처럼 광활한 자연의 공간도, 수백 년의 오랜 시간도 중요치 않다. 내가 생각하고 느끼는 이것은 현재뿐 아니라 과거의 모든 삶과 상황, 그리고 삶이라고 불리는 것과 죽음이라고 불리는 것의 근본을 이룬다.

    삶의 가치는 지금 이 순간에 있지, 과거에 담겨 있지 않다. 멈추는 순간에 생명력은 끝난다. 생명력은 기존의 상태에서 새로운 상태로 변화하는 순간에 장애물을 뛰어넘는 순간에, 목표를 향해 달려가는 순간에 깃들어 있다. 영혼은 끝없이 성장하고 변화한다는 사실을 세상은 싫어한다. 그 사실은 과거를 계속해서 붕괴하고, 부를 가난으로, 명예를 수치로 바꾸며 성인과 악당의 차이를 흐리고 예수나 유다나 할 것 없이 모두를 구석으로 밀어내기 때문이다. 그렇다면 왜 우리는 자기 신뢰의 중요성을 입이 닳도록 말하는가? 영혼이 살아 있는 한 우리에겐 힘이 깃들어 있는데, 그 힘은 단순히 자기 자신을 믿는 데서 그치지 않고 행동하는 힘이다. 신뢰는 추상적인 관념에 불과하니, 그 주체를, 즉 신뢰하고 행동하고 존재하는 주체에 집중하자. 자기 신뢰의 힘에 나보다 더 복종하는 이는 손가락 하나 까딱하지 않고도 내 위에 설 수 있다. 영혼의 인력에 의해 나는 그 주변을 맴돌 수밖에 없다. 우리는 높은 덕성을 미사여구로만 생각하지, 그것이 인간을 고양한다는 사실은 미처 알지 못한다. 그리고 도덕적 원칙에 마음을 열고 받아들이는 사람이나 집단은 자연의 법칙에 따라, 그것들을 받아들이지 않은 모든 나라와 왕과 부호와 시인 위에 군림한다는 사실 또한 모른다.

어느 주제와 마찬가지로, 이 주제는 우리에게 궁극적 사실을 빠르게 드러낸다. 하나의 영원히 축복받은 진리가 만물의 이치를 통합한다는 사실이다. 자기 신뢰는 우주의 근원을 이루는 특성 중 하나이며, 보다 하등한 물질들의 가치를 측량하는 척도이다. 진실한 존재와 현상의 진실함은 그 안에 담긴 영성에 비례한다. 그 활동이 상업이건 농업이건 사냥이건 고래잡이건 전쟁이건 웅변이건 혹은 개인의 영향력이건, 이 활동들은 비록 완벽히 순수하지는 않되 어느 정도 영성을 품고 있다는 면에서 나의 존중을 받는다. 자연의 보존과 성장에도 같은 독립성의 법칙이 작용한다. 자연에서는 능력이 결국 권리를 결정한다. 자연은 스스로 돕지 못하는 것을 보존하려고 애쓰지 않는다. 행성의 탄생과 진화, 균형과 궤도, 강풍에 휜 나무가 일어서는 힘, 모든 동식물의 생명력은 스스로를 책임질 수 있으므로 자기 자신을 신뢰하는 영혼을 나타낸다.

이렇게 모든 것이 하나로 집결한다. 밖으로 떠돌지 말고 집에서 궁극의 원칙과 머무르자. 아우성대는 인간들과 책과 제도에게 신성한 사실을 간단히 공표하여 놀라게 하자. 그대의 집에는 하나님이 안주하고 있으니 신발을 벗으라고 침입자들에게 명령하자. 순수한 진리의 잣대로 이들을 판단하고, 자기만의 법칙에 순종함으로써 우리 내면의 풍요와 비교하면 모든 물질적인 세계가 빈곤하다는 사실을 증명하자.

그러나 현대인들은 무리로 존재한다. 사람은 다른 사람을 경외하지 않는다. 그의 정신도 집에 머물며 내면의 바다와 소통하라는 훈계를 듣지 않는다. 그 대신에 밖을 떠돌며 타인의 양동이에서 물 한 바가지를 동냥한다. 반드시 우리는 홀로 존재해야 한다. 그 어떤 설교도 예배가 시작하기 전 교회의 고즈넉함에 비할 바가 아니다. 각자 자기만의 안전하고 성스러운 울타리에 둘러싸여 있을 때 사람들이 얼마나 고귀하고 차분하고 순수해 보이는지! 그러니 우리 항상 앉아 있자. 왜 우리가 친구나 배우자나 아버지나 자식의 잘못을 짊어져야 하는가? 그들이 우리 벽난로 앞에 둘러앉으니까? 같은 핏줄이니까? 세상 모든 사람이 나의 핏줄이며, 내가 그들의 핏줄이다. 그렇다고 내가 그들의 모나고 어리석은 행동을 나의 것으로 받아들이거나 수치스러워하지는 않을 것이다. 그러나 그대의 고립은 기계적이 아니라 영적이어야 하며, 우리의 정신을 고양해야 한다. 때로 온 세상이 사사로운 일들로 우리의 연민을 끈질기게 요구하는 음모에 가담한 듯하다. 친구, 고객, 아이, 병, 두려움, 가난, 자선, 이 모든 것이 동시에 우리 옷장 문을 두드리며 말한다. "거기서 나와서 우리를 좀 봐요." 그러나 그대 자리를 지켜라. 그들의 혼돈 속에 발을 딛지 말라. 내가 미미한 호기심을 보이는 만큼만 타인은 나를 방해할 수 있다. 내가 허락하지 않는 한 아무도 내게 접근할 수 없다. "우리는 사랑하는 것을 소유하지만, 욕망으로 인해 그 사랑을 잃어버린다."

우리가 복종과 믿음의 신성한 경지에 단숨에 이를 수 없다면, 적어도 유혹을 거부하자. 전투에 뛰어들어 우리 색슨인 가슴속의 토르와 오딘을, 용기와 헌신을 깨우자. 지금과 같이 평온한 시대에는 진실을 말함으로써 이것을 해낼 수 있다. 거짓된 친절과 거짓된 애정을 잘라 내라. 우리 주변의 속고 속이는 사람들의 기대에 맞추어 살지 말라. 그들에게 말하라.

"아버지, 어머니, 여보, 형제여, 친구여, 이제껏 나는 관습에 따르며 그대와 살았으나 앞으로는 진리와 함께할 것입니다. 앞으로는 영원한 법칙만을 따를 것임을 알아 두십시오. 진정한 교감을 좇을 뿐, 피상적인 관계는 피할 것입니다. 부모를 공양하고 가족을 부양하고 아내에게 충실하겠지만 전례 없이 새로운 방식으로 이들과 관계를 맺겠습니다. 나는 그대들의 관습에 불복합니다.

나는 나 자신으로 살겠습니다. 더는 그대나 다른 누구를 위해서도 나를 타협하지 않겠습니다. 그대가 나를 있는 모습 그대로 사랑해 준다면 우리는 행복할 것입니다. 그대가 그럴 수 없다면, 그래도 나는 그대의 사랑을 받을 자격이 있는 사람이 되도록 노력하겠습니다. 내가 무엇을 좋아하고 싫어하는지 숨기지 않겠습니다. 내면 깊은 곳에서 우러나오는 것은 신성하다는 확신을 품고, 내 마음이 지시하고 내 안에서 기쁨을 자아내는 일이라면 무엇이든 해와 달 앞에서 당당히 하겠습니다. 그대의 성품이 고결하다면 나는 그대를 사랑하겠습니다. 그러나 그대의 성품이 고결하지 않다면 나는 거짓된 관심을 보임으로써 그대와 나 자신을 모욕하지 않겠습니다. 그대가 진실하더라도 우리가 서로 다른 진리를 추구한다면, 그대는 그대와 같은 뜻을 품은 사람들과 어울리는 편이 좋겠습니다. 나 역시 그렇게 하겠습니다. 이기심이 아니라, 겸손하고 참된 의도로 그렇게 합니다. 얼마나 오랫동안 거짓 속에서 살았건, 이제라도 진리 속에서 살면 나와 그대와 모든 사람에게 똑같이 득이 됩니다. 지금은 이 말이 냉정하게 들리나요? 얼마 안 가 그대도 나뿐만이 아니라 그대의 본질이 시키는 바를 사랑하게 되고, 우리가 진리를 좇는다면 진리는 우리를 안전하게 이끌 것입니다."

이렇게 말하면 친구들의 마음에 상처를 입힐지도 모른다. 그렇다. 그러나 그들을 걱정하느라 나의 자유와 권리를 팔 수는 없다. 게다가 사람은 누구나 이성에 눈을 뜨고 궁극적 진리의 세계를 내다보는 순간을 만나니, 그때가 오면 그들도 나를 이해하고 나와 똑같이 행동할 터이다.

　대중 규범을 거부하는 사람은 모든 규범을 거부하는 무법자로 여겨진다. 뻔뻔한 호색가는 철학을 빙자해 자신의 악행을 포장한다. 그러나 양심의 법은 꿋꿋이 남는다. 고해에는 두 종류가 있는데, 우리는 반드시 둘 중 하나를 택해 죄를 용서받아야 한다. 직접 잘못을 고백하거나 반성함으로써 우리는 의무를 다할 수 있다. 그대가 부모, 사촌, 이웃, 지역 사람들, 고양이와 개를 정당히 대했는지 돌이켜 보고, 이들 가운데 그대를 나무랄 수 있는 대상이 있는지 생각해 보라. 그러나 나는 반성하는 대신 스스로 용서할 수도 있다. 내면에 나만의 엄격한 원칙과 완벽한 세계를 지니고 있기 때문이다. 이 세계는 소위 의무라고 불리는 많은 일들의 의무성을 거부한다. 그러나 나는 이 세계의 윤리를 따름으로써 세간의 윤리를 지킬 수 있다. 행여나 이 세계의 규범이 느슨하다고 의심하는 이가 있다면, 한번 따라 보라고 하자.

　사람들을 흔히 자극하는 동기들을 버리고 자기민의 기준으로 삶을 감독하겠다고 믿는 이는 진정 신에 가까운 특성을 지녀야 한다. 고결한 마음, 굳은 의지, 맑은 시야로 그는 자신의 신조와 자신의 사회와 자신의 법을 충실히 따른다. 따라서 그는 소박한 목표 하나에도 남들이 절실한 목표를 좇는 마음가짐으로 임한다.

사회라고 특별히 분별되는 것의 현재 상태를 관찰한 이는 누구라도 이러한 윤리가 필요하다고 인정할 터이다. 인간은 힘줄과 심장이 약해진 채로 좌절하고 두려워하며 칭얼대고 있다. 우리는 진리를 두려워하고, 운명을 두려워하고, 죽음을 두려워하고, 서로를 두려워한다. 우리 시대는 위대하거나 완벽한 인물을 배출하지 못한다. 이 세상과 사회를 개선할 남녀가 필요하지만, 대부분 사람은 세상에 진 빚을 갚을 능력이 없다. 그들은 자기 자신의 욕구도 충족하지 못하고, 실력도 없으면서 야심만 그득하여 밤낮으로 연이어 구걸한다. 우리는 비루한 살림을 차리고, 자기 예술과 직업과 결혼과 종교를 스스로 선택하지 못하고 사회에 맡긴다. 우리는 응접실의 군인이다. 인간을 강하게 키우는 거친 운명의 전투를 피한다.

이 나라의 젊은이들은 첫 시도가 뜻대로 풀리지 않으면 완전히 낙담한다. 젊은 상인이 사업에 실패하면 사람들은 그가 '망했다'고 말한다. 우리 대학의 최고 학생이 졸업하고 일이 년 안에 보스턴이나 뉴욕 혹은 이들 도시의 교외에서 직업을 찾지 못하면, 다들 그가 좌절하여 남은 평생을 한탄 속에 보낼 만하다고 여긴다. 이런 도시 인형들보다는, 뉴햄프셔나 버몬트에서 수공업에 종사하고 농사를 짓고 행상을 하고 학교를 운영하고 설교를 하고 신문을 편집하고 의회에 출마하고 토지를 구매하고 등등 온갖 일을 수년에 걸쳐 줄줄이 해 보았으며, 고양이처럼 어김없이 자기

발로 착지하는 건장한 젊은이들이 백 배 가치가 높다. 이런 청년들은 자기 시대에 적응한다. 자기가 전문직을 찾지 않았다고 부끄러워하지 않는다. 그는 삶을 미루지 않고 지금 살고 있기 때문이다. 그에게는 단 한 번이 아니라 백 번 기회가 온다. 스토아학파에게 인간의 가능성을 보이고 이렇게 말하라 하자. 인간은 흔들리는 갈대가 아니니, 외부 영향을 물리치고 굳게 설 수 있으며 반드시 그래야 한다고. 자기 신뢰를 연습하면 새로운 힘을 얻을 것이며, 인간은 말씀이 육신이 된 것이므로 세상에 치유의 힘을 퍼뜨릴 사명을 품고 태어났다고. 또한 인간은 타인의 연민을 수치스러워해야 하며, 그가 법과 책과 우상과 관습을 창밖으로 내던지고 스스로 행동하는 순간 모두가 그를 연민하기는커녕 감사하고 존경할 거라고. 이 스승은 인류의 광휘를 되찾고 자기 이름을 길이길이 떨치리라.

 사람들의 자기 신뢰가 강해지면 모든 직업과 인간관계와 종교와 교육과 목표와 생활 양식과 교류와 재산과 미래에 대한 예측에서 혁명이 일어나리라는 사실은 명백하다.

 사람들은 대체 어떤 기도를 하고 있는가! 신성시되는 그들의 기도는 용감하지도 담대하지도 않다. 그들의 기도는 외부를 향한 채로 웬 타국의 덕을 통해 타국의 도움이 오기를 기대하고, 신성의 개입과 기적과 자연과 초자연의 끝없는 미로에서 길을 잃는다. 기도에 특정한 바람이 실려 있고 그 바람이 면면으로 선하지 않다면, 그 기도는 악하다. 기도는 지고의 시선으로 삶의 양상을 숙고하는 행위다. 충만한 기쁨으로 세상을 바라보는 영혼의 독백이다. 자신의 일을 흡족해하는 성령의 선언이다. 그러나 개인적인 목적을 이루고자 올리는 기도는 비열한 도둑질이다. 그런 기도는 자연과 의식이 하나임을 부정하고 이원론을 승인한다. 하나님과 하나가 되는 순간, 인간은 더는 애걸하지 않는다. 그는 모든 행위에서 기도를 본다. 들판에서 잡초를 뽑으려 허리를 숙인 농부의 기도. 노의 움직임에 맞추어 몸을 굽히는 뱃사공의 기도. 이것들이야말로 목적은 소소하되 자연 어디에서나 들리는 진정한 기도다. 플레처의 희곡《본두카》에서 카라타크가 신 오데이트의 생각을 물어보라는 명령을 듣고 대답하기를.

 신의 숨은 뜻은 우리의 노력에 담겨 있네.
 우리의 용기가 최고의 신이니.

 또 다른 거짓된 기도는 아쉬워하는 마음이다. 불만족은 자기 신뢰가 부족함을 뜻한다. 의지가 약하다는 뜻이다. 안타까워하는 마음이 재난을 당한 이를 도울 수 있을 때나 안타까워하라. 그렇지 않다면 그대의 일에 집중하라. 그러면 벌써 재난이 복구되기 시작한다. 연민도 마찬가지로 저급하다. 우리는 어리석게 징징대는 이들과 같이 앉아 울어 준다. 그 대신에 우리는 따끔한 충격으로 그들에게 진리와 활력을 전달하고, 그들이 다시 한 번 이성의 소리에 귀 기울이게 도와야 한다. 기뻐하는 마음이 행운을 부른다. 신과 인간 모두 스스로 돕는 자를 반긴다. 그에게는 모든 문이 활짝 열린다. 모든 입이 그를 맞이하고 기리며, 모든 눈이 그를 원한다. 그는 애정을 필요로 하지 않기에 우리의 애정을 받는다. 우리는 미안함과 경외심이 깃든 마음으로 그를 축하하고 보듬는다. 그는 우리가 무엇이라 하든지 무심히 자기 길을 가기 때문이다. 인간들이 그를 미워하므로 신들은 그를 사랑한다. "불굴의 의지를 보이는 필멸의 영혼에게," 자라투스트라[18]가 말했다. "복된 불멸의 신들은 신속히 행한다."

인간의 기도는 병든 의지를 드러내고, 그들의 신조는 좁먹은 지성을 드러낸다. 그들에게 어리석은 히브루인들과 입을 모아 말하라 하자. "하나님이 우리에게 말씀하시지 말게 하소서. 우리가 죽을까 하나이다. 당신이 우리에게 말씀하소서. 우리가 들으리이다." 어디를 가든지 간에 나는 형제 안의 하나님을 접하지 못하는데, 그가 자기 신전의 문을 걸어 잠근 채로 자기 형제의 하나님이나 자기 형제의 하나님에 대한 우화나 암송하는 탓이다. 새로운 정신은 저마다 새로운 분류로 자리잡는다. 로크[19]나 라부아지

18 　자라투스트라(Zarathushtra), 고대 페르시아의 예언자로, 조로아스터교의 창시자.
19 　존 로크(John Lock), 잉글랜드의 철학자이자 정치 사상가.

에[20]나 허턴[21]이나 벤담[22]이나 푸리에[23]처럼 활력적이고 강한 정신이 분류를 이루면 다른 사람들이 그것에 속하게 되고, 보라! 새로운 체계가 탄생했다. 분류를 설립한 이는 그 생각의 깊이와 넓이와 영향력에 비례하여 만족을 느낀다. 한 사람의 정신이 분류로 자리잡는 현상은 신조와 종교에서 유난히 두드러지는데, 거기에서야말로 강력한 정신이 의무에 대한 본질적인 생각, 그리고 숭고한 존재와 인간 사이의 관계를 탐구하며 분류를 이루기 때문이다. 칼뱅주의, 퀘이커교, 스베덴보리주의를 예로 들 수 있다. 모든 것을 새로운 용어를 통해 이해한 제자는 갓 배운 식물학을 바탕으로 세상과 계절을 새롭게 본 여자아이처럼 기뻐한다. 한동안 제자는 스승의 정신을 공부하여 자신의 지력을 키운다. 그러나 정신에 균형이 잡히지 않은 자들은 분류를 우상화하고, 그것이 빠르게 소모할 수 있는 배움의 수단이 아니라 목표라고 착각한다. 그리하여 그들이 보기에는 저기 먼 지평선에서 체계의 벽이 우주의 벽과 통합되고, 빛을 발하는 별들조차 자기 스승이 그

---

20   앙투안로랑 드 라부아지에(Antoine-Laurent de Lavoisier), 프랑스의 화학자. 질량 보존의 법칙 등 중요한 업적을 많이 남겨 근대 화학의 아버지로 불린다.
21   제임스 허턴(James Hutton), 스코틀랜드의 지질학자. 근대 지질학의 아버지라고 불린다.
22   제러미 벤담(Jeremy Bentham), 18세기 영국의 법학자이자 철학자. 공리주의의 창시자로 알려져 있다.
23   장바티스트 조제프 푸리에(Jean-Baptiste Joseph Fourier), 프랑스의 수학자이자 물리학자.

려 낸 창공에 걸려 있는 듯싶다. 우리 같은 외부인이 그것을 어떻게 볼 수 있고 어쩌다 볼 권리를 얻었는지, 그들은 상상할 수조차 없다. "당신들이 우리에게서 빛을 훔친 것이 틀림없어." 그들은 모른다. 모든 체계를 초월하며 결코 막을 수 없는 그 빛줄기가 심지어 자기 같은 사람들 집에도 파고든다는 사실을. 자기들 것이라고 우기게 잠시 내버려두자. 그들이 정직하게 열심히 일하면, 이내 그들을 가두어 둔 말끔한 새 우리는 너무 작고 좁아 결국 부러지고 휘고 썩어 사라질 터이고, 젊고 환희에 찬 불멸의 빛이 수많은 각도에서 수많은 색으로 빛나며 우주를 최초의 아침처럼 밝힐 것이다.

교양 있는 미국인들이 죄다 이탈리아, 이집트, 잉글랜드를 선망하며 여행에 환상을 품는 이유는 그들이 스스로 교양을 쌓지 않은 탓이다. 잉글랜드와 이집트와 이탈리아를 선망의 대상으로 만든 사람들은 지구의 축처럼 자기 자리를 굳게 지킴으로써 그 일을 해냈다. 목적의식이 뚜렷해지는 순간에 우리는 사는 곳에 의무를 느낀다. 영혼은 방랑하지 않는다. 현자는 집에 머무르고, 어떤 필요나 의무나 상황 때문에 집 밖에 나서거나 해외로 가서도 자기 집에 있는 듯하다. 그의 표정만 보아도 그가 하인이나 불청객이 아닌 군주로서 도시와 사람들을 방문하며 지혜와 덕성을 전파할 소명을 띠고 있음을 알 수 있다.

그렇다고 내가 예술이나 연구나 선행을 목적으로 하는 여행을 고집스럽게 반대한다는 뜻은 아니다. 이런 여행을 떠나기 전에 먼저 자기 사회와 문화를 배우고, 자기가 아는 것보다 더 대단한 것을 찾고자 하는 희망을 품고 떠나지 않는다면 말이다. 즐기려고, 혹은 자기가 지니지 못한 무언가를 얻고자 여행을 떠났다가는 외려 자기 자신에게서 멀어지고, 젊은이도 낡은 유물 틈에서 늙어 버린다. 테베나 팔미라에서 그의 정신과 의지는 그 오래된 도시들만큼이나 쇠약하고 황폐해진다. 폐허를 폐허에 가져가는 격이다.

여행은 어리석은 자의 낙원이다. 첫 여행에서 우리는 장소가 무의미하다는 사실을 깨닫는다. 집에 있을 때는 자신이 나폴리나 로마에 가면 아름다움에 취해 슬픔을 잊을 수 있으리라고 상상한다. 여행 가방을 싸고 친구들에게 작별을 고하고 바다를 건너 마침내 나폴리에서 일어난 순간, 내가 도망치려 했던 슬픈 자아가 똑같은 얼굴로 끈질기게 따라왔다는 엄중한 사실을 깨닫는다. 바티칸이나 궁정 같은 곳들을 찾아가 눈이 휘둥그레지고 감동한 척하지만 나의 마음은 굳어 있다. 내 어깨에 앉아 있는 거인은 내가 가는 곳마다 따라온다.

여행을 찬양하는 광적인 열정은 우리 나라의 지적 활동이 전체적으로 더 위험한 영향을 받았음을 뜻한다. 지성은 방황하고, 교육 체계는 우리를 초조하게 만든다. 몸이 집에 있을 때도 정신은 밖으로 나돈다. 우리는 남을 모방한다. 모방이야말로 정신의 방황이 아니면 무엇이겠는가? 우리는 외국 취향에 맞추어 집을 짓고, 외국 장식물로 선반을 꾸민다. 먼 곳과 과거의 영향 아래 의견과 기호와 재능을 키운다. 그러나 영혼은 예술이 꽃피울 수 있는 곳이라면 어디에서나 예술을 창조했다. 예술가는 자기 마음속에서 모델을 찾았다. 무엇을 해야 하며 어떤 조건을 따를지 스스로 발견했다. 그렇다면 왜 우리가 도리스 양식이나 고딕 양식을 모방해야 하는가? 그 누구 못지않게 우리도 아름다움과 실용성과 웅장한 사상과 독특한 표현을 이루어 낼 수 있고, 미국인 예술가가 미국의 날씨와 땅과 낮의 길이와 사람들의 바람과 정부의 특성과 형태를 고려하여 희망과 애정을 담아 자기 일을 한다면, 그는 이 모든 조건에 부합할 뿐만 아니라 감성과 취향도 만족시킬 집을 지을 수 있을 것이다.

그대 자신을 고집하라. 절대, 모방하지 말라. 그대의 재능은 평생 길러 축적한 힘으로 언제든지 선보일 수 있다. 그러나 다른 사람에게서 취한 재능은 어설프고 일시적으로 소유한다. 오직 조물주만이 우리가 각자 제일 잘할 수 있는 일을 가르칠 수 있다. 재능이 실제로 발휘되기 전에는 누가 무엇에 재능이 있는지 알지 못하며 알 수도 없다. 셰익스피어에게 가르침을 준 스승은 누구인가? 프랭클린, 워싱턴, 베이컨, 뉴턴의 스승은 또 누구인가? 위대한 인물들은 자기만의 독특한 재능을 지녔다. 스키피오를 다른 장군들과 구별하는 특성은 그가 남에게서 빌릴 수 없는 바로 그것이었다. 셰익스피어를 공부한다고 셰익스피어가 되지 못한다. 그대에게 배정된 일을 하고, 한껏 희망하고 도전하라. 지금 이 순간 그대가 쥐고 있는 도구는 페이디아스[24]의 위대한 끌이나 이집트인들의 삽이나 모세와 단테의 펜 못지않게 용맹하고 훌륭하되, 이것들과는 전혀 다르다. 한없이 풍요롭고 한없이 우아하며 천 갈래 혀를 지닌 영혼은 결코 자기 말을 되풀이하지 않는다. 그러나 그대가 위대한 선조들의 말을 들을 수 있다면, 그들처럼 위대한 음조로 답할 수 있을 터이다. 귀와 혀는 서로 다른 기관이나 본질은 같기 때문이다. 그대 삶의 간소하고 고귀한 영역에 머물며 그대의 마음을 따르면 순수한 최초의 세계를 삶에서 재현할 수 있으리라.

우리의 종교와 교육과 예술과 마찬가지로 우리 사회의 정신도 외국을 모방한다. 누구나 할 것 없이 사회의 진보를 두고 자화자찬하지만 실은 아무도 진보하고 있지 않다.

사회는 진보하지 않는다. 한쪽에서 앞으로 나아가는 만큼 다른 쪽에서는 뒤로 물러난다. 사회는 끊임없이 변화한다. 야만적인 상태에서 문명이 발달했고, 기독교가 전파되었고, 풍요로워졌으며 과학 기술을 도입했다. 그러나 이러한 변화가 사회가 좋아졌

---

[24] 페이디아스(Φειδίας), 고대 아테네의 조각가이자 건축가. 고대 그리스의 고전주의를 정립했다고 알려져 있다.

음을 뜻하지는 않는다. 얻은 것만큼 잃었다. 사회는 새로운 기술을 익혔으나 오랜 본능을 잃었다. 현대 미국인과 뉴질랜드의 원주민을 비교해 보자. 주머니에는 연필과 지폐가 꽂혀 있고, 시계를 차고 멋지게 차려입은 채로 책을 읽고 글을 쓰고 사색에 잠기는 미국인과 한 칸짜리 헛간의 좁디좁은 구석에서 잠을 자며 소유물이라고는 몽둥이와 창과 거적이 전부인 벌거숭이 원주민은 하늘과 땅처럼 달라 보인다! 그러나 이 두 사람의 기력을 비교해 보면 백인이 인간의 본래 힘을 잃었음을 알게 될 것이다. 여행자의 말이 사실이라면, 야만인은 커다란 도끼날에 찍혀도 마치 물컹한 아스팔트를 친 것처럼 하루이틀이면 살이 다시 붙는다고 한다. 똑같은 타격이 백인은 무덤으로 보냈으리라.

문명인은 마차를 발명했으나 다리의 쓸모를 잃었다. 지팡이로 몸을 지탱할 수 있으나 근육이 받쳐 주지 않는다. 제네바산 고급 시계를 차고 있으나 태양을 보고 시간을 읽지 못한다. 그리니치 항해력을 참고하여 언제든지 필요한 정보를 찾을 수 있다고 자신하지만, 밖에서는 별을 보고 방향을 찾지 못한다. 하지와 동지를 모르는 채 흘려 보내고 춘분과 추분도 마찬가지로 잘 모르며 그의 머릿속 빛나는 한 해 달력에는 숫자가 적혀 있지 않다. 공책 탓에 기억력이 나빠지고, 책 더미에 눌려 머리가 둔해진다. 보험 회사들의 수가 늘어날수록 사고율은 증가한다. 우리는 생각해 봐야 한다. 기계 탓에 우리가 능력을 잃고 있지는 않은지, 문명화 탓에 체력을 잃지는 않았는지, 또 제도와 형식에 갇힌 기독교 탓에 자유로운 영성의 활력을 잃지는 않았는지 말이다. 스토아학파는 한 명도 빠짐없이 금욕했는데, 기독교 사회의 기독교인들은 대체 어디에 있는가?

    부피와 높이를 재는 기준이 일정하듯이 도덕성도 하나의 잣대로 측정해야 한다. 우리 시대가 이전 시대보다 위대한 사람을 더 낳지도 않았다. 태초부터 지난 시대까지 위인들을 살펴보면 누구 하나 더 낫거나 모자람 없다는 사실을 발견한다. 19세기의 모든 과학 기술과 예술과 종교와 철학이 힘을 합쳐도 이천삼사백 년 전 플루타르코스의 영웅들보다 위대한 인물을 양성하지 못한다. 시간이 흐른다고 인간이 진보하지는 않는다. 포키온과 소크라테스와 아낙사고라스와 디오게네스는 위대했으나 자기들의 학파를 남기지는 않았다. 그들의 가르침을 진정 따르는 이들은 그들의 이름을 빌리는 대신, 자기 자신으로 살면서 때가 오면 자신의 학파를 창시한다. 각 시대의 기술과 발명은 그 시대를 장식할 뿐 사람들에게 활력을 주지는 않는다. 기술의 발전은 그로 인해 얻은 이익이 무색하리만큼 해를 끼칠지도 모른다. 허드슨과 베링은 어선으로 항해했으나 최첨단 과학과 예술로 장비를 갖추고 항해한 패리와 프랭클린이 혀를 내두를 업적을 이루었다. 여태 그 어느 천문학자도 오페라 안경이나 다름없는 구시대 망원경을 사용한 갈릴레오보다 혁신적인 발견을 하지 못했다. 콜럼버스는 갑판도 변변치 않은 배로 항해하여 신세계를 발견했다. 고작 몇 년이나 몇 세기 전에 우레 같은 갈채를 받으며 소개된 기계와 기술들이 쓸모를 잃고 사라지는 현상은 참으로 흥미롭다. 위대한 정신은 인간의 본질에서 찾을 수 있다. 과학 기술의 발전으로 전쟁의 판도가 바뀌었다고들 하지만, 나폴레옹은 그 어떤 지원에도 기대지 않고 끊임없이 이동하며 병사들의 원초적인 용맹을 활용함으로써 유럽을 정복했다. 라스 카사스의 말에 따르면, 나폴레옹은 "무기와 탄약고와 배급점과 포차를 없애고 로마의 방식을 따라 병사가 배급받은 옥수수를 직접 절굿공이로 빻아 빵을 구울 수 있지 않는 한" 완벽한 군대를 만들 수 없다고 생각했다.

사회는 파도와 같다. 파도는 앞으로 출렁이지만 파도를 이루는 물의 원자는 움직이지 않는다. 물의 원자는 파도의 골에서 마루로 솟지 않는다. 오늘날에 한 나라를 이루는 국민들은 죽으면서 자신들의 경험도 가져간다.

따라서 재산에 의존하는 일은, 개인 재산을 보호하는 정부에 의존하는 일도 마찬가지로, 자기 신뢰가 부족하다고 암시한다. 내면에서 시선을 돌리고 외부적인 것들을 너무 오래 본 탓에 사람들은 종교인들과 학자들과 시민 단체가 자기 재산을 보호해 준다고 착각하고, 누가 이들을 비판하기라도 할라치면 거세게 항의한다. 자기 재산이 공격받은 것으로 간주하기 때문이다. 이들은 타인을 인성이 아닌 재산을 기준으로 평가한다. 그러나 본질에 새롭게 눈을 뜬 교양인들은 자기 재산을 부끄러워한다. 특히나 자기 노력으로 얻지 않고 상속이나 선물이나 범죄로 얻은 것이라면 더더욱 부끄러워할 터이다. 그리고 더는 그것들을 자기 소유라고 생각하지 않는다. 자기 자신에게서 비롯되지 않았으며 자기에게 속하지도 않은 것이, 어떤 혁명이나 강도가 가져가지 않았으므로 그저 그 자리에 있다고 여긴다. 그러나 사람의 본질을 이루는 요소는 모두 필요하기에 획득한 것이고, 이것들은 지배자나 군중이나 화재나 폭풍이나 파산에 영향을 받지 않고 그가 숨 쉬는 매 순간 끊임없이 갱신되는, 살아 있는 재산이다.

칼리프 알리는 말했다. "그대의 운명, 혹은 그대에게 주어진 삶이 그대를 찾고 있으니 그대가 나서서 찾아 헤맬 필요가 없다." 외적인 소유물에 의존하면 우리는 숫자의 노예가 된다. 정당들은 집회를 수없이 연다. 집회의 규모가 클수록, 새로이 함성이 울려 퍼질 때마다, 에식스 대표입니다! 뉴햄프셔 민주당입니다! 메인주 휘그당원입니다! 젊은 애국자는 천 쌍의 눈과 팔을 새롭게 얻은 양 힘이 난다. 이렇게 시끌시끌 떼로 모여 개혁자들은 총회를 모집하고 투표를 실시하고 다수결로 결정을 내린다. 아, 아니다, 친구여! 하나님은 이런 식으로 그대 안에 들어와 안주하지 않는다. 정확히 반대 방식으로 하나님은 우리에게 다가온다. 사람이 모든 외적인 도움을 거부하고 홀로 설 시에만, 그는 강해지고 승리할 것이다. 그의 군기 아래 병사가 늘어날수록 그 자신은 약해진다. 사람 한 명이 도시 하나보다 위대하지 않은가? 타인에게 무엇도 청하지 말라. 그리하면 끝없는 변화의 소용돌이에서 그대의 기둥만이 꿋꿋이 서서 그대를 둘러싼 모든 것을 지탱할 것이다. 힘은 내면에서 우러나오며 자기 자신 밖으로 시선을 돌리면 약해진다는 사실을 깨달은 이는 주저 없이 자기 생각에 집중하여 즉시 스스로를 바로잡고, 몸을 곧추세우고 팔다리를 다스려 기적을 이루어 낸다. 두 발로 선 사람이 머리로 선 사람보다 안정된 것과 같은 이치다.

그러니 그대, 운명이라고 불리는 것들을 한껏 활용하라. 대부분 사람은 운명과 내기를 한다. 운명의 바퀴가 굴러가는 방향에 따라 빈털터리가 되거나 부귀영화를 누린다. 그러나 그대는 이러한 상금을 반칙으로 취급하고 하나님의 대법관인 인과관계의 원칙을 따르라. 하나님의 뜻 속에서 일하고 얻으라. 그러면 우연의 바퀴를 사슬로 묶을 수 있고 더는 그 움직임을 두려워하지 않을 것이다. 정치적으로 승리하거나 임대 수익이 증가하거나 병에서 회복하거나 떠난 친구가 돌아오는 등 경사가 일어나면 우리는 신이 나서 볕 들 날이 왔다고 기뻐한다. 그것들을 믿지 말라. 오직 그대만이 그대 자신의 마음을 다스릴 수 있다. 오직 신념의 승리를 통해서만 마음의 평화를 얻을 수 있다.

〈자기 신뢰(self-Reliance)〉에서

소중한 친구여

❖

당당한 인간의 붉은 피 한 방울이

출렁이는 바다보다 강하고

불확실한 세상은 오고 가지만

사랑하는 사람은 요지부동으로 머무르네.

그는 영영 떠난 듯했지.

그리고 오랜 세월이 흘렀으나

매일 해가 뜨듯이

나의 사랑은 지치지 않고 타올랐네.

나의 조심스러운 심장은 다시 한 번 자유롭구나.

아, 친구여, 내 가슴이 말했지.

그대가 있기에 하늘은 이 세상을 품고

그대가 있기에 장미꽃은 빨갛고

그대가 있기에 만물이 고귀함을 얻어

현세 너머를 응시한다고.

맷돌처럼 돌아가는 운명의 길을

그대는 햇살처럼 밝히네.

그대가 내게 준 고귀한 가르침
절망을 이겨 내라.
내 속에 숨겨진 삶의 샘은
그대의 우정 덕에 반짝인다네.

사람들은 말로 표현하는 것보다 훨씬 더 따뜻한 마음을 지니고 있다. 온갖 이기심이 동풍처럼 세상을 싸늘하게 하더라도 사랑의 원소가 인류라는 가족을 푸른 하늘처럼 품고 있다. 이런저런 집에서 만나 굳이 대화를 나누지 않고서도 서로 존중하는 많은 사람들을 생각해 보라. 거리에서 마주치는 행인들과 교회에서 기꺼운 마음으로 말없이 함께 앉는 사람들을 생각해 보라. 스치는 눈빛을 읽으면, 마음으로 알 수 있다.

인정에 흠뻑 취할 때면 일종의 따뜻한 환희가 가슴에 차오른다. 시와 일상에서 우리는 타인을 향해 느끼는 자애와 온정을 불의 효과에 비유한다. 가슴속을 덥히는 온기는 불길보다 빠르게, 더 빠르게 퍼지고 더 강하게 타오르며 더 명랑하게 기분을 북돋는다. 가장 열정적인 사랑에서 흔하디흔한 선의까지, 타인을 사랑하는 마음은 삶에 행복을 더한다.

우리는 무언가를 아낄수록 지력과 행동력을 더 크게 발휘한다. 책상에 앉은 학자가 때로는 오래 연구한 주제를 두고도 번뜩이는 표현이나 기발한 생각 하나 떠오르지 않아 막막해할 때가 있으나, 친구에게 편지를 쓸 때는 다정한 생각이 군단처럼 우르르 몰려와 그의 손을 놀리고 적절한 단어를 찾아 준다. 품성이 훌륭하고 긍지 높은 사람의 집에 낯선 손님이 찾아올 때 설렘을 생각해 보자. 명성이 자자한 손님을 기다리던 집안 사람들은 그가 도착했다는 말을 듣는 순간 흥분과 불안함으로 가슴이 일렁인다. 손님을 환영하는 친절한 마음에 심지어 두려움마저 스민다. 집을 깨끗이 청소하고 정리 정돈한 뒤에 낡은 코트를 새것으로 갈아입고, 가능하다면 식사도 차려야 한다. 모두가 낯선 손님에 관해 좋은 말만 했다. 우리에게 들린 이야기는 전부 새롭고 긍정적인 것이, 칭찬 일색이었다. 우리에게 그는 최고의 인간을 대표한다. 우리가 바라던 딱 그런 사람이다. 그를 상상하여 완벽한 이미지로 그려 낸 우리는 이처럼 뛰어난 사람 앞에서 무슨 말을 하고 어떻게 행동해야 할지 고민하며 불안해한다. 바로 이러한 이유로 그와의 대화가 고양된다. 우리는 평소보다 말솜씨가 뛰어나다. 상상력은 기민해지고 기억력은 풍부해지며 아둔함은 잠시 우리를 떠났다. 오래되고 은밀한 경험에서 자아낸 다양한 화제로 진실하고 우아한 대화를 몇 시간이고 이어 갈 수 있어서, 한자리에 있던 가족과 지인들은 평소와 다른 우리의 모습을 보고 깜짝 놀란다. 그러나 낯선 손님이 자신의 견해와 관점과 한계를 내비치는 순간 전부 끝장난다. 우리는 그와 나눌 수 있는 최고의 대화를 처음이자 마지막으로 나누었다.

더는 *그*가 낯설지 않다. 투박함과 무지와 오해는 너무도 익숙하다. 다음에 *그*가 찾아올 때 우리는 집을 청소하고 옷을 갈아입고 저녁을 차릴지 몰라도, 더는 가슴이 뛰거나 영혼의 소통을 기대하지는 않을 터이다.

세상을 새로이 보게 해 주는 애정이 샘솟는 만큼 유쾌한 것이 또 있을까? 두 사람의 지성과 감성이 명예롭고 굳건하게 교류하는 순간만큼 즐거운 일이 또 있을까? 진실하고 출중한 사람들이 이처럼 떨리는 순간을 마주할 때 그들의 자세와 발걸음은 얼마나 아름다운지! 애정을 느끼는 순간 세상이 변한다. 더는 겨울도, 밤도 없다. 모든 비극과 권태가 사라진다. 심지어 의무도 잊힌다. 우리가 아끼는 이들의 모습만이 앞으로 펼쳐진 영원을 빛낸다. 우주 어딘가에서 친구와 재회하리라는 약속만 있다면 우리는 천 년이라도 만족하며 즐거이 홀로 살아가리라.

오늘 아침에 나는 새 친구들과 오랜 친구들 모두를 깊이 감사하는 마음으로 깨어났다. 날마다 내게 주는 선물을 통해 자신을 드러내는 주님의 아름다움을 어찌 찬미하지 않을 수 있으리? 비록 나는 사람들과 어울리기보다는 홀로 있기를 선호하지만, 때때로 나의 삶을 스치는 현명하고 다정하고 고귀한 사람들을 몰라볼 정도로 배은망덕하지는 않다. 나의 말에 귀 기울이고 나를 이해하는 이들은 영영 내 사람이다. 자연은 너그럽게도 내게 이러한 기쁨을 거듭 안겨 주고, 그렇게 우리는 새로운 관계의 실타

래로 자기만의 사회라는 그물을 짠다. 이러한 관계를 통해 다양한 생각을 이해하고 발전시킴에 따라 우리는 스스로 빚어낸 세계에 속하게 되어, 더는 전통적인 세상에서 이방인이나 순례자처럼 방황하지 않는다. 친구는 뜻밖의 선물이다. 위대한 주님이 내게 보내 주셨다. 신성한 권리로, 동질감을 추구하는 덕의 특성으로, 나는 친구들을 찾는다. 아니, 내가 찾는다기보다는, 나와 친구들 안에 존재하는 신이 그가 평소에는 묵인하는 장벽, 개개인의 인성, 관계, 나이, 성별, 상황 등 사람과 사람 사이를 가로막는 두꺼운 장벽을 부수고 허물어 우리를 서로에게 부르는 것이다. 고맙다, 나의 뛰어난 친구들이여. 나의 세상을 새롭게 해 주고 고귀한 깊이를 더하며, 내 사유의 의미를 확장시켜 주어서. 우정은 최초의 시인이 끊임없이 새로이 써 나가는 시다. 찬가와 송가와 서사시의 형태로 계속해서 이어진다. 아폴로와 뮤즈들의 노래는 멈추지 않는다. 언젠가는 이들이 나를 떠날까? 몇 명은? 알 수 없으나 나는 두렵지 않다. 우리의 관계는 순수하고, 우리는 소박한 동질감으로 연결되어 있으며 나의 본질이 이렇듯 인연을 중시하니, 내가 어디를 가든 지금 친구들처럼 고귀한 남녀를 만나면 똑같은 동질감이 우리의 우정을 키워 주리라.

 나는 우정에 몹시도 민감한 사람임을 고백한다. '과음한 포도주의 달콤한 독' 못지않게 나는 위험할 정도로 우정을 탐닉한다. 새로운 사람을 만날 때면 잠을 설칠 정도로 설렌다. 즐거운 시간을 함께 보낸 사람들에 대해 환상을 자주 부풀린다. 그러나 이런 기쁨은 하루 만에 사라지고 결실을 맺지 못한다. 새로운 생각을 낳거나 나의 행동을 거의 바꾸지 못한다. 나는 친구의 성취를 내가 이룬 듯 자부심을 느끼고 그의 덕성을 내 것처럼 자랑스러워하지 않을 수 없다. 친구를 칭찬하는 말을 들으면 마치 약혼자를 찬양하는 말을 들은 연인처럼 흐뭇해한다. 우리는 친구를 실제보다 더 높여 생각한다. 친구의 장점은 우리의 장점보다 뛰어나고 본성은 더 우아하며 단점은 사소해 보인다. 친구의 이름과 풍채와 옷과 책과 물건 등 모든 것이 면면으로 우리의 환상에 불을 지른다. 내 생각도 친구의 입에서 흘러나오면 더 기발하고 심오하게 들린다.

    그러나 심장의 수축과 이완은 애정의 조수와 다르지 않다. 불멸의 영혼과 마찬가지로, 우정은 진짜라고 믿기에는 너무 좋은 듯하다. 사랑하는 여인을 응시하는 연인은 그녀가 자기가 숭배하는 모습 그대로는 아니라는 사실을 어렴풋이 알고 있다. 우정의 금빛 시간 속에서도 우리는 의심과 불신의 그늘을 발견하고 놀란다. 우리가 미덕의 광휘로 친구를 감싼 뒤에, 그 신성함을 부여한 형체를 숭배하고 있지는 않은지 의심이 든다. 진실을 말하자면, 영혼은 세상 그 누구보다 자기 자신을 중요히 여긴다. 엄밀하게 과학적인 관점에서 보면, 인간은 모두 철저히 혼자다. 이 신성한 엘리시움 사원의 형이상학적 토대를 파헤쳤다가는 우정이 식을지 모른다고 두려워해야 할까? 나는 내가 보는 것들만큼 진실한 존재가 되어야 하지 않을까? 내가 진실하다면, 나는 친구들의 본 모습을 보기를 두려워하지 않을 터이다. 그들의 내면은 겉모습 못지않게 아름답지만, 그것을 보기 위해서는 눈보다 예리한 감각이 필요하다. 식물의 뿌리는 과학의 눈으로 보면 전혀 흥하지 않으나 화환이나 장식을 만들 때는 잘려 나간다. 그리고 나는 달콤한 몽상 속에 민낯의 사실을 드러내겠다. 잔칫상에 해골을 내놓는 격이라 해도 말이다. 자신의 생각과 조화를 이룬 사람은 자존감이 높다. 특정한 부분에서 실패를 거듭할지라도 전체적으로 자신이 성공했음을 안다. 그는 타인의 어떤 이점이나 권력이나 부나 영향력에 흔들리지 않는다. 내가 아무리 가난할지라도 그 조그만 재산이 타인의 부보다 내게 유용한 법이다. 나는 타인의 생각을 나의 생각만큼 중요시할 수 없다. 오직 별들만이 빛을 발하고, 행성은 달빛처럼 희미한 빛을 품을 뿐이다. 누군가의 우수함과 입증된 온화함이 아무리 찬양되더라도, 그러니까 그가 아무리 찬란한 망토를 두르고 있더라도, 나는 그가 나와 같은 가난한 그리스인의 정신을 지니지 않은 한 그를 좋아하지 않을 것이다. 오 친구여, 현상이 드리운 거대한 그림자가 다채로운 혼합 속에 그대를 품고 있음을 나는 부정할 수 없다. 다른 모든 것을 그림자처럼 흐릿하게 만드는 그대마저 말이다. 그대는 진리나 정의처럼 존재의 핵심이 아니다. 그대는 나의 영혼이 아니라, 내 영혼을 본 딴 그림이고 조각상이다. 내게 온 지 얼마 되지도 않았는데 벌써 그대는 모자와 외투를 집는다.

우정의 이치는 계절에 따라 옷을 갈아입는 나무와 비슷하지 않을까. 봄에는 새싹이 트고 가을이 되면 오래된 잎을 떨구듯이. 자연의 법칙은 늘 교대를 추구하고, 전극은 상극을 유도한다. 우리의 영혼은 자기 자신을 더 배우고 고독 속으로 침잠하려고 친구들과 만난다. 타인과의 만남과 대화를 더 즐기려고 한동안 고독 속에 머문다. 인간관계의 역사에서 이 패턴은 늘 반복되었다. 애정 본능이 솟으면 친구들의 곁을 찾고, 홀로 있고 싶은 마음이 돌아오면 다시 고독을 찾는다. 모든 사람이 이런 방식으로 우정을 찾는데, 자신의 진심을 기록한다면 새 친구에게 이런 편지를 쓸지도 모른다.

소중한 친구여.
내가 그대를 믿고, 우리가 서로 이해하고 감정의 교류를 나눌 수 있다고 확신한다면, 그대가 내게 오고 떠나는 그런 사소한 일을 걱정하지 않겠네. 나는 딱히 현명하지 못하고, 수수께끼 같은 사람도 아니네. 나는 그대의 정신을 아직 완벽히 이해하지는 못했으나 존중한다네. 또한 그대가 나를 완벽히 이해한다고 감히 단정하지도 않으니, 그대는 내게 행복한 고민을 안겨 준다네. 영원한 친구가 아니면, 한 번도 친구라고 할 수 없겠지.

그러나 이처럼 불안한 기쁨과 감질나는 고뇌는 호기심을 자아낼 뿐, 삶의 요소가 아니다. 이것을 탐닉해서는 안 된다. 이런 감정은 너무도 연약해서 거미줄이라면 모를까 옷은 지을 수 없다. 심장의 질긴 섬유질이 아닌 포도주와 꿈의 실로 엮은 우정은 짧고 허망하다. 우정의 법칙은 엄중하고 영원하며 자연과 도덕의 법칙과 얽혀 있다. 그런데 우리는 짧고 하찮은 즐거움을 얻는데 급급해 그 달콤함을 허겁지겁 들이켜려 한다. 여름과 가을이 수차례 거듭되며 무르익는, 하나님의 정원에서 가장 오랜 시간에 걸쳐 무르익는 과일을 낚아챈다. 경건한 마음으로 친구를 찾는 대신 그를 자기 소유로 삼고자 하는 불순한 열정을 품는다. 허사다. 사람들은 머리부터 발끝까지 은근한 적대감을 갑옷처럼 두르고 있어서, 친구를 만나자마자 적대감이 고개를 들고 모든 시를 진부한 산문으로 고쳐 쓴다. 거의 모든 사람들이 타인과의 교류를 위해 자신을 낮춘다. 모든 관계는 사람으로 하여금 자신의 무언가를 버리게 만든다. 가장 안타까운 일은, 아름다운 자연을 이루는 각각의 꽃이 다른 꽃과 가까워지는 순간 자기만의 빛깔과 향기를 잃어버린다는 점이다. 사람과의 만남은, 심지어 덕이 높고 뛰어난 사람과의 만남도, 늘 실망을 안겨 준다! 우정이 한창 무르익고 생각이 활발할 때 오랫동안 숙고한 끝에 가진 만남인데도, 이내 우리는 갑작스레 친구에 대한 관심이 시들해지고 정신이 산만해지며 열기가 식는 것을 느끼며 당황한다. 두 사람 모두 본래의 기량을 발휘할 수 없고, 혼자가 되면 그제야 안도의 한숨을 내쉰다.

나는 모든 관계에서 동등해야 한다. 친구가 몇 명이건, 그들과 어떤 대화를 나누건, 어느 관계에서라도 내가 동등하지 못하면 아무 의미가 없다. 내가 한 관계에서라도 열등하다고 느낀다면, 다른 모든 관계에서 느끼는 즐거움은 비겁하고 저급해진다. 다른 친구들에게서 위안을 찾고자 하면 스스로가 경멸스러우리라.

전투에 능하기로 유명한 용감한 전사가
백 번의 승리 후에 한 번 패하면
역사에서 완전히 지워지고
그의 모든 노고가 잊힌다네.

성급함은 호된 꾸중을 듣는다. 조심성과 감정의 억제는 섬세한 열매가 때 이르게 무르익지 않게 보호하는 단단한 껍질과도 같다. 훌륭한 영혼이 성숙하여 이 열매의 진가를 알아보고 거두기 전에 열매가 농익어 버리면 끝내 낭비될 것이다. 백만 년에 걸쳐 루비를 단단하게 굳히는 자연의 느림을 존중하자. 그 시간의 흐름에서는 알프스와 안데스산맥마저도 무지개처럼 일시적이다. 성급하게 굴었다가는 우리 삶의 정신이 천국을 맛보지 못하는 비싼 값을 치르리라. 신성의 핵심인 사랑은 가볍게 다룰 감정이 아니라 인간의 총체적인 가치를 기리는 일이다. 자기 자신에게 미숙한 즐거움을 허락하지 말고 가장 엄격한 기준을 따르자. 친구의 마음이 진실하고 넓으며, 그 기반이 결코 흔들릴 수 없음을 과감히 믿고 그에게 다가서자.

이 주제는 말하지 않고 넘어가기에 너무 매력적이니, 부차적인 사회적 이점은 잠시 접어 두고, 절대적이고 무엇보다 신성하고 순수하여, 사랑이라는 단어로도 적절히 표현할 수 없는, 그 희귀하고 성스러운 관계를 논해 보자.

나는 우정을 조심스럽지 않고 거칠고 과감하게 대하고 싶다. 진정한 우정은 유리 조각이나 서리처럼 연약하지 않고 그 무엇보다 견고하다. 지금, 그 오랜 역사를 통해 쌓은 경험으로 우리가 자기 자신과 자연을 얼마나 이해했는가? 운명의 신비에 한 발짝도 다가서지 못했다. 인류 전체가 무지의 비난을 함께 짊어진다. 그러나 내가 형제의 영혼과 교류하며 얻는 진정한 기쁨과 평온함이 본질이라면, 자연과 사상은 그것을 둘러싼 껍데기에 불과하다. 친구가 머무르는 집은 얼마나 즐거운가! 딱 하루 그를 접대하더라도 축제의 정자나 식장의 입장 아치처럼 정성껏 지으리라. 친구가 우리 관계의 중요성을 이해하고 관계의 규칙을 존중하면 금상첨화다! 우정의 언약을 맺는 자는 올림픽 선수처럼 세상의 만이들이 경쟁하는 위대한 경기에 자신을 바치는 것이다. 이 경기에는 시간, 욕망, 위험이 함께하며, 이것들에 맞서 자신의 섬세한 아름다움을 지킬 수 있는 진실한 자만이 승리한다. 운이 따를 수도 있고 안 따를 수도 있지만, 대회가 어떻게 진행되느냐는 그의 인품이 고귀한지, 하찮은 것들을 무시할 수 있을 만큼 너그러운지 여부에 달렸다. 우정을 이루는 두 요소는 각기 대단히 독자적이기 때문에 등급을 매길 수 없으며 그럴 이유도 없다.

첫 요소는 진실이다. 친구는 내가 나의 진정한 모습을 보여 줄 수 있는 사람이다. 그에게는 속내를 터놓을 수 있다. 드디어 나와 대등하면서도 진실한 사람을 찾았기에, 사람들이 꼭꼭 숨겨 놓고 절대 내려놓지 않는 위선, 예의, 자기 의심을 훌훌 털어 내고, 원자가 다른 원자와 만나는 것처럼 단순하고 완전하게 어울릴 수 있다. 진실성은 마치 왕족이나 권력자의 특권처럼, 그 무엇에도 순응하거나 복종할 필요가 없는 이들에게만 허락된 사치다. 혼자 있는 사람은 누구나 진솔하다. 다른 사람이 끼어들자마자 위선이 시작된다. 우리는 입바른 찬사를 늘어놓고 남들 험담을 하고 유흥을 즐기고 사소한 일에 전념하는 식으로 타인의 접근을 막고 회피한다. 수백 겹의 차단막으로 자기 생각을 감춘다. 그런데 그것을 거부한 사람이 있다. 그는 일종의 종교적 열정에 휩싸여 관계의 차단막을 내렸다. 번지르르한 찬사와 시시껄렁한 이야기를 그만두고 만나는 사람마다 깊은 통찰력과 아름다움이 깃든 말로 진정성에 호소했다. 처음에 사람들은 그를 받아 주지 않았다. 그가 미쳤다고 생각했다. 그러나 그는 멈출 수 없었기에 계속해서 노력했고, 시간이 흐른 뒤에는 끝내 자기와 교류하는 모든 이와 진실한 관계를 맺었다. 사람들은 그를 가식적으로 대하거나, 시장 바닥이나 도서관의 흔한 잡담으로 실망시키지 않았다. 다들 그와 마찬가지로 진솔하게 말할 의무감을 느꼈고, 그는 자신에게 깃든 시적이고 진실한 마음을 확실히 보여 주었다.

그러나 대체적으로 사람들은 자신의 앞모습과 눈 대신에 등과 옆모습을 보여 준다. 이처럼 거짓된 시대에 타인과 진정한 관계를 맺을 수 있다면, 제정신을 한번 잃어 볼 가치가 있지 않을까? 우리는 등을 곧추세우고 살기가 어렵다. 만나는 사람 대부분이 일종의 예의를 원한다. 자신을 즐겁게 해 주기를 기대한다. 자기가 지닌 한 줌의 명성과 한 줌의 재능과 머릿속에 품은 한 줌의 종교적이거나 자선적인 충동을 절대 비판하지 않기를 바라는데, 바로 이런 마음가짐이 그와의 대화를 망쳐 놓는다. 그러나 친구는 나의 지성을 시험하는 사람이 아니라 나를 성장하게 하는 사람이다. 내게 어떤 보답도 바라지 않고 나를 즐겁게 해 준다. 따라서 친구는 자연의 질서에서 일종의 패러독스라고 할 수 있다. 고립된 존재로서 자연에서 나 말고는 그 누구의 존재도 입증할 수 없는 내가, 생각의 고도와 다양함과 호기심이 나와 유사한 영혼을 낯선 이에게서 발견하는 것이다. 따라서 친구는 자연의 걸작이라고 할 수 있다.

두 번째 요소는 애정이다. 인간은 혈연, 긍지, 두려움, 희망,

욕심, 욕망, 증오, 존경, 공직과 일상의 온갖 상황으로 서로서로 연결되어 있다. 그러나 우리는 사랑을 불러일으킬 만큼 강렬한 성품이 타인에게 깃들어 있음을 믿기 어려워한다. 우리가 애정을 바칠 수 있을 만큼 상대가 훌륭할까? 순수한 애정을 과연 누군가에게 바칠 수 있을까? 누군가가 내게 소중해지면, 나는 인생의 보물을 찾았다. 이 주제를 중심적으로 탐구한 책을 별로 보지 못했다. 그러나 기억에 두고두고 남은 구절이 있다. 저자가 말했다. "나는 실질적으로 나를 소유한 사람들에게는 본 모습을 일부만 드러내고, 내가 가장 아끼는 이들에게는 나를 최대한 감춘다." 우정에 눈과 입뿐 아니라 발도 있기를 나는 바란다. 달을 뛰어넘기 전에, 우정은 먼저 이 땅에 발을 단단히 붙이고 있어야 한다. 우정이 승천하여 천사가 되기 전에 사람들 사이에 머물렀으면 한다. 우리는 사랑을 상품화한다는 이유로 사람들을 비난한다. 우정은 선물 교환, 유용한 대출, 친절한 이웃, 병자를 돌보고 장례식에서 관을 들어 주는 손길로 표현되는데, 이렇게 일상적이고 실용적인 행동에 정신이 쏠려, 우정의 섬세함과 고귀한 감정을 잊기도 한다. 그러나 우리가 이 행상의 변장한 모습에서 신을 발견하지 못하더라도, 절대 잊지 말아야 할 점은, 시인이 실을 너무 가느다랗게 자아내기만 할 뿐 자신의 로맨스를 공평성, 시간 엄수, 의리, 연민 등 실용적인 덕으로 뒷받침하지 않으면 그는 용서받지 못할 터이다. 나는 인기와 세속적인 이득으로 얽힌 관계를 우정이라고 칭해 그 성스러운 이름을 싸게 파는 것을 질색한다. 최고급 식당에서 식사를 하고 개두마차를 타고 돌아다니는 등 경박한 과시 행동으로 자축하며, 비단을 두르고 향수를 뿌린 듯한 사교를 택하느니 차라리 농부 소년과 깡통 장수들과 어울리겠다.

　우정의 궁극적인 목적은, 철저한 원칙과 소박한 정이 합쳐진 관계라고 할 수 있다. 우정의 원칙은 우리가 경험한 그 어떤 거래보다 엄격하다. 삶과 죽음의 모든 궤적과 관계에서 서로 도움과 위로를 주기 때문이다. 우정은 평온한 나날과 정성스러운 선물과 시골 나들이에 함께하지만, 험한 길과 고된 일과 난파와 가난과 박해에도 함께한다. 우정은 재치 있고 명민한 한담부터 감동스러운 종교적 경험까지 폭넓게 아우른다. 친구는 서로의 일상적인 업무와 책임에 고귀함을 실어 주고 용기와 지혜와 협력으로 아름답게 꾸며 주어야 한다. 우정은 틀에 박히거나 타성에 젖으면 안 되고, 늘 주의를 기울이고 새롭게 표현하여 지루한 일들에 선율과 논리를 더해야 한다.

　우정이 이루어지려면 두 사람의 성품이 조화롭고 만남의 상황도 적절해야 한다는, 상당히 까다롭고 드문 조건이 필요하기에 (한 시인은 이 사실을 두고 사랑은 두 사람이 거의 완벽한 짝을 이루어야 한다고 했다) 진정한 우정을 찾기는 매우 힘들다. 마음의 따뜻한 전설에 정통한 사람들의 주장에 따르면, 두 명을 초과한 관계에서는 우정이 완벽하게 남을 수 없다. 어쩌면 나는 남들처럼 고귀한 친교를 경험해 본 적이 없어서인지, 이처럼 엄격하게 조건을 따지지 않는다. 오히려 나는 다양한 인연으로 만나 뛰어난 지성을 나누는 신과 같은 남녀가 빙 둘러선 모습을 상상한다. 그러나 우정을 쌓아 가는 과정이자 우정의 완성된 모습인 대화만큼은 반드시 일대일로 이루어져야 한다고 생각한다. 물을 너무 많이 섞지 말라. 심지어 최고의 혼합도 좋은 만큼 나쁠 수 있다. 단둘이 있을 때는 매우 쓸모 있고 기분을 북돋는 대화를 거듭 나눈 사람들과도, 세 명이 되는 순간 새롭거나 가슴 따뜻한 대화를 할 수 없을 것이다. 두 사람이 말하고 한 사람이 듣기만 하면 모를까, 세 사람은 진심 어리고 탐구적인 대화를 나눌 수 없다. 좋은 사람들 사이에서도 식탁을 사이에 두고 여러 명이 나누는 대화는 두 사람이 따로 떨어져 나누는 대화에 비할 바가 아니다. 친교의 자리에서 사람들은 자신의 자아를 내려놓고 하나의 사회적 영혼을 이루는데, 이것은 그 자리에 있는 여러 사람들의 생각을 하나로 일치한 것이다. 친구라고 더 특별히 선호하거나 형제라고 더 아끼거나 부부라고 더 중요하게 여기지 않는다. 오히려 반대다. 이 자리에서는 자기 자신에게 한정되지 않고 모두의 공통된 생각과 공감할 수 있는 이만 입을 연다. 자, 이런 현상은 대화를 원만하게 하지만 위대한 대화를 낳을 수 있는 자유를 허락하지 않는데, 진정 위대한 대화는 두 영혼이 완벽하게 합쳐질 때만 가능하기 때문이다.

우리는 상대와 단둘이 남겨졌을 때 진정 순수한 관계를 맺는다. 그러나 대화의 주제를 결정하는 것은 두 사람 사이의 친밀감이다. 서로 공감하지 못하는 사람들은 상대에게 별 즐거움을 주지 못하고 상대가 어떤 능력을 품고 있는지 알아차리지 못한다. 어떤 사람들은 대화의 재능을 타고나서 늘 청산유수라고 여겨지는데, 사실 대화는 일시적인 관계이다. 생각이 깊고 말주변이 뛰어나다고 명성이 자자한 이도 자기 사촌이나 삼촌에게 말 한 마디 제대로 하지 못할 수 있다. 그의 침묵을 비난하는 일은 해시계가 그늘에서 작동하지 않는다고 불평하는 것이나 다름없다. 해시계는 햇빛 속에서 시간을 나타낸다. 마찬가지로 이 사람도 그의 생각을 존중하는 사람들 사이에서는 다시금 입을 열 터이다.

　　우정을 맺으려면 서로 때로는 자극하고 때로는 용기를 주는, 동질감과 이질감이 반씩 섞인 희귀한 조합이 필요하다. 친구가 말이나 표정으로 내게 억지스러운 공감을 표하는 모습을 보느니 차라리 나는 죽을 때까지 혼자 살겠다. 마찬가지로 나는 적대적이거나 순응적인 태도도 견딜 수 없다. 나는 친구가 단 일 초라도 자신의 진정한 모습을 버리지 않기를 바란다. 친구가 나의 사람이라서 기쁜 유일한 이유는, 그는 내가 소유할 수 없는 나의 사람이기 때문이다. 친구가 담대하게 자기 뜻을 주장하기를, 아니면 적어도 꿋꿋이 변호하기를 바라던 중에 그가 양보하는 것만큼 실망스러운 순간도 없다. 친구의 메아리가 되느니 차라리 친구의 옆구리를 찌르는 쐐기풀이 되는 편이 낫다. 우정이 진정 고귀하려면, 두 사람이 상대 없이도 잘 살 수 있어야 한다. 우정이라는 고귀한 관계에는 우수하고 숭고한 인격이 필요하다. 완벽하게 독립적인 둘이 먼저 존재해야만 그들이 하나가 될 수 있다. 매우 강력하고 위대한 두 인성이 서로 존경하고 어려워하며 동맹을 맺은 후에야 자기들의 차이점 아래 깔려 있는 깊은 동질감을 발견하고 함께할 수 있는 것이다.

    우정이라는 사회에는 위대한 영혼만이 적합하다. 우수함과 선함이 늘 필요한 자원임을 아는 사람이다. 자신의 운명에 자꾸 간섭하지 않는 사람이다. 그가 우정도 내버려두게 하자. 다이아몬드가 만들어질 시간을 주고, 영원한 것의 탄생을 가속하려 들지 말자. 우정을 종교처럼 여기자. 친구를 택한다고들 하는데, 사실 친구는 스스로 우리를 찾아온다. 우정에는 존중이 절대적으로 필요하다. 친구를 한 폭의 풍경처럼 여기자. 물론 친구에게는 그대가 못 지닌 장점이 있을 터인데, 친구를 너무 가까이 두면 그 장점을 알아보고 존경하기가 어렵다. 한 발 물러서자. 친구의 장점이 솟아오르고 팽창할 수 있도록 공간을 주자. 그대는 그대 친구 옷에 달린 단추와 가까운가 아니면 그의 정신과 가까운가? 위대한 정신의 소유자도 친구를 수많은 세부 사항에서 이해하지 못할 수 있지만, 그렇게 서로 차이를 인정하므로 가장 신성한 내면의 교감을 이룰 수 있는 것이다. 어린아이들이나 친구를 자기 소유로 생각하고, 우정의 고귀한 특혜를 추구하는 대신에 짧고 혼란스러운 즐거움을 얻으려 안달한다.

    우정이라는 조합에 오랜 유예 기간을 두자. 왜 고귀하고 아름다운 영혼을 침해하고 더럽히려 하는가? 왜 친구에게 개인적인 관계를 성급히 강요하는가? 왜 그의 집에 찾아가 그의 가족들을 만나려 하는가? 왜 그를 당신 집에 초대하는가? 이러한 것들이 우정의 언약에 무슨 영향을 끼친다는 말인가? 건드리거나 만지지 말자. 친구가 내게 영으로 남아 있게 하자. 나는 그에게서 뜻과 생각과 진심과 눈길을 원하지, 아무개의 소식이나 수프 한 접시를 원하지 않는다. 정치 이야기나 잡담, 친절한 편의는 더 값싼 관계에서 얻을 수 있다. 나와 친구의 관계는 시적이고 순수하며 보편적이고, 자연만큼이나 장엄해야 않을까? 우리 관계가 저기 지평선에서 잠든 구름 떠나 개울 사이로 몸을 흔드는 덤불과 비교했을 때 그보다 못하다고 느껴야만 하는가? 우정을 깎아내리지 말고 자연의 아름다움으로 고양하자. 친구의 담대하고 강력한 눈빛과 표정, 행동에 깃든 경멸의 아름다움에 상처를 받아 그것을 비하하지 말고, 오히려 그것들이 더욱 강해지게 북돋아 주자. 친구의 우수성을 숭배하자. 마음속에서라도 그를 헐뜯지 말고, 그의 우월함을 전부 세상에 알리자. 그대의 동격인 친구를 보호하자. 그대에게 친구가 길들일 수 없고 경이로운, 일종의 아름다운 적으로 영영 남게 하자. 친구를 금세 싫증이 나 저버리는 사소한 편리로 취급하지 말자. 오팔의 영롱함과 다이아몬드의 반짝임은 밀접한 거리에서 볼 수 없다. 나는 친구에게 서신을 보내고 그에게서 회신을 받는다. 별거 아닌 듯하지만 내게는 충분하다. 그가 주고 내가 받기에 알맞은 영적 선물이다. 그것은 우리 두 사람 중 어느 한 명도 모욕하지 않는다. 다정한 글귀 속에서 마음은 혀에서 굴러 나올 때보다 훨씬 진실하고, 이제껏 전해진 모든 영웅의 연대기보다 더 숭고한 삶의 예언을 전할 터이다.

꽃봉오리를 때 이르게 터뜨려서 완벽한 꽃을 망치면 안 되듯 친구와 맺은 연대의 신성한 법칙을 준수하자. 우리는 타인에게 충실하기 전에 반드시 자기 자신에게 먼저 충실해야 한다. 라틴 속담에 따르면 범죄에는 적어도 한 가지 만족감이 있다. "공범과는 대등한 입장에서 말할 수 있다." 그런데 우리는 존경하고 사랑하는 이에게 대등한 입장에서 말하기를 어려워한다. 적어도 초기에는 그렇다. 그러나 내가 보기에는 한 사람이 자신감을 조금이라도 잃는 순간 관계가 와르르 무너진다. 두 사람이 대화에서 각자 자기만의 가치를 오롯이 지키지 않는 한, 그들 사이에 깊은 신뢰나 상호 존중이 결코 존재할 수 없다.

우정은 참으로 위대하니, 고귀하고 진실한 정신으로 대하자. 신들의 속삭임을 들을 수 있게 침묵을 지키자. 간섭하지 말자. 선택받은 영혼들에게 무엇을 말할 것이며 어떻게 말할지 알아내라고 누가 그대를 시키기라도 했는가? 아무리 영리하거나 우아하거나 유쾌한 말이라도 내뱉지 말자. 세상에 존재하는 수많은 어리석음과 지혜는 저마다 결과 색이 다르니, 그대가 이것들을 두고 무엇이라 말하는 일 자체가 경박하다. 기다려라. 그대의 심장이 말할 것이다. 영원하며 절실한 힘이 그대를 사로잡아 밤낮으로 그대의 입속에 차오를 때까지 기다려라. 덕의 유일한 보상은 덕이다. 친구를 얻는 유일한 방법은 먼저 친구가 되어 주는 것이다. 누군가의 집에 들어갔다고 그와 친해지지 않는다. 두 사람이 잘 맞지 않으면 오히려 그의 영혼은 더 급히 달아나고 자신의 진실한 시선을 결코 그대에게 주지 않을 터이다. 우리는 귀족들을 멀리서 바라본다. 그들은 우리에게서 거리를 둔다. 왜 우리가 그 선을 넘겠는가? 우리는 늦게, 너무도 늦게 깨닫는다. 그 어떤 모임도, 그 누구의 소개도, 사회의 전통이나 관습도 우리가 원하는 관계를 쌓는 데 도움이 되지 않는다는 사실을. 오직 자신의 본질이 상대의 본질의 높이만큼 고양될 때만 진정한 관계가 가능하며 그제야 우리는 물과 물처럼 어울릴 수 있다는 사실을. 그렇게 우리의 본질이 고양되고 나면 우리는 그와 친구가 되지 못해도 아쉬워하지 않는데, 우리는 이미 그와 하나이기 때문이다. 사랑은 결국에 타인을 통해서 본 자기 자신의 가치에 지나지 않는다. 사람들은 친구와 이름을 바꿔 부르기도 하는데, 이는 마치 친구 속에 깃든 자신의 영혼을 사랑한다고 뜻하는 듯하다.

　　우정에 고귀한 특성을 기대할수록 그것을 실제 삶에서 빚어

내기는 물론 더 어렵다. 우리는 세상에서 혼자 걸어간다. 우리가 바라는 그런 친구는 꿈이자 전설이다. 그러나 숭고한 희망은 충실한 마음에 희망을 불어넣고, 이 우주의 힘이 미치는 곳 어딘가에 우리가 사랑할 수 있고 우리를 사랑해 주는 영혼이 행동하고 견디고 도전하고 있다고 말해 준다. 유치하고 어리석고 서툴고 부끄러운 시간을 고독 속에서 견뎌 냈음을 자축하자. 우리의 인품이 완전히 성숙하고 나면 우리는 영웅적인 손을 내밀어 영웅적인 손과 맞잡을 수 있을 터이다. 다만 그대가 이미 본 것들을 경고 삼아, 진정한 우정이 존재할 수 없는 곳에서 우정을 찾아 값싼 이들과 손 잡지 말자. 조급하게 굴다가는 하나님이 승인하지 않는 어리석고 경솔한 동맹을 맺을지 모른다. 자기만의 길을 고수하면 조금 잃더라도 끝에 가서 크게 얻는다. 거짓된 관계의 손에 잡히지 않도록 자기 자신의 모습을 지키면 세상에서 가장 귀한 이들이 그대를 찾을 것이다. 이들은 한 시대에 한두 명만 나오는 순례자로, 그들 앞에서는 세속적인 명성을 쌓은 이들이 허상과 그림자처럼 아스라이 사라진다.

관계가 너무 정신적이면 진정한 사랑을 잃을지도 모른다고 두려워할 필요 없다. 우리가 깨달음을 통해 관습적인 관점을 바로잡을 때마다 자연은 우리를 지지하고, 비록 즐거움을 조금 잃는 듯하더라도 더 큰 보상을 받을 것이다. 인간은 절대적으로 혼자인 존재임을 부디 느끼고 받아들이자. 사람은 자기 안에 필요한 모든 것을 품고 있다고 나는 확신한다. 때로 우리는 유럽에 가거나, 친교를 맺거나, 책을 읽음으로써 진정한 자아를 찾을 수 있으리라 본능적으로 믿는다. 모두가 걸인이다. 사람들은 우리보다 특별할 것 없고 유럽은 죽은 이들이 남긴 누더기이며 책은 그들의 유령이다. 이들을 그만 숭배하자. 구걸을 그만두자. 가장 소중한 친구들에게도 작별을 고하고 이렇게 말함으로써 그들의 영향을 거부하자. "그대는 누구인가? 나를 놓아 달라. 나는 더는 그대에게 의존하지 않겠다." 아, 형제여, 모르겠는가. 우리가 진정 독자적인 존재가 됨으로써 더 고귀한 지대에서 만나고 더욱 깊은 관계를 맺을 수 있도록 잠시 헤어질 뿐이라는 사실을. 친구는 야누스처럼 두 얼굴을 지녔다. 한 얼굴은 과거를, 다른 얼굴은 미래를 향해 있다. 친구는 나의 지난날의 아이이자 앞날의 예언자이며, 더 위대한 친구를 예고하는 조짐이다.

그렇다면 나는 책을 대하듯이 친구를 대하겠다. 내가 찾을 수 있는 곳에 간직하되 자주 들여다보지는 않겠다. 사람은 누구나 자기 조건에 맞추어 타인과 만나야 하며, 아주 사소한 이유로도 교제를 시작하거나 끝낼 권리가 있다. 나는 친구와 자주 이야기를 나눌 수 없다. 그가 고귀한 사람이라면 나 역시 그 덕분에 고귀해질 터이고, 그러고 나면 하찮은 대화를 원하지 않을 터이다. 정신이 고양된 날에는 하늘에서 예감이 아른거린다. 나는 그것에 헌신해야 한다. 그 예감을 붙잡으러 나가거나 들어가야 한다. 지금 이 순간에 반짝이는 빛점으로 보이는 그것이 하늘로 더 높이 떠올라 행여나 놓쳐 버릴까, 이것이 나의 유일한 걱정이다. 그러므로 내가 친구들을 아끼긴 하지만, 이런 순간에는 그들과 이야기하고 그들의 비전을 생각해 볼 여유가 없다. 그러다 나의 비전을 잃을지도 모르기 때문이다. 이처럼 고귀한 목표를, 정신의 천체에서 별을 찾기를 포기하고 그대와 따뜻한 공감을 나누면 자연스레 어느 정도 소박한 기쁨을 느끼겠지만, 나는 위대한 신들을 잃어버렸음을 두고두고 한탄할 것이다. 사실, 바로 다음 주에 나는 게을러져서 딴짓거리로 기분 전환을 할 충동을 느낄지도 모른다. 이런 때에 나는 그대와 나누는 지적 교감을 그리워하고 그대가 다시 내 곁에 있어 주기를 바랄 터이다. 그러나 막상 만나면 그대는 새로운 비전으로만 내 마음을 채우고, 그대 자신을 내게 주는 대신에 그대의 광휘만을 내게 뿌릴지도 모른다. 그러면 나는 또다시 그대와 대화할 수 없을 것이다. 그러므로 나는 이 덧없는 만남을 거절할 수밖에 없다. 나는 친구들이 지닌 것이 아니라 친구들의 본질을 받겠다. 그리고 친구들은 타인에게 직접 줄 수는 없는 그 본질에서 발산되는 것들을 내게 주리라. 이것보다 오묘함이나 순수함이 한 치라도 덜한 관계로는 나를 잡지 말라. 우리는 만난 적이 없는 양, 만나고 헤어진 적이 없는 양 헤어질 것이다.

최근에 나는 상대가 똑같이 응답하지 않아도 혼자서 우정을 이어 갈 수 있다고 생각했다. 왜 상대가 충분히 보답하지 않는다고 원망하며 나 자신을 괴롭히겠는가? 태양은 자신의 빛줄기가 오직 행성 몇 개에만 반사될 뿐 나머지는 배은망덕한 공간에 덧없이 흩어진다고 속상해하지 않는다. 그대의 위대함으로 무뚝뚝하고 냉정한 친구를 일깨우자. 그가 그대보다 못하다면 그는 곧 사라질 터이다. 그러나 그대는 스스로 내뿜는 빛으로 더욱 위대해지고, 개구리나 벌레와의 친교에서 벗어나 천상의 신들과 함께 솟아오르고 빛을 발할 것이다. 보답받지 못한 사랑은 흔히 치욕으로 여겨지는데, 진정한 사랑은 보답받지 않을 수 없음을 위대한 사람은 안다. 진정한 사랑은 무가치한 요소들을 초월하여 영원의 영역에 안주한다. 그리고 빈곤한 영혼의 가면이 부서질 때 서글퍼하는 대신에 세속적인 조건들을 떨쳐 낸 자유를 만끽하며 자기 신뢰를 더욱 견고하게 다진다. 그러나 나의 이런 주장들이 관계의 정의에 어긋날지도 모르겠다. 우정의 본질은 완전함, 즉 서로에게 자신을 완전히 바치고 신뢰하는 정신에 기반한다. 상대의 우정이 약하다고 미리 의심하거나 실패를 대비하면 안 된다. 우정은 서로를 신처럼 대우함으로써 두 사람 모두를 신의 자리로 승격한다.

〈우정(Friendship)〉에서

품격 있는 인간

우아함과 아름다움과 변덕스러움이

세운 황금의 문

만인을 매혹하는

우아한 여성들과 선택받은 남자들

그들의 상냥하고 고상한 표정이

그에게는 진미나 다름없다.

굳이 그들에게 다가가지 않아도, 그들의 모습이

그의 고독을 감싸 준다.

그의 시선은 그들의 얼굴에 오래

머물지 않고 땅을 탐색한다.

푸른 풀잎이 바로 거울처럼

그들의 특성을 보여 주는 까닭이다.

가슴속 심장이 춤추듯이 뛰는 탓에

그는 그들 앞에서 입을 열기도 힘든데

그들의 잔잔한 표정은 그에게서

할 말도, 생각도, 평온도 앗아 간다.

이들을 상대로 이길 힘은 없으나 피하기엔 너무 사랑하는데
그의 운명을 쥐고 흔드는 폭군들.
속고 또 속은 엔디미온은
무덤 뒤로 슬며시.

  우리에게 깃든 영혼은 최종적으로 명료한 말솜씨의 힘을 빌리기 전에 몸의 자세와 움직임, 제스처를 통해 자신을 한껏 드러낸다. 소리를 내지 않고도 은근히 소통되는 이 언어가 매너다. 매너의 핵심은 무엇을 하느냐가 아니라 어떻게 하느냐이다. 살아 있는 것들은 스스로 자신을 표현한다. 조각상은 말할 수 없으며 말할 필요가 없다. 아름다운 풍경을 감상하는 데 설명은 필요하지 않다. 자연은 자신의 모든 비밀을 딱 한 번 드러내지만, 인간은 그의 자세와 태도, 몸짓, 표정, 얼굴을 이루는 여러 부위, 그리고 전체적인 행동거지를 통해 비밀을 끊임없이 드러낸다. 사람의 의지와 의도가 협력하여 나타내는 몸가짐과 행동을 우리는 매너라고 부른다. 손발에 깃들어 우리의 몸짓과 말과 행동을 조정하는 정신, 바로 이것이 매너가 아니면 무엇이겠는가?

  모든 일에는 그것을 하는 최고의 방법이 있기 마련인데, 이 진리는 달걀 하나를 삶는 것처럼 사소한 일에도 적용된다. 매너는 어떤 일을 하는 올바른 방식이다. 무언가에 대한 애정이나 재능으로 누군가 처음 발견한 이래 거듭 반복되며 굳어진 방식이

라고 할 수 있다. 매너는 일상을 씻어 윤을 내고, 세부 사항에 아름다움을 더한다. 매너를 겉치레로 취급하는 일은 곧 동녘의 골짜기에 풍치를 더하는 이슬이 쓸데없다고 말하는 것과 다름없다. 매너는 단숨에 소통된다. 사람들은 서로서로 매너를 배운다. 소설에서 콘수엘로[25]는 자신이 무대 위에서나 실제 삶에서나 귀족들에게 매너를 가르쳤다고 자랑하고, 탈마[26]는 나폴레옹에게 기품 있는 행동을 가르쳤다. 천재들이 우아한 매너를 발명하면 귀족들은 그것을 매우 빠르게 습득하고, 왕궁의 특별한 분위기에서 더욱 발전시킨다. 그들은 자신들이 배운 바를 하나의 행동 양식으로 굳힌다.

매너는 끊임없이 효력을 발휘하고, 불길만큼이나 뚜렷이 눈에 보인다. 고상한 신분은 어디에서나 눈에 띄는데, 비단 왕국뿐만 아니라 공화국이나 민주주의 국가에서도 마찬가지다. 아무도 그들의 영향력을 거부할 수 없다. 기품 있는 사회에서 습득하는 매너에는 힘이 있어서, 그것을 배운 사람들은 외모가 아름답거나 부유하거나 재능이 뛰어나지 않아도 모든 곳에서 환영과 존경을 받는다. 남자아이가 매너를 배우고 교양을 쌓으면 어디를 가든 그는 신분을 높이고 재산을 모을 수 있다. 아이는 무척이나 쉽게

---

[25] 조르주 상드의 소설 《콘수엘로》의 주인공인 오페라 가수 콘수엘로를 뜻한다.
[26] 프랑수아 조제프 탈마(François Joseph Talma), 18세기 말부터 19세기 초까지 활동한 프랑스의 유명한 배우.

해낼 터인데, 모두가 두 팔 벌려 그를 환영하고 초대하기 때문이다. 우리는 소심하고 소극적인 여자아이를 기숙사 학교나 승마 학교나 무도회장 등 걸출한 여성들을 만나고 친분을 쌓을 수 있는 곳으로 보내 그들의 매너를 가까이에서 관찰하고 배우게 한다. 사람들을 이끌거나, 기를 죽여 함부로 다가오지 못하게 할 수 있는 사교계 여성의 능력은, 자신의 사교 수단과 행동과 행동 방식을 남들은 알지 못한다는 믿음에서 우러나온다. 그러나 그녀의 비밀을 밝혀 낸 사람들은 자신감을 되찾아 그녀에게 맞설 수 있다.

매너의 부드러운 힘은 매일 목격된다. 무례하게 끼어들던 사람이 더는 끼어들지 않는다. 평범한 사람들이 더 고상한 무리에 속하는 자질과 문화를 요구하는 법을 배운다. 매너는 항상 감시를 받는데, 마치 평상복을 입고 있는 경찰처럼 뜻밖의 사람들이 지켜보고 있으며, 우리가 전혀 예상하지 못한 순간에 매우 귀한 상을 주거나 박탈한다.

유용성이 중요하다고 하지만 사람들은 매너를 기반으로 어울린다. 일하는 시간에 우리는 사사로운 감정이나 취향은 뒤로하고 우리가 필요한 것을 가지고 있거나 필요한 일을 처리할 수 있는 사람들을 찾아간다. 그러나 일을 마치고 다시 휴식할 때면 우리는 편히 함께할 수 있는 사람들을 찾는다. 우리와 취향이 비슷하고 매너가 불쾌하지 않으며 사회적인 행동 양식이 조화로운 사람들이다.

　매너가 얼마나 사람의 마음을 움직이고 즐겁게 해 주는지 생각해 보라. 서로 어울릴 사람을 찾고, 유쾌한 모임을 이루어 내고, 또 여러 사람을 한곳에 모으는 데 매너가 하는 역할을 생각해 보라. 모든 사교 클럽에서 회원을 뽑을 때 매너를 중시하며, 야심 찬 젊은이들의 성공에 매너는 필수적이다. 많은 경우에 매너는 젊은이를 기회와 짝지어 주고, 또 많은 경우에 젊은이는 매너와 짝을 이룬다. 매너는 삶의 열쇠이자 비밀이며 인품을 드러내는 징표이자 중요한 교훈이다. 매너처럼 은근히 소통되는 전신을 해독하려면 섬세한 예지력 또한 필요하다. 이 모든 것들을 생각해 보면, 매너가 얼마나 다양한 곳에서 쓰이는지, 또한 얼마나 우리에게 편의와 힘과 아름다움을 주는지 알 수 있다.

　매너가 사소한 도덕을 지키는 수준일 때의 영향력은 소박하다. 그러나 이것이야말로 문명의 발단이다. 사람들이 서로서로 견딜 수 있게 해 준다. 꺼끌꺼끌한 표면을 매끄럽게 갈아 주고 씻어 낸다. 사람들이 짐승 같은 상태를 벗어나, 씻고 옷을 차려입고 똑바로 서게 만든다. 야수의 껍데기와 습관에서 탈피하게 해 준다. 청결을 유지하고, 비루하고 못된 말과 행동을 억누르고 너그러운 표정을 띠게 함으로써 관대하게 행동하면 더 행복해질 수 있다는 사실을 일깨운다.

　불량한 행동은 법으로 다스릴 수 없다. 사회에는 무례하고 시니컬하고 조급하고 경박한 사람들이 득시글거리며 나머지 사람들을 괴롭히는데, 모두가 수용하는 좋은 매너와 행동으로 공동 가치를 성립하면 이런 행동을 억제할 수 있다. 이들은 마치 누가 지나갈 때마다 시끄럽게 짖어 쫓아야 할 의무를 느끼는 테리어처럼, 집 안팎에서 아우성치고 흥분한다. 자기가 남의 말을 이해하지 못하거나, 누가 자기 말에 반대라도 할라치면 말처럼 힝힝대는 사람들을 나는 본 적이 있다. 초대도 없이 집에 찾아와 끝없이 주절대며 자기 자신을 들이대는 극성스러운 사람들과 자기 연민에 심취한 사람들은 또 어떠한가. 끔찍하다. 모래로 밧줄을 꼬는 것처럼 얼토당토않은 일을 남에게 부탁하는 실없는 아스모데우스 같은 이들도 있고, 지루하기 짝이 없는 이들도 있다. 한마디로 세상엔 온갖 어처구니없는 사람들이 가득하다. 사회에서 당면하는 이런 괴로움은 치안판사가 바로잡거나 막아 줄 수 없으므로, 사회의 관습과 격언, 그리고 학교에서 어린이들에게 가르치는 그 익숙한 행동 규범의 힘에 맡겨야 한다.

한때 미시시피강 주변의 호텔들은 손님들이 지켜야 할 규칙을 적어 놓았다. "코트를 입지 않고서는 공동 식탁에 앉을 수 없음." 미시시피주는 또한 교회 벤치에 신도들에게 침을 뱉지 말라는 당부의 말을 적어 놓았다. 찰스 디킨스는 우리 미국인들의 매너를 개선하겠다는 자기 희생적인 사명감을 품고 입에 올리기도 힘든 이야기들을 책에 담았다. 그의 노력이 모두 허사로 돌아가진 않은 듯하다. 불량한 매너의 사례가 천하에 공표되어 무뢰한들이 자기 행동이 얼마나 추한지 볼 수 있었으니 말이다. 그러나 안타깝게도 디킨스의 책에도 단점은 있었다. 그는 책에 이런저런 주의 사항을 포함했는데, 도서관에서 시끄럽게 말하지 말고, 섬세한 판화를 감상할 때는 거미줄이나 나비의 날개를 만지듯이 살살 다뤄야 하며, 대리석 조각상을 보며 지팡이로 건드리지 말라는 것은 사실 굳이 언급할 필요조차 없어야 한다. 그러나 완벽한 문명사회라고 하는 이 도시의 애서니움 도서관이나 시립 도서관에도 이런 주의 사항이 필요한 것이 현실이다.

매너는 인위적이고, 인성에 의해 빚어지는 것만큼 상황의 산물이기도 하다. 여러 나라의 각기 다른 시대에 속한 농부들과 귀족들의 모습을 보면 현재 우리 나라 도시들의 노동 계층과 상류층의 모습과 매우 흡사하다는 사실을 발견할 것이다. 현대 귀족의 모습은 티치아노의 베네치아 도제 초상화와 로마 시대 금전과 조각상뿐 아니라, 페리 제독이 일본의 귀족들 집에서 가져온 그림에서도 찾아볼 수 있다. 거대한 부와 높은 직위를 얻은 사람들은 그것들을 관리할 능력이 있을 뿐 아니라, 그것에 어울리는 매너를 습득한다. 눈썰미가 좋은 사람은 상대의 매너만 보고 사람들이 지닌 직급의 미묘한 차이와 그가 어떤 대접을 받는 데 익숙한지 눈치 챈다. 매일같이 유력한 인사들에게서 극진한 대우를 받는 왕자는 자연스레 누구나 자신에게 예우를 갖추기를 기대하고 상대의 존경을 우아하게 받아 주고 응대하는 법을 익힌다.

뛰어난 사람들과 뛰어난 행동 방식은 늘 존재한다. 영국의 귀족들은 농부인 체한다. 클레이버하우스는 사교계 남자인 척했지만, 우아한 옷차림과 명랑한 행동 아래 전사의 잔혹함을 숨기고 있었다. 그러나 자연과 운명은 솔직하며 언제나 자취를 남기는 법이라, 인간의 특성 모든 것에 하나하나 부합하는 징표를 내보인다. 자기 표정을 관리하기는 퍽이나 어려운데, 차분한 태도에 모종의 힘이 깃들어 있다는 사실을 깨달은 야심 찬 젊은이는 그것 하나만으로 자신이 모든 비밀을 손에 넣었다고 생각할지도 모른다.

유순한 겉모습에 속지 말라. 외유내강인 사람들이 있다. 매사추세츠주의 한 의원은 공직과 법정에 평생 몸을 담았으나 얼굴과 목소리와 태도에서 분노를 숨기는 법을 끝내 숙달하지 못했다. 그가 입을 열면 목소리가 떨리고 갈라지고 찢어지며 씩씩거렸다. 그는 아랑곳하지 않았다. 떨리고 갈라지고 찢어지는 목소리로라도 자신의 분노를 표현하고 논지를 강조해야 함을 알았다. 말을 마치고 자리에 앉은 그는 마치 발작이라도 일으키듯 두 손으로 의자를 붙들었다. 그 성마른 겉모습 뒤에는 강력하며 단호하고 진보적인 의지와 풍부한 경험이 지층처럼 차곡차곡 체계적으로 쌓인 기억이 그의 통제 아래 있었다.

매너가 일부 환경의 산물이기는 하되, 대부분의 경우에는 품위를 배울 수 있는 자질이 필요하다. 그렇지 않으면 모든 교육이 허사로 돌아간다. 타고난 자질을 강조하는 이 고집스러운 고정관념은 구시대 봉건제와 군주제의 근간을 이루었는데, 인류의 공통된 경험에서 어느 정도 그 근거를 찾을 수 있다. 수학자나 예술가나 군인이나 상인이나 할 것 없이 사람은 모두 자기 자식에게서 어떠한 특성이나 재능이 나타나리라 확신하는데, 남의 자식을 두고는 감히 그런 단정을 내리지 못할 터이다. 동양 사람들은 이 점에 대단히 전통적인 관점을 지녔다. 압델카데르[27]가 말했다. "가시 덤불에 일 년 내내 물을 주어도 가시밖에 돋아나지 않을 것이다. 대추 나무는 아무런 관리 없이도 대추를 맺는다. 귀족은 대추 나무이고, 아라비아의 평민은 가시 덤불이다."

신체의 풍부한 표현력은 매너의 역사에서 중요한 자리를 차지한다. 사람의 몸이 유리나 공기로 이루어졌으며 그 안의 철판에 생각이 적혀 있었다 해도 지금처럼 사람의 뜻을 진실하게 나타내지 못했으리라. 지혜로운 사람들은 상대의 표정과 몸짓과 행동에서 그의 사적인 삶을 속속들이 꿰뚫어 본다. 자연의 효율성은 표현에 집중되어 있다. 몸의 모든 부위가 혓바닥처럼 소통한다. 인간은 크리스털 덮개 아래 시분침의 움직임이 고스란히 보

---

27 에미르 압델카데르(Emir Abdelkader), 프랑스의 침공에 맞서 알제리의 첫 근대 국가를 세운 민족 영웅.

이는 제네바 시계와도 같다. 위아래로 찰랑이는 삶의 샘물을 담은 아름다운 유리병처럼, 사람의 몸은 호기심 많은 사람들에게 속내를 훤히 보여 준다. 눈과 얼굴은 그 속의 영혼이 무엇을 하고 있으며 얼마나 나이가 들었고 어떤 목적을 품고 있는지 드러낸다. 특히나 눈은 영혼의 나이와, 영혼이 얼마나 많은 변모를 겪으며 성숙했는지 알린다. 우리의 눈이 거리의 행인 누구에게나 서슴없이 고백하는 바를 속삭임보다 크게 말했다가는 무례하다는 비난을 들을 수도 있다.

인간의 눈은 태양을 직시할 수 없으므로 완벽하지 않은 듯하다. 최근에 어떤 여행자가 시베리아에서 맨눈으로 목성의 위성을 볼 수 있는 사람들을 만났다. 어떤 면에서 동물은 인간보다 뛰어나다. 새는 날개 덕분에 우리보다 높은 곳에서 볼 수 있을 뿐만 아니라 시야가 훨씬 넓다. 소는 새끼에게 엎드려 몸을 감추거나 도망치라고 은밀히 소통할 수 있는데, 어쩌면 눈짓으로 소통하는지도 모른다. 기수들이 말한다. "어떤 말들은 경마장 전체를 헤아릴 수 있어요." 야외 활동과 사냥과 노동은 인간의 눈에 이와 같은 활력을 준다. 농부는 말처럼 단호하게 상대를 응시한다. 그의 눈빛은 지팡이처럼 강력하게 상대를 후려친다. 사람의 눈은 장전된 채로 조준된 총처럼 위협할 수 있고, 코웃음이나 발길질처럼 모욕을 가할 수 있다. 반면에 상냥한 눈빛은 상대의 가슴을 기쁨으로 춤추게 한다.

눈은 마음의 움직임에 순종한다. 뇌리에 생각이 스치는 순간 눈은 먼 곳에 지그시 시선을 둔다. 프랑스, 독일, 스페인, 튀르키예 같은 나라 이름이나 사람 이름을 열거할 때면 항목을 하나 떠올릴 때마다 눈이 깜박인다. 눈은 마음 못지않게 열정적으로 배움과 이해를 추구한다. 미켈란젤로가 말했다. "예술가는 측정기를 손이 아니라 눈에 지니고 있어야 한다." 느긋한 눈길이나(생기와 아름다움을 들이켜는) 집중하고 있는 눈길이나(예술과 노동에 힘을 쏟는) 눈의 실적 목록은 끝이 없다.

눈은 사자처럼 대담하다. 먼 곳과 가까운 곳 여기저기를 떠돌고 뛰고 점프한다. 눈은 만국의 언어로 소통한다. 눈은 소개받기를 기다리지 않는다. 잉글랜드인들과 다르다. 나이나 직급이나 성별을 따지지 않고, 재산이나 학식이나 권력이나 덕성과 무관하게 단숨에 상대를 침범하고 또 침범하며 가늠하고 헤아린다. 시선은 자연스러운 마술이다. 한 공간에서 생전 남남인 두 사람 사이에 이루어지는 신비로운 소통은 실로 놀랍다고밖에 할 수 없다. 시선은 주로 의지의 지배를 받지 않고 소통한다. 눈은 영혼의 본질을 신체적으로 표현한다. 눈앞의 사람이 우리의 또 다른 자아인지 알고자 눈을 들여다보면, 그의 눈은 속에 어떤 영혼이 깃들어 있는지 거짓 없이 고백하는데, 때로는 무시무시한 깨달음을 주기도 한다. 또한 눈은 음흉하게 도사리고 있는 악마가 자신의 모습을 드러내는 곳이기도 하다. 순수하고 소박한 영혼을 찾아 눈을 들여다보았다가 올빼미와 박쥐, 악마의 움직임을 느낀 듯 오싹한 기분이 들 때가 있지 않은가. 놀라운 현상이 또 하나 있다. 창문에 모습을 드리우는 영혼은, 그를 보고 있는 사람의 마음가짐에 따라 단숨에 새로운 모습으로 탈바꿈하여 나타난다.

사람의 눈은 혀만큼이나 말이 많다. 게다가 눈의 언어는 사전이 필요하지 않아 전 세계 사람들이 알아듣는다는 이점이 있다. 눈과 입이 서로 다른 말을 할 때 인생 경험이 많은 사람은 눈의 말을 믿는다. 불안정하거나 거짓된 사람은 그의 눈을 보면 알 수 있다. 상대의 눈빛을 보고 그가 우리의 요지를 납득했는지 말 없이도 알 수 있다. 사람이 좋은 말을 하기 직전에 보이는 눈빛과, 그 말을 한 뒤의 눈빛이 있다. 친절한 도움과 멋진 제안도 그것을 말한 사람의 눈에 기쁨이 없으면 빈 껍데기일 뿐이다. 입에서 새어 나오지 않은 은밀한 끌림이 눈에서 얼마나 자주 드러나는지!

꽤 자주 있는 일인데, 사람들과의 만남에서 입을 다물고 있었으며 아무도 자신에게 별말 하지 않았는데도 그 사실을 인식하지 못하고 뜻 깊은 교감을 나눈 기분일 때가 있다. 이는 생생한 소통의 물줄기가 눈을 통해서 그에게 흘러 들어가고 흘러 나왔기 때문이다. 어떤 눈은 블루베리만큼이나 읽기 힘들다. 사람이 빠질 정도의 우물처럼 깊고 촉촉한 눈도 있다. 또 어떤 눈은 너무도 공격적이고 강압적이라서 마치 경찰을 불러야 할 듯한 기분이 들고, 모든 것을 뚫어지게 보는 그 눈을 피하려면 번잡한 대로의 인파 속에 몸을 숨겨야 할 듯하다. 전투적인 눈이 때로는 성직자의 얼굴에서 어둡게 번뜩이고, 때로는 농부의 눈썹 아래 자리하고 있다. 이 눈은 라케다이몬[28]의 도시이고, 또 저 눈은 수십 자루의 총검이다. 청하는 눈이 있고 주장하는 눈이 있으며 사냥하는 눈이 있다. 운명을 암시하는 눈은 때로 길조를 암시하고 운명을 드러내는 눈은 때로 불길한 전조를 내비친다. 눈에는 광기를 다스리고 맹수를 길들일 수 있는 힘이 깃들어 있다고들 한다. 그 힘은 눈에서 나타나기 전에 의지로 얻은 승리이리라. 사람은 각자 인류라는 거대한 사회에서 자신이 차지하는 자리를 눈으로 정확히 표현하며 우리는 그것을 가늠하는 법을 끊임없이 배운다. 온전한 사람은 자신의 존재를 알리는 데 달리 보조가 필요하지 않다. 누구든 그를 본 사람은 그가 보편적이고 관대한 목표를 품고 있음을 확신하고 그의 뜻에 수긍한다. 누군가 우리를 따르지 않는다면 그것은 그들이 우리 눈 깊숙한 곳에서 진창을 보았기 때문이다.

 시각 기관에 이처럼 큰 힘이 깃들이 있듯이 다른 기관도 고유의 힘을 지니고 있다. 사람의 몇 뼘 안 되는 얼굴에서 그의 모든 선

---

[28] 라케다이몬(Lacedaemon). 그리스 신화에 나오는 라코니아의 왕이자 제우스와 플레이아데스 타위게테의 아들. 스파르타는 라케다이몬의 아내 이름을 따서 지은 수도이다.

조의 특성을 찾을 수 있다. 그의 인생사와 희망이 모두 담겨 있다. 조각가들과 요한 요아힘 빙켈만[29]과 요하나 카스퍼 라바터[30]는 사람 코의 중요성을 알려 준다. 코의 모양을 보고 우리는 그 사람의 의지가 강한지 약한지, 성격이 무난한지 모난지 알 수 있다. 율리우스 카이사르와 단테와 대 윌리엄 피트의 코는 '매부리코의 공포'를 암시한다. 또 치아는 얼마나 사람의 우아함과 한계를 드러내는지! 현명한 어머니가 말했다. "쉽게 웃지 말아라. 네 결함이 전부 드러날 터이니."

발자크는 원고에 '걸음걸이에 대한 이론'이라는 챕터를 남겨 놓았다. 거기서 그는 이렇게 말한다. "표정, 목소리, 호흡, 자세나 걸음걸이는 모두 같은 것을 표현한다. 그러나 사람은 자신의 생각을 동시에 표현하는 이 네 부위에 모두 주의를 기울일 수 없으므로, 진실을 말하는 한 부위를 보면 그 사람 전체를 알 수 있다."

궁중은 그 안에 거주하는 여유롭고 부유한 사람들 사이에서 매너의 표현이 하나의 예술로 승화된다는 점에서 주로 우리의 관심을 끈다. 궁중의 격언은, "매너가 곧 힘"이라는 것이다. 차분하고 절도 있는 몸가짐, 품위 있는 말솜씨, 사소한 일에 흥미를 더하

---

[29] 요한 요아힘 빙켈만(Johann Joachim Winckelmann), 독일의 고고학자로 양식에 따라 작품을 분류하는 현대 미술사학을 정립했다.
[30] 요하나 카스퍼 라바터(Johann Kaspar Lavater), 스위스의 신학자이자 시인. 관상학 연구로 유럽에 선풍을 일으켰다.

는 능력, 불편한 감정을 숨기는 기술은 궁인들에게 필수다. 그대가 원한다면, 생시몽 공작[31]과 레츠 추기경[32]과 피에르 루이 로드레[33]와 수많은 회고록이 궁인들의 강력한 비법을 알려 줄 터이다. 따라서 왕은 사람들의 얼굴과 이름을 기억하는 것을 자랑으로 삼았다. 들리는 말에 어떤 왕자는 늘 고개를 살짝 숙이고 다녔는데, 사람들에게 위압적으로 보이지 않기 위해서였다고 한다. 어떤 사람들은 늘 마치 좋은 소식을 전할 참인 어린아이처럼 다가온다. 홀란드 백작은 아침 식사 자리로 내려올 때마다 조금 전에 굉장한 행운을 접한 사람의 분위기를 풍겼다고 한다. 소설 《노틀담의 꼽추》에서 왕은 마치 딴 생각에 잠긴 표정으로 왕좌에 앉는다. 그러나 우리는 궁중의 궐문 너머를 너무 엿보거나 엿듣지 말도록 하자.

훌륭한 매너를 지키려면 모두가 훌륭한 매너로 서로 도와야 한다. 학자가 기품 있는 사람일 수도 있고, 아닐 수도 있다. 그러나 열의 넘치는 사람이 사회에서 세련된 학자들을 만나면 감히 범접할 수 없을 듯해 기가 죽어 입을 다문다. 학자들은 하나같이

---

31 루이 드 루브루아 생시몽 공작(Louis de Rouvroy, duc de Saint-Simon), 프랑스 왕국의 귀족으로, 궁중의 내막을 알린 그의 회고록은 프랑스문학에서 기념비적인 작품으로 여겨진다.
32 레츠 추기경(Cardinal de Retz), 17세기 프랑스의 정치가. 바리케이드의 날을 지도한 것으로 유명하다.
33 피에르 루이 로드레(Pierre Louis Roederer), 나폴레옹을 지지한 프랑스 정치인으로 회고록에서 당대 정치계의 판도와 혁명의 뒷면을 자세히 보여 주었다.

그에게 필요하지만 그가 갖지 못한 것을 지닌 듯하다. 그러나 학자를 무리에서 따로 일대일로 만나면 상황이 뒤집힌다. 열의 넘치는 사람이 대화의 주도권을 잡고, 방어책이 없는 학자는 하릴없이 그의 주도를 따른다. 이제 두 사람은 자기만의 기량으로 힘을 겨루어야 한다. 세상에서 성공을 거둔 사람들, 시장과 의회와 응접실 등 어디에서나 성공적인 그들의 공통 특성은 과연 무엇일까? 매너다. 힘의 매너다. 이들은 우위를 점하는 법을 알고 그에 걸맞은 매너로 처신한다. 그들이 상대에게 다가가는 모습을 보라. 사람들은 첫 만남에서 받은 대우에 따라 자신의 행동을 결정한다는 사실을 그들은 안다. 첫인상의 중요성이 그들의 값싼 비밀이다. 어떤 상황에서건 두 사람이 만날 때, 한 사람은 자신이 상황을 주도할 열쇠를 지니고 있다는 사실을 쥐와 마주친 고양이처럼 제꺽 직감한다. 그는 그저 예의만 차리고, 희생자가 행여나 수치심에 반발하지 않도록, 상대가 자신의 패배를 포장할 수 있는 그럴싸한 이유를 만들어 주면 된다.

매너의 기술이 실질적으로 힘을 발휘하는 무대는 엄숙한 자리가 아니라 화려한 응접실로, 하루의 일과를 마친 남녀가 함께 즐거운 시간을 보내고자 만나는 사교계이다. 물론 이런 만남에는 다양한 매력과 장점이 있지만, 진지한 사람들과 위대한 목적을 품고 있는 젊은이들과 여성들에게는 사교계를 추천하기가 어렵다. 멋지게 차려입고 서로서로 즐겁게 해 주려고 기를 쓰며 말주변을 뽐내고 있는 사람들 가운데에서, 고귀한 태생의 튀르키예인은 이 자리의 모든 여성이 앉고 싶어서 괴로워하고 있지는 않은지, 떠들어 대는 이들이 모두 산소 부족으로 정신이 혼미하고 뇌가 피로한 것은 아닌지 의아해한다. 이런 자리는 가장 품위 있는 사람들마저도 망친다. 모두를 가식적으로 만든다. 그러나 바로 이런 자리에서 비밀스러운 전기가 쓰이고 읽힌다.

'저 남자는 불쾌하기 짝이 없군. 상대하고 싶지 않아. 또 저 사람은 예민하고 소심해. 잔뜩 긴장하고 있어. 저 젊은이는 남자다우면서도 겸손해 보이는군. 저 사람과 이야기하겠어. 저 여자를 봐, 딱히 아름답거나 말재주가 뛰어나거나 무엇 하나 두드러지는 특성이 없는데도 모두가 그녀를 반기네. 전체적인 분위기와 인상이 생기발랄해. 저들은 참 감상적이고, 또 저쪽 사람들은 시들시들해. 태어나면서 감기에 걸린 양 늘 자기 연민에 빠져 있는 앨리스가 왔네. 저 사람은 쥐처럼 눈치를 보고 저 사람은 도둑처럼 음흉하군.'

퓨젤리가 말했다. "노스코트를 보시오. 마치 고양이를 본 쥐 같지 않소." 사람들이 쉽게 흥분하고 쉽게 지치는 이런 가벼운 만남에서 버나드는 기둥처럼 우직하다. 앨러게니 산맥도 버나드만큼 위엄 있지는 못하다. 세실의 애틋한 눈빛은 늘 애정을 갈구하는 듯하다. 코린트 양식처럼 기품이 있는 거투르드의 매너에는 대적할 자가 없지만, 품위라고는 한 치도 찾아 볼 수 없는 블랑셰가 더 매력적이다. 블랑셰의 움직임에는 즉흥적인 영혼의 재치가 깃들어 있어서 생각이 행동으로 즉각 표현된다.

　매너는 현명한 사람들이 멍청이들을 멀리하려고 발명한 책략이라는 회의적인 의견도 있다. 세련된 계층은 자기들 무리에 속하지 않는 사람을 한눈에 알아보고 그들에게 관심을 낭비하지 않는다. 사회의 본능은 빨라서, 그대가 속하지 않으면 곧바로 거부하고 조롱하거나, 혹은 조용히 그대를 버린다. 첫 번째 무기는 공격받은 상대를 분노하게 만든다. 그러나 두 번째 무기가 더 효과적인데, 버림받은 순간을 식별하기가 어려워 적절히 대항할 수도 없는 까닭이다. 이런 상처를 받으며 성장한 사람들은 자기가 버림받았다는 진실을 끝내 알아채지 못한 채, 괴로운 고독의 원인을 엉뚱한 곳에서 찾기 마련이다.

　훌륭한 매너는 자기 신뢰에 기초를 둔다. 자기 신뢰가 부족한 사람들은 모두 타인을 필요로 하여, 우리의 삶에 끼어들고 괴롭힌다. 어떤 이들은 꼭 불가촉천민처럼 행동한다. 행여나 남의 기분을 상하게 할까 봐 전전긍긍하며 굽실굽실 사과하고 매 순간 눈치를 본다. 때로 우리는 잘 차려입은 무리 속에서 혼자 외투를 입지 않은 것처럼 느낀다. 그래서 고드프리는 늘 엄청나게 창피한 상황에 처한 듯이 행동한다. 영웅은 어디를 가든지 자기 집에 있는 양 평온하다. 자신감과 명랑함으로 만나는 사람 모두의 마음을 편하게 한다. 영웅은 자기 자신답게 살 권리를 한껏 누린다. 심성이 굳은 사람은 자신이 타고난 재능으로 소명에 임하여 세상에 기여하는 한, 사회가 모든 구성원에게 독재자처럼 강요하는 임무와 행동 방식에서 완벽히 면제받는다는 사실을 알게 된다. 아스파시아가 말했다. "에우리피데스는 소포클레스처럼 태도가 우아하지 않았다." 아스파시아는 유쾌하게 덧붙였다. "그러나 인간의 영혼을 움직이고 다스리는 자들은 물론 자기들이 지배하는 세상과 자기들이 영감을 준 생명체 앞에서 내키는 대로 움직일 권리가 있지 않겠는가."

훌륭한 매너에는 인내심이 필요하다. 성급함만큼 천박한 것도 없다. 우정은 구석으로 몰아넣을 것이 아니라 존중과 격식으로 감싸야 한다. 우정은 오랜 시간에 걸쳐 쌓아야 하는데, 안쓰럽게 시간에 쪼들리는 사람들은 충분한 시간을 할애하지 못한다. 내게 다가오는 롤랜드를 보라. 섬세한 감성이 신성한 구름이나 성령처럼 그를 감싼 채 이끈다. 이러한 우정을 여유롭게 시간을 두고 음미하는 대신에 급무의 닦달에 쫓겨 서두른다면 두 사람 모두 큰 손해를 본다.

그러나 본질의 빛은 이처럼 반드르르한 바니시 아래에서 비쳐 보이는 법이다. '어떻게'라는 예쁜 그림을 뚫고 나오려는 '무엇'을 막기는 어렵다. 본질은 필연적으로 표면으로 떠오른다. 강한 의지와 날카로운 직관은 구식 매너를 훌쩍 뛰어넘어 새로운 매너를 창조한다. 지금 이 순간의 생각은 과거의 모든 생각을 합친 것보다 중요하다. 인품이 고귀한 사람들의 행동은 너무나 즉각적이고 자연스러워서 우리는 그것이 매너라고 의식하지 못한다. 그들이 어떤 식으로 해냈는지 우리는 알 수 없으나 그 결과에 탄복한다. 그들의 행동에 공통으로 깃든 멋진 스타일을 발견하는 순간은 참으로 짜릿하다. 사람들은 학교 총장, 시민 대표, 의원, 교수, 혹은 탁월한 변호사로서 자신의 부나 직급이나 직업이나 인맥 등을 가면처럼 두른 채로 경박한 이들을 휘두르고 자기들끼리 서로서로 속인다. 우리는 신중한 매너를 발휘해서 이들의 명성이 정당하다고 일단 믿어 주기로 하자. 그러나 슬픈 현실주의자들은 이들을 슬쩍 보고도 정체를 알아챈다. 파리의 경찰청장이 연회장에 들어가는 순간 다이아몬드를 몸에 두른 사기꾼들이 흠칫하여 최대한 눈에 띄지 않으려고 애쓰거나 그에게 애걸하는 표정을 던지는 상황이나 다름없다. 시빌이 말했다. "나는 통찰력이라는 치명적인 선물을 태어나면서 받았지요." 이런 예지자들은 어느 시대에나 태어난다.

    매너는 진정한 힘을 뜻하므로 사람들의 마음에 깊은 인상을 남긴다. 자기 신념에 확신이 있는 사람의 여유롭고 만족한 표정은 누구나 알아본다. 그러나 몸가짐과 매너는 가르치기가 어렵다. 그런 매너가 자연스럽게 우러나오는 사람으로 양성하는 수밖에 없다. 언제나 자연은 진정성을 존경한다. 효과를 노리고 한 일은 효과를 노리고 한 일로 보이고, 사랑을 담아 한 일에서는 사랑이 느껴진다. 사랑과 존경을 구하지 않은 사람들이 바로 사랑과 존경을 받는다. 우리가 존경하는 일들은 어둠과 추위 속에서 행해졌다. 한 줌의 고결함이 그 어떤 고위직보다 가치 있다. 겉으로 보이는 행동의 뿌리는 참으로 깊어서, 생각이 자유롭게 뻗어 나가는 사람은 실제로 커 보이기까지 한다. 평온한 마음으로 자유롭게 사유할 때 그는 커지는 것뿐 아니라 주변의 모든 것을 더 다채롭고 활력적으로 만든다. 목수의 줄자나 막대나 체인으로는 집이나 토지의 진정한 크기를 잴 수 없다. 집 안으로 들어가라. 주인이 어색하고 비굴하다면, 그의 집이 얼마나 크고 땅이 얼마나 아름다운지 간에 그대는 관심을 잃을 것이다. 그러나 주인이 명랑하고 자신감이 넘치며 평온하면, 그의 집은 기초가 깊고, 천장과 돔이 하늘만큼 높은 듯 광활하고 한없이 흥미롭다. 소박하기 그지없는 지붕 아래, 수수한 차림의 평범한 주인이 위엄 있고 명랑하게, 이집트의 거대한 조각상만큼이나 인상적으로 앉아 있다.

아리스토텔레스도 라이프니츠[34]도 유니우스[35]도 샹폴리옹도, 산스크리트보다 유서가 깊은 매너라는 언어의 문법을 결성하지 않았다. 그러나 영어를 모르는 사람도 매너의 언어는 이해한다.

---

34 고트프리트 빌헬름 라이프니츠(Gottfried Wilhelm Leibniz), 독일의 수학자이자 과학자이자 철학자. 2진법을 개발했다.
35 프란시스쿠스 유니우스(Franciscus Junius), 독일 언어학의 선구자이다.

첫 만남은 물론 모든 만남에서 사람들은 서로서로를 가늠한다. 사람들은 입을 열기도 전에 상대의 능력과 성격을 어찌도 그렇게 빨리 알아챌까? 설득력은 그가 하는 말의 내용에서 나오지 않는다. 요컨대 사람은 논거로 상대를 설득하는 것이 아니라, 그의 성격으로, 지금껏 보인 행동과 말, 즉 그의 존재 자체로 상대의 마음을 움직인다. 이미 영향력이 강한 사람이 말하면 다들 귀를 기울이고 찬양한다. 다른 누군가 탄탄한 논리로 그를 반박해도 처음에는 무시당하다가, 차차 권위 있는 사람들의 지지를 받은 후에야 다른 사람들에게도 수용된다.

자기 신뢰는 행동의 기반이다. 자기 자신을 믿는 사람은 능력을 자랑하며 낭비하지 않는다는 보장이 있다. 우리 나라는 보통 교육을 실시하는 덕분에 글을 읽고 쓰고 의견을 표할 줄 아는 사람은 차고 넘치지만 문화는 얄팍하다. 시와 연설에서 자기 재능과 덕성을 뽐내기만 할 뿐, 그것으로 삶의 행복을 빚지 않는다. 역사는 자신의 조언을 이해할 수 있는 사람에게 속삭인다. "그대 혼자만 알고 있는 것은 전부 가치가 높다." 우리가 가슴속에 맴도는 시를 쓰지 않으면 그 시가 글이 아니라 다른 분출구를 통해서라도 끝내 스며 나온다는 주장은 믿을 만하다. 예컨대 몸가짐과 매너에서 표현되는 것이다.

반면에 시인들에게서는 시적인 면모를 그들의 시에서밖에 보지 못한다. 야코비가 말했다. "자기 생각을 완전히 표현한 사람들은 더는 그 생각을 온전히 소유하지 않는다." 이것을 규칙으로 삼아도 좋겠다. 참을 수 없을 만큼 절실히 충동을 느끼는 말은 참기보다 하는 편이 자신에게도 남에게도 좋다. 다른 사람에게 자기 생각을 설명하다 보면 스스로 더 잘 이해하게 되기 때문이다. 그러나 허세스러운 의도로 자기 자신을 표현하면 스스로 타락한다.

사회는 매너가 펼쳐지는 무대이며 소설은 매너의 문학이다. 소설은 매너를 기록한다. 소설가들이 표면을 파고들어 그 속의 중요한 부분에 집중하기 시작한 덕분에 소설이라는 장르가 새롭게 거듭났다. 과거의 소설들은 다 그만그만하고 저급한 색을 띠었다. 웬 운 좋은 소년과 여자아이의 이야기로 하찮은 흥미를 일으켰다. 초라한 태생의 소년이 성공을 거둔다. 그는 아내와 으리으리한 집을 원하는데, 이야기는 결국 주인공이 둘 중 하나를 얻거나, 두 가지를 다 얻는 것으로 끝난다. 그가 마침내 소망을 이룰 때까지 독자는 그의 발걸음을 쫓으며 응원한다. 혼인날이 정해지면 소년의 집에서 깃발이 펄럭이는 왕궁의 대문까지 축하 행렬을 따라가는데, 대문에 다다른 순간 대문이 꽝 닫히고, 딱한 독자는 기발한 깨달음이나 도덕적 교훈 하나 얻지 못한 채로 추운 밖에 버려진다.

그러나 인성의 승리는 바로바로 나타나며 모두의 승리를 부른다. 그 위대함이 만인을 고양한다. 영웅적인 일화들은 우리에게 힘을 준다. 삶의 가장 큰 즐거움은 대화이며 가장 큰 성공은 자신감 혹은 진실한 사람들끼리의 완벽한 이해라는 비밀을 가르칠 수 있다면, 소설은 성경만큼이나 쓸모가 많은 것이다. 프랑스어 구절 rien que s'entendre, 즉 '서로 잘 이해함'은 우정을 적확히 표현한다. 우리가 다른 사람들과 맺을 수 있는 가장 고귀한 협정은 이것이다. "언제까지나 서로를 진실하게 대하자." 처음부터 서로를 이해하고 의리를 지키며 깊이 신뢰하는 영웅들의 관계는 모든 훌륭한 소설의 소재이며 삶의 매력적인 요소이다. 친구에 대해서 이렇게 말할 수 있다면 얼마나 멋진가. "우리는 만나거나 이야기하거나 편지를 쓸 필요가 없다네. 자기 매력을 과시하거나, 기억해 달라고 징표를 보낼 필요도 없지. 나는 나 자신을 믿듯이 그를 믿네. 그가 하는 일은 무엇이건 옳다는 사실을 나는 알아."

내가 만나 본 뛰어난 사람들은 모두 말과 행동이 진실하고 직설적이었다. 자기 말과 행동을 가로막거나 변형시키는 것은 모두 훈련으로 떨쳐 낸 듯했다. 그들이 무엇을 감추겠는가? 또 무엇을 과시하겠는가? 소탈하고 고결한 사람들은 마음이 통한다. 그들은 한눈에 서로 알아보고, 자신들이 지닌 재능이나 기술보다 더 고귀한 일면으로, 즉 진정성과 올곧음을 바탕으로 친분을 쌓는다. 우정과 인성을 이루는 것은 사람이 지닌 재능이나 능력이 아니라 그가 자신의 재능과 능력을 어떻게 쓰느냐이다. 홀로 설 수 있는 사람 곁에 세상이 함께 서는 법이다. 바질 수도승의 이야기가 이 진실을 드러낸다. 교황에게 파문당한 바질 수도승이 죽자 천사는 그가 고통받기에 적합한 지옥을 찾으라는 임무를 받았다. 그러나 너무도 우아하고 명랑한 바질 수도승은 가는 곳마다 가장 냉정한 천사들도 포함해 모두에게 환영과 극진한 대우를 받았다. 그와 대화를 나눈 천사들은 그의 말을 반박하거나 억누르는 대신 그의 편을 들고 그의 매너를 따라 했다. 훌륭한 천사들도 그를 보러 멀리서 찾아와 함께 시간을 보냈다. 지옥에서 그의 자리를 찾아야 하는 천사는 그를 점점 더 괴로운 구덩이로 보냈으나 그래도 마찬가지였다. 영혼에 만족감이 충만한 그는 어디를 가건 누구를 만나건 장점을 찾고야 말아서, 지옥에 있어도 천국에 있는 것이나 진배없었다. 끝내 천사는 자신에게 임무를 내린 이들에게 바질 수도승을 데려가, 어떤 조건에서도 이자를 태울 지옥불을 찾을 수 없었다고 말했다. 바질 수도승은 끝까지 자기 자신답게 행동했다. 전설에 따르면 그는 결국 면제를 받고 천국으로 가서 성인이 되었다.

    나폴레옹이 당시에 스페인의 왕이었던 형 조제프에게 보낸 편지는 참으로 호기롭다. 조제프가 나폴레옹의 편지에서 어린 시절의 편지에 담겨 있던 애정이 느껴지지 않는다고 불평하자 나폴레옹이 말했다. "형님께서 동생을 엘리시움 들판에서야 다시 만나리라 생각하신다니 서운합니다. 마흔 살이 된 동생이 열두 살

때와 같은 심정으로 형을 생각하지 않는 것은 당연하지만 말입니다. 하지만 지금 형님의 동생이 형님을 향해 품은 감정은 더 진실하고 강렬합니다. 그의 우정은 그의 정신을 닮았으니까요."

영웅적인 매너는 참으로 희귀한지라, 이것을 경험하게 해 주는 이들에게 우리는 매우 관대하다. 그들이 지적 혹은 예술적 소양이 부족하거나 심지어 덕이 부족해도 우리는 양해한다. 그리고 우리가 얼마나 오래 그들을 기억하는지! 내가 소년 시절에 중등 학교에서 배운 뒤로 간직하고 있는 교훈이 있는데, 이 이야기는 로마인들의 일화 중에서도 최고로 손꼽힌다. 퀸투스 바리우스 히스파누스는 마르쿠스 스카우루스가 연합국들을 부추겨서 로마 공화국에 맞서 들고 일어나게 했다고 추궁했다. 그러자 마르쿠스 스카우루스는 단호하고 의연한 매너로 자기 자신을 변호했다. "퀸투스 바리우스 히스파누스가 나, 마르쿠스 스카우루스 의회장이 연합국들의 반란을 선동했다는 혐의를 제기했다. 나, 마르쿠스 스카우루스는 그 혐의를 부정한다. 증인도 없다. 로마의 시민들이여, 그대들은 누구를 믿는가?" 이렇게 말한 순간 그는 로마인들에게서 면죄를 받았다.

어떤 매너는 아름다운 외모를 보았을 때와 비슷한 감동을 준다. 그런 매너는 아름다움처럼 우리에게 기쁨을 주고 우리의 감정을 정화한다. 그러나 진정 소중한 경험에서 매너는 미모보다 단숨에 더 큰 인상을 남기고, 미모는 그 앞에서 빛을 잃고 초라한 껍데기로 전락한다. 그런 힘을 발휘하려면 매너는 피상적인 겉모양이 아닌 진정한 아름다움을 깊이 이해하고, 삶과 사람들의 아름다움을 섬세히 감각하고 통찰할 수 있어야 한다. 철저히 자기 자신을 통제하고, 경솔하거나 비굴하지 말 것이며 자기 자신을 지나치게 드러내서도 안 된다. 자기 말에 책임을 지고, 모든 몸짓과 행동에 휴식 중인 힘이 깃들어 있음이 드러나야 한다. 또한 선량한 마음에서 우러나와야 한다. 고통이 아니라 기쁨을 주변에 퍼뜨리려는 소망만큼 사람의 얼굴과 행동과 자세를 아름답게 꾸미는 것은 없다.

낯선 이에게 한 끼 식사나 하룻밤 잠자리를 제공하면 얼마나 좋은가. 타인의 선한 의도와 생각을 친절히 받아 주고 친구의 용기를 북돋으면 또 얼마나 좋은가. 그림 한 점을 감상할 때도 밝은 빛을 비춰 주는데 사람을 대할 때도 이처럼 친절을 베풀면 좋지 않겠는가. 친절을 베푸는 데 특별한 규칙은 따로 필요 없다. 친절하고 올바르게 행동할 수 있는 능력에 모든 원칙이 깃들어 있다. 삶은 시시각각 우리에게 새로운 책임을 안겨 주고, 그것들은 하나같이 지금 내 관심을 끄는 생각만큼 중요할 터이다. 그래도 나는 이것을 언급해야겠다. 기품 있게 자란 모든 이들과 합리적으로 사고하는 모든 이들이 반드시 삼가는 행동이 하나 있다. 바로 불평불만이다.

그대가 푹 잤건 잠을 설쳤건, 두통이나 요통이나 나병이나 날

벼락 같은 불운에 시달리고 있건, 내가 온 마음으로 부탁하니 제발 입을 다물고, 집안 사람 모두가 잔잔하고 쾌활한 기분으로 맞이하는 아침을 그대의 짜증과 투덜거림으로 망치지 말라. 파란 하늘 아래로 나가 하루를 즐겨라. 그대의 풍경화에 하늘을 빠뜨리지 말라. 가장 나이가 많고 큰 업적을 쌓은 이들도 사회적 만남에서는 타인에게 깃든 신성을 모두가 처음 접한다는 사실을 기억하고 지극히 겸손한 태도로 임해야 할 터이다. 폭넓은 인생 경험을 통해 교양을 쌓은 노인이 내게 말했다. "누군가 방에 들어오는 순간에 나는 그에게 인류를 어떻게 아름답게 보여 줄지 고민한다네."

    품위라는 섬세한 덕목을 가르칠 때는 삼가야 하는 행동만 논할 수 있다고 생각한다. 장려되는 행동을 가르칠 수 있는 스승은 본능뿐이다. 감히 누가 젊은이와 아가씨에게 완벽한 매너를 가르쳐 줄 수 있다고 자신하는가? 과하지도 모자라지도 않은 행동의 완벽한 균형은 너무도 은근하고 찾기가 어려워 사실상 가르치기가 불가능하다. 아무리 능숙한 손도 여자아이의 품행에 우아함을 더하는 규칙을 표현할 수 없을 터이다. 도저히 불가능한 과제로 보이지만, 그럼에도 우리는 계속해서 성공 사례를 마주한다. 기품 있는 사람은 자신을 깎아내리지 않는다. 만약 여자아이가 반의 다른 아이나 어떤 그룹에게 늘 버릇처럼 양보하고 그들을 우선시하면, 그러한 열등감은 여자아이의 행동과 분위기에서 반드시 드러난다. 그러나 내면의 힘으로 여자아이는 넘지 못할 듯했던 장애물을 극복하고 달라질 수 있다. 어느새 명랑하고 우아해진 여자아이를 보고 우리는 그 가르칠 수 없으며 설명도 불가한 내면의 힘에 계속해서 감탄을 금치 못하는 것이다.

〈태도(Behavior)〉에서

보이는 것에 현혹되지 말라

❖

　몇 년 전 어느 기나긴 여름 낮에 나는 유쾌한 동행과 함께 켄터키주의 매머스 케이브를 탐험했다. 그 지역과 타운에 견고한 석조를 제공해 준 바위로 이루어진 드넓은 동굴에 들어서 6~8마일쯤 걸으니 관광객의 발길이 미칠 수 있는 가장 깊숙하고 후미진 곳에 이르렀는데, 하나의 매끄러운 종유석으로 이루어진 그 구석은 '서리나의 침실(Serena's bower)'이라고 불린 듯하다. 그날 종일 햇빛을 보지 못했다. 높은 돔과 가늠할 수 없이 깊은 구덩이를 보았다. 보이지 않는 폭포가 어디선가 콸콸 쏟아졌고, 앞을 볼 수 없는 물고기들이 헤엄치는 깊은 에코강에서 삼분의 사 마일쯤을 첨벙첨벙 헤치고 나아갔다. 이 섬뜩한 땅굴 속에서 음악을 실어 나르고 메아리를 빠르게 퍼뜨리는 레테와 스틱스라는 물줄기를 건넜다. 동굴 속은 고드름, 오렌지 꽃, 아칸서스 잎, 포도, 눈덩이 등 갖가지 모양의 석순과 종유석으로 조각되어 있었다. 우리는 수정 대성당의 천장과 교차 궁륭을 향해 뱅골 불꽃을 쏘고, 그 빛으로 석회암과 물과 중력과 시간이라는 네 엔지니어들이 어둠 속에서 창조한 작품들을 전부 구경했다.

동굴의 신비와 풍광은 어느 자연물과 마찬가지로 위엄을 풍겨서, 인간들이 허세스럽게 자연에 빗대던 진귀한 물건들이 빛을 잃는다. 나는 새로운 악기로 오래된 노래를 연주하는 자연의 모사성을 특별히 눈여겨보았다. 자연에서는 밤이 낮을 흉내 내고, 화학 물질이 식물을 흉내 낸다. 그러나 이내 나는 무언가를 알아차렸는데, 그것이 기억에 각인되었다. 동굴이 선보인 최고의 매력이 허상이었다는 사실이다. 별의 방이라고 불리는 곳에 도착하자 안내인은 우리의 등불을 건네받은 뒤에 불을 *끄*거나 혹은 어딘가로 치웠다. 시선을 올리자 머리 위로 무수한 별이 빛나는 밤하늘 같은 풍경이 펼쳐져 있었는데, 심지어 타오르는 혜성처럼 보이는 것도 있었다. 다들 놀라움과 기쁨을 금치 못했다. 음악적인 친구 한 명이 감정을 실어 아름다운 노래를 불렀다. "고요한 하늘에 별이 총총하네." 나는 울퉁불퉁한 돌바닥에 앉아 그 잔잔한 풍경을 감상했다. 저 높은 곳의 새까만 천장을 이루는 수정 조각들이 반쯤 숨긴 램프의 불빛을 반사하며 놀라운 장면을 창조한 것이었다.

　　사실 나는 동굴이 자신의 숭고한 아름다움을 이런 연극적 속임수로 선보인 것이 썩 마음에 들지 않았다. 그러나 동굴에서의 경험 전에도 그리고 후에도 비슷한 일을 많이 겪어 보았고, 우리는 기쁨을 주는 상황을 지나치게 분석하지 않고 즐겨야 한다. 우리가 자연과 나누는 대화는 보이는 것이 전부가 아니다. 구름 띠,

동이 트고 해가 지는 아름다움, 무지개와 북극광은 우리가 어렸을 때 생각한 만큼 완벽하지 않으며 이들의 아름다움은 대체적으로 우리가 부여한 것이다. 우리의 감각은 모든 현상에 끼어들어 자기가 보고하는 대상에 자신의 성질을 섞는다. 한때 우리는 지구가 평평하고 움직이지 않는다고 믿었다. 지금도 석양을 감상하면서 자신의 눈이 지구의 곡률을 이해하고 조정함으로써 이미지를 만들어 내는 능력을 감안하는 사람은 없다. 우리 감각이 이렇게 개입하며 기쁨과 괴로움 대부분을 만들어 낸다. 자신이 상황에 부여한 즐거움이, 상황에서 우러나왔다고 생각하는 것이 첫 번째 실수다. 삶은 황홀경이다. 이산화질소처럼 달콤하다. 사람은 자기가 하는 일에서 즐거움을 찾는데, 스스로 만들어 낸 즐거움이다. 차가운 못에 종일 낚싯대를 드리우는 낚시꾼이나 철로 교차로의 교환수나 들판의 농부나 벼농사를 짓는 흑인이나 거리의 멋쟁이나 숲속의 사냥꾼이나 배심원 앞의 변호사나 무도회의 미인이나 모두 마찬가지다. 몸이 건강하고 식욕이 왕성할 때 설탕이나 빵이나 고기가 더 맛있는 법이다. 우리는 문명이 많이 발전했다고 자부하지만, 사람들은 여전히 원초적인 본능으로 돌아간다.

    상상력과 경외심과 감성이 삶을 이끈다. 어린아이는 수많은 허상 속에서 살면서 그것들이 깨지지 않기를 바란다. 남자아이들은 자기가 지어낸 허구의 세계에서 너무도 즐거워한다! 남작과 전장의 이야기는 얼마나 흥미진진한가! 자기가 상상한 영웅들에게서 힘을 받아 그 역시 영웅이 된다! 상상력을 북돋는 책들에 우리는 얼마나 많은 빚을 졌는가! 월터 스콧, 셰익스피어, 플루타르코스, 호머보다 좋은 친구나 영향은 없을 터이다. 어른은 꿈꾸는 바가 다르지만 감히 누가 그것들이 더 진짜라고 할 수 있겠는가? 심지어 거리의 일상적인 대화도 굴절된 빛줄기를 가득 품고 있다. 우울하기 그지없는 시청 직원의 인생에도 상상력이 스며들어 온갖 사소한 일들에 장밋빛을 입힌다. 그는 자신이 선망하는 사람들의 태도와 행동을 모방하고, 그렇게 함으로써 본인의 눈에 더 나은 사람이 된다. 그는 가난한 자보다 부유한 자에게 더 빨리 빚을 갚는다. 정계나 사회의 지도자들과 친분을 쌓아 대화를 나누고 그들이 자기 말을 들어주기를 바란다. 이들과 실제로 가까워지지는 못할지언정 이렇게 상상하고 눈으로 즐긴 덕분에 그는 더 만족스러운 기분으로 죽을 터이다.

    세상은 끊임없이 돌아가고 삶의 소란은 멈추지 않는다. 런던과 파리와 보스턴과 샌프란시스코에서 축제와 가면무도회가 한창이다. 아무도 자신의 가면을 벗지 않는다. 다 같이 만들어 내는 이 작품의 통일성과 허상을 깨는 일은 무례하다고까지 할 수 있다. 허상의 매혹을 다루는 챕터는 매우 길다. 위대한 그림이다. 아니, 신이 그린 그림이며, 허상을 너무 많이 깨트리는 비평가는 비난 받아 마땅하다. 사회는 가면을 벗고 맨 얼굴을 드러낸 자들을 좋아하지 않는다. 달랑베르[36]가 재치 있지만 씁쓸한 한 구절을 남겼다. "증기의 상태가 불안했으니, 우리로 하여금 눈앞의 장면을 있는 그대로 보게 만들었다." 삶의 어느 단계에서나 허상에 홀린 피해자를 발견한다. 어린이나 청년이나 어른이나 노인이나 할 것 없이 한 장난감이나 다른 것에 홀린다. 요가드니라, 허상의 여신, 프로테우스, 모무스, 길피의 조롱 등, 허상의 위력에는 여러 이름이 있으며 타이탄이나 아폴로보다 강력하다. 신들의 이야기를 엿들었거나 그들의 비밀을 알아낸 사람은 거의 없다. 삶은 살아감으로써 이해하게 되는 가르침의 연속이다. 모든 것이 수수께끼이며, 수수께끼를 푸는 열쇠조차 수수께끼다. 눈보라 속에 휘날리는 눈송이만큼이나 많은 허상이 존재한다. 우리는 한 꿈에서 깨어나 다른 꿈에 빠진다. 허상을 빚어 내는 도구는 과연 많으며 품질도 단계별로 나뉘어 있다. 지적인 사람에게는 더 정교한 미끼가 필요하고, 술 취한 사람들은 쉽게 넘어간다. 모두가 흥분에 취한 채로, 가장행렬은 음악을 울리고 깃발과 상징을 휘날리며 끝없이 행진한다.

왁자지껄 소음을 즐기고 있는 이 명랑한 무리 가운데 이따금 슬픈 눈의 소년이 보인다. 소년의 눈에는 굴절이 없어 이 광경에서 즐거움을 보지 못하고, 그의 마음은 열매와 꽃을 비롯한 아름

---

[36] 장바티스트 르 롱 달랑베르(Jean-Baptiste Le Rond d'Alembert), 프랑스의 수학자.

다운 자연의 잡동사니에서 하나의 근원을 찾고자 하는 충동에 시달린다. 과학은 본질을 알아 내고자 하는 노력이며, 이러한 과학적인 욕구는 곳곳에 도사리고 있다. 주 박람회에서 친구가 투덜거리기를, 우리 나라 과수원에서 재배하는 다양한 고급 배는 죄다 비슷비슷한 것이, 마치 특정한 종류의 배를 좋아해서 그 향이 나는 배만 재배하는 사람이 선택한 듯하다고 했다. 또 나는 사탕 가게 주인과 말다툼을 벌인 소년의 이야기를 기억한다. 소년은 사탕 가게에서 가장 맛있는 것을 고르려고 애썼는데, 그 수많은 사탕들 가운데 맛은 두세 가지가 전부라는 것이었다. 그렇다면 어떻게 해야 하는가? 배와 사탕은 그래도 맛있지 않은가. 안타깝게도 그대가 유난히 뛰어난 눈썰미나 후각을 지녔다고 해서 다른 사람들의 즐거움까지 망칠 필요가 있을까?

내가 아는 농담꾼 한 명은 요란하게 우스갯소리를 늘어놓는 중에도 한두 가지 진실을 전달한다. 그는 하나님에게 두 속성이 있는데 하나는 권능이고 다른 하나는 실소를 자아내는 유머라며, 독실한 신자들은 모두 의무적으로 희극을 이어 가야 한다고 말해 좌중에 충격을 선사했다. 또한 나는 대학총장, 주지사, 상원의원 등 지역 사회의 주요 인물 가운데 본마음은 냉정하면서도 의무감에 떠밀려 금주 서약서에 서명하고 성경 모임과 선교회와 평화 운동에 참여하고 개를 볼 때마다 "옳지, 착하다!"라고 외치는 자들을 안다. 친절하게 행동하는 데 너무 집착하면 안 되겠지만, 우리 모두 그렇게 하고 싶은 선한 충동을 느낀다. 동네 소년들이 내 뜰에 들어와 마로니에 나무의 열매를 주워도 되냐고 물어보면, 나는 자연의 게임에 동참하여 마지못해 허락하는 척하는데, 그러면서도 그들이 언제라도 나의 허풍스러운 껍데기를 꿰뚫어 볼까 봐 조마조마하다. 그러나 사실 이런 배려는 필요 없다. 이미 모두 두터운 허상 속에 살고 있다. 이 아이들의 삶은 허상으로 덮여 있다. 어제 나는 헛간에 사는 아이들의 눈물겹도록 궁핍하고 어려운 처지를 보았다. 그러나 그 아이들은 현실에 허상의 로맨스를 덧씌우고, 마치 부유한 아이들처럼 행동하며 "즐거운 나날이 쏜살같이 흘러간 소중한 집"이라고 불렀다. 자, 힘든 현실에 허상을 덧씌우는 것은 우리 나라의 풍습이다. 특히나 여성은 허상의 매개체이자 창조자이다. 매혹됨으로써 그들은 매혹한다. 클로드 로랭의 낭만적인 작품을 통해 세상을 본다. 감히 누가 그들이 삶에서 의지하는 장막과 무대 효과와 예식을 앗아 간단 말인가? 앗아갈 수나 있다면 말이다. 감정의 영토는 너무도 연약하고 위태로워서, 그곳의 대기는 신기루를 만들어 내기에 십상이다.

    불행한 결혼을 두고 너무 자책하지 말자. 우리는 모두 허상 속에서 살고, 결혼이라는 함정은 특히나 우리를 넘어뜨리려고 놓인 덫이라 누구나 한 번쯤은 걸려 넘어진다. 그러나 우리를 함정에 빠트린 위대한 어머니는 마치 우리에게 보상해 줄 의무감이라도 느끼는 양, 결혼이라는 판도라의 상자에 큰 이점과 상당한 즐거움을 함께 넣었다. 아이들의 해맑고 행복한 모습을 보면 우리는 기쁨에 가슴이 벅차 터질 듯하고, 심지어 최악의 인연에도 진정한 결혼의 모습이 어느 정도 섞여 있다. 티그와 그의 말썽 많은 아내마저 상호 존중과 친절한 배려를 통해 서로 돕고 배울 수 있고, 그리하여 만약 처음부터 결혼 생활을 다시 시작할 수 있다면 좀 더 현명하게 행동할 것이다.

이 사람이나 저 사람을 보고 미쳤다고 추궁하기는 쉽다. 그러나 사실 허상에 빠져 살지 않는 사람이 한 명이라도 있을까. 서재에 틀어박힌 학자도 예외가 아니다. 평생 수많은 연설과 토론을 듣고 시와 여러 책을 읽고 걸출한 사람들과 많은 대화를 나눈 나조차 새로운 책을 펼친 순간 쉽게 허상에 속아 넘어간다. 마마듀크, 휴, 무즈헤드, 혹은 다른 이들이 새로운 스타일이나 신화를 만들면, 나는 내가 미처 생각하지 못한 이 새로운 색깔로 세상을 칠하기만 하면 모두가 용맹하고 올바르게 될 것이라고 상상한다. 그리고 곧바로 그 새로운 페인트로 칠해 보지만, 페인트는 이내 흘러내린다. 집집이 문을 두드리는 외판원의 접착제와 비슷하다. 그가 접착제로 붙여 준 도자기 조각은 그가 떠나고 나면 다시 떨어진다.

영향력 있는 사람들은 자신의 타고난 능력을 효과적으로 활용할 줄 안다. 그러나 그들이 커튼의 귀퉁이를 살짝 치켜들어 한 치라도 자신의 모습을 보여 주지 않으면 우리는 큰 관심을 느끼지 않는다. 유능한 사람들이 시적이고 익살스러운 모습을 보일 때 우리는 매력을 느낀다. 마치 맹렬하게 달릴 수 있는 말을 고삐로 잡고 걸어가는 것처럼 말이다. 나폴레옹과 카이사르는 지적이었고, 용맹한 군인과 선장과 철도 직원들도 일하고 있지 않을 때는 매우 온화하다. 자기들이 내비치는 이미지가 허상이라고 선선히 인정하는 것이다. 허상에 넘어간 적 없다고 말할 자가 누구인가? 우리는 허상에 고집스레 매달리는 사람들을 '용에 사로잡혔다'라거나 '번개에 맞았다'고 표현하거나 운명의 꼭두각시라고 부른다.

우리는 상징과 간접적인 방식으로 세상을 배우는데, 이 과정에는 체계와 절차와 위계가 있다. 우리는 투박한 가면에서 시작해 점차 더 미묘하고 아름다운 가면을 쓴다. 원주민들은 콜럼버스에게 "피로를 풀어 주는 약초가 있다"고 했으나 콜럼버스는 "동쪽에서 인도에 도달했다"는 허상이 타바코보다 자신의 기운을 북돋아 준다는 사실을 깨달았다. 이 세상이 견고하다는 믿음이 그 어떤 마취제보다 우리의 마음을 진정시켜 주지 않는가? 사람들은 막대 빼기나 공놀이나 잔디 볼링을 하고 총이나 재산이나 정치 등을 놀이 도구로 삼지만, 그보다 더 고귀한 게임이 우리를 기다리고 있다. 시간만큼 멋진 장난감이 또 있을까? 삶은 우리에게 세상 모든 축제를 통틀은 것만큼 현란한 허상들을 보여 줄 것이다. 저 멀리 산이 우리의 마음속으로 들어와야 한다. 오리온 자리의 별 먼지와 뿌연 성운, '미자르와 알코르의 불길한 한 해'를 끌어내려 일상적인 생각에 접목시켜야 한다. 이 모든 장엄한 역사의 놀이와 놀이터가 사실은 그대에게서 비롯되었으며 태양도 그대에게 빛을 빌림을 깨달으면 어떻게 될까? 이 얼마나 무시무시한 질문인가? 옛 사람들은 마법을 믿었고, 그 믿음 탓에 신전과 도시, 사람들이 자취도 없이 묻혀 버렸다. 우리는 사람들의 마음에서 그들과 그들의 선조가 갇혀 있던 믿음의 흔적을 씻어 내는 새로운 마법의 비밀을 밝혀 내려는 참이다.

우리는 감각이나 열정에 속곤 하는데, 지성과 감성이 체계적이고 유익한 허상을 만들기도 한다. 사랑의 환상에 홀린 우리는 사랑하는 상대에게 자신이 끌리는 온갖 특성을 부여한다. 어떠한 가문이나 성별이나 나이대와 연관된 특성 혹은 특정한 처지의 사람들을 대표하는 특성일 수도 있고, 심지어 인류의 정신 자체를 그에게 이입할지도 모른다. 사랑에 빠진 사람은 바로 이러한 특성을 사랑하는 것인데, 그는 안나 마틸다가 그러한 특성을 지녔다고 여기게 된다. 마치 탑에 갇힌 사람이 창문을 보며, 바깥 풍경의 모든 아름다움이 그 창문에 속한다고 착각하는 것과 마찬가지다. 시간의 허상은 몹시도 두터워서 그것을 떨쳐 낸 사람이 누가 있을까 싶다. 혹은 시간의 흐름 속에서 연속적으로 이어지는 듯한 생각이 사실은 우리의 뇌가 전체 경험을 인과관계에 따라 나눈 것에 불과하다고 깨달은 자가 있을까? 원자 하나에 자연 전체가 깃들어 있으며 정신이 전능으로 팽창할 수 있음을 지성은 안다. 끝없는 노력과 상승 속에서 총체적인 변화가 일어나며, 완벽을 이룬 영혼은 자신의 완벽함을 인식하지 못한다. 선택받은 이들마저 속이는 허상도 있으며 기적을 행하는 이들을 속이는 허상도 있다. 우리는 스스로를 창조하였으나 그 사실을 부정한다. 세상은 생각을 통해 빚어지는데 생각은 세상 앞에 움츠러든다. 우리는 만물의 진리를 하나씩 받아들이는 중에도 새로운 진리를 마주할 때마다 저항하다가 결국에는 필연적으로 받아들인다. 이러한 수용은 우리를 새로운 진리의 바다로 이끈다. 과학의 진보 덕분에 우리는 이제 시공간을 관념으로 취급하고 물질적인 세계를 가설로 다루게 되었다. 이러한 깨달음은 우리가 손에 넣었다고 여기던 사실은 물론 개인성을 뿌리째 흔든다. 우리가 믿어 의심치 않던 진리마저 결국에는 영원하지 않고 변화와 흐름을 거듭한다면, 즉 어제만 해도 절대적인 진리였던 것이 오늘에 와서는 더 폭넓은 이해를 바탕으로 새롭게 정의되어야 한다면, 대체 세상에서 무엇을 믿어야 한단 말인가?

    이처럼 모든 것이 빠르게 변화한다는 사실을 고려하면, 우리의 계획과 예상이 불확실하고 못미더운 것도 무리가 아니다. 우리는 반드시 탐구하고 신조를 세워야 하지만, 우리의 말과 행동이 어떤 결과를 불러일으킬지는 알 수 없다. 지금은 손바닥만 한 구름이 다음 순간은 한 주를 뒤덮는다. 아스가르드에서 뿔에 채운 술을 비우고 노파와 씨름하고 로키와 달리기 시합을 한 줄만 알았는데 사실은 자신이 바닷물을 마시고 시간과 씨름하고 생각과 달리기 시합을 벌였다는 것을 깨달은 토르의 이야기는 사소한 듯한 일상에서 자연의 위대한 에너지에 맞서고 있는 우리의 모습이다. 삶이 어려울 때 우리는 소소한 빚, 신발 값, 깨진 유리 값, 집에 필요한 냄비, 정육점의 고기, 설탕, 우유, 석탄 등을 걱정하며 우리가 저급한 무리와 어울리고 궁핍한 환경에 처했다고 착각한다. 내게 위대한 과제를 주시오, 신들이여. 그럼 내 진가를 발휘하리라. 그렇진 않다, 하늘이 말한다. 꾸준히 일하고 낡은 외투와 모자를 꿰매고 신발 끈을 묶어라. 행운과 최고의 포도주는 때가 되면 얻으리라. 자, 이 모든 것은 허상이다. 우리가 겸손한 마음으로 최선을 다해 한 가락 실을 엮으면 먼 훗날에 우리는 그것이 단순한 실이 아니라 은하계였으며 그 실을 우리가 시간과 자연에서 자아냈음을 알게 될 터이다.

　　변화무쌍한 바람의 규칙을 알 수는 없다. 마찬가지로 변덕스러운 우리의 기분과 감정의 규칙을 어떻게 알아낸단 말인가? 그런데 우리의 감정은 세상에서 제일 중요하게 느껴질 때도 있으나 때로는 아무 의미가 없는 듯하다. 어제는 드넓은 하늘 아래 서 있는 듯했는데 오늘은 달걀 껍질 속에 갇힌 듯해서 운명의 별들이 무엇인지 또 어디에 있는지도 알 수 없다. 날마다 인생의 중요한 진리는 우리 눈에 보이지 않는다. 갑작스레 안개가 걷히며 그것들을 드러낼 때 우리는 이것들을 조금이라도 미리 볼 수 있었다면 시간을 더 잘 쓸 수 있었으리라 후회하며 지나간 좋은 날들을 아쉬워한다. 때로는 갑작스럽게 길이 솟아올라 평생 가까이 있었으나 볼 수 없었던 산의 능선과 봉우리를 보여 준다. 그러나 이러한 관점의 변화는 무질서하게 일어나지 않으며, 우리 또한 각자 자신의 운명에 동참한다. 삶이 일련의 꿈처럼 느껴진다고 하지만, 꿈속에도 시적 정의는 엄연히 존재한다. 선한 사람들의 비전은 선하다. 제멋대로인 영혼은 불건전한 생각과 불행한 운명에 휘둘린다. 법칙을 어기면 삶의 중심이 무너져 내린다. 병원의 병자가 침대에서 침대로 옮겨지듯이 우리는 하나의 어리석은 실수에서 다른 어리석음으로 넘어가고, 이러한 표류자들이 울부짖거나 멍하거나 혼수 상태로 옮겨지며 삶의 공허에서 죽음의 공허로 넘어가는 현상에는 별 의미가 없다.

허상의 왕국에서 우리는 믿고 기댈 것을 찾아 허우적댄다. 자기 집 안에서 근면하고 진실하게 살면서 모든 거짓과 허상을 엄격히 차단하는 수밖에 없다. 허상이 우리를 속이려고 할지라도 우리는 자기 자신을 속이지 말고 홀로 있는 순간에 진실하고 정직하게 살아야 한다. 나는 진실함과 정직함이라는 순수하고 단순한 덕성이 고귀한 인품의 바탕이라고 생각한다. 그대가 생각하는 대로 말하고 자기 자신답게 살고 모든 종류의 빚을 갚으라. 나는 세상의 온갖 부귀영화 앞에서도 흔들리지 않는, 굳건하고 믿음직스러운 사람이고 싶으며 내 언약은 계약서나 다름없이 여겨지기를 바란다. 또한 나는 남들이 무시하거나 단념하거나 의심하지 않는 사람이 되고 싶다. 우정과 종교와 시와 예술이 이루어지는 곳은 바로 이 현실이다. 이성적으로 사고할 때 우리는 친구들 혹은 타인들과의 관계에서, 또 어떤 운명이나 상황에서도 중요한 것은 우리의 본질뿐이라고 굳게 믿지만, 삶의 정점에도 밑바닥에도 어김없이 깔려 있는 허상은 우리로 하여금 겉모습을 위해 살고 일하게 만든다.

세간의 이야기를 듣다 보면 부와 가난이 매우 중요한 문제로 생각된다. 우리 문명은 돈을 숭배한다. 그러나 걱정에 시달리며 늘 일만 하고 추위와 더위가 두려워서 집에 틀어박혀 지내는 백인들의 삶이 결코 우월하지 않다고 인디언들은 말한다. 모든 인간에게 영구적인 도움을 주는 선택은, 거짓을 멀리하고 만사에 자연의 이치를 따르는 것이다. 부와 가난은 두껍거나 얇은 복장일 뿐이다. 우리의 삶은, 인류 모두의 삶은 서로 다르지 않다. 삶에서 우리는 끊임없이 상황을 초월하여 존재의 진정한 의미를 맛보기 때문이다. 우리가 종사하는 직업은 서로 달라 보일지 몰라도 근원적인 원칙을 공유하고, 비단옷을 두르거나 아이스크림을 맛보지 않는 생각의 영역에서도 우리는 동등한 위치에 있다. 살아 있는 매 순간 우리는 하나님을 대면하고 자연의 본 맛을 음미한다.

초기 그리스 철학자 헤라클레이토스와 크세노파네스는 동일성이라는 주제를 탐구했다. 아폴로니아의 디오게네스는 성분이 같지 않은 원자들은 서로 섞이거나 함께 작용할 수 없다고 주장했다. 그러나 인도인들의 신성한 경전에는 본질적인 동일성과 그들이 다양성이라고 받아들이는 허상을 모두 강렬하게 감각하는 정신이 담겨 있다. "'나는 어떠하다'라든지, 혹은 '이것은 내 것이다' 같은 관념은 인류에게 지대한 영향을 끼쳤으나 사실은 태초에 시작된 허상에 불과하다. 오, 만물의 창조자여! 무지에서 비롯되는 이 지식의 자만을 없애 주소서!"[37] 또한 인도인들은 사람이 허상의 굴레에서 벗어남으로써 행복을 얻을 수 있다고 믿었다.

은근하게 표현된 진리는 지성을 자극하고, 허상으로 뒤틀린 삶의 규칙은 우리의 의지를 시험한다. 그러나 진리와 정의의 결속은 거짓에 깨지지 않으며 늘 명백하다. 수많은 연기자들과 수많은 역할이 북적거리는 대도시에 있든지, 메인주나 캘리포니아주의 외진 마을에 있든지 간에 우리는 모두 같은 선택과 원칙을 마주하고, 우리가 내린 선택에 따라 절대적인 자연이 우리의 운명을 좌우한다. 페르시아인들이 이 시구에 담은 것보다 더 영적이고 지혜로운 철학은 찾기 힘들 터이다.

---

37 《바가바드 기타》 3장 42절.

지혜로운 자들 가운데서도 가장 지혜로운 그대가 속아야 한다면 악덕이 아닌 미덕에 속기를.

우주에는 우연이 없으며 질서가 존재한다. 모든 것에 체계와 단계가 있다. 모든 신이 자기만의 구체에 들어앉아 있다. 젊은이가 천상의 홀에 들어선다. 그곳에서 그는 홀로 신들과 있다. 신들이 그에게 축복과 선물을 쏟으며 자기들의 권좌로 올라오라고 손짓한다. 그 순간에, 허상의 눈보라가 쉴 새 없이 몰아친다. 젊은이는 자신이 이리저리 방향을 바꿔 대는 거대한 무리 틈에 있으며 그들의 행동과 움직임을 따라야 한다고 착각한다. 자신이 빈곤하고 혼자이며 무의미하다고 생각한다. 광폭한 군중이 그를 이리로 저리로 몰아 대며 계속해서 다른 명령을 내린다. 그가 대체 무엇이라고 그들에게 맞서 독립적으로 생각하고 행동하는가? 매 순간 새로운 변화와 새로운 거짓이 그를 혼란에 빠뜨리고 주의를 돌린다. 그러다 점차, 그리고 찰나의 순간에, 시야가 뚫리고 구름이 걷혔을 때 젊은이는 신들이 여전히 권좌에서 자기를 둘러싸고 있음을 본다. 오직 그들만이 그의 고독 속에 함께 있다.

〈허상(Illusions)〉에서

두려움에 맞서는 법

◆

 나는 사람들에게서 단연 놀라움과 존경을 불러일으키는 특성 세 가지를 발견했다.

 첫 번째는 사심 없는 마음, 즉 일반적인 이익과 영향에 흔들리지 않는 마음이다. 그는 선하고 진정한 뜻을 품고 있기에 재산이나 그 어떤 이익의 가능성에도 유혹당하지 않는다. 대부분 사람은 자기애가 몹시 강해서, 공공의 이익을 늘 자신의 이익보다 우선시하는 사람을 수상쩍어 한다. 그러나 그가 자신의 안락, 부, 직위, 때로는 목숨까지 희생했다는 증거를 보면 끝없이 경외를 표한다. 이것이 동양과 서양에서 위대한 국가들의 종교 지도자들이 지닌 힘의 원천이었다. 자기 희생이야말로 역사에 남은 모든 기적을 낳은 진정한 기적이다. 바로 이 정신으로 영웅들은 이름을 남겼다. 소크라테스, 아리스티데스, 포키온, 퀸투스 쿠르티우스, 카토, 레굴루스 등과 같은 그리스와 로마의 영웅들과 하팀 알타이를 예로 들 수 있다. 대 피트의 자조적인 관대함은 엄청난 인기를 끌었다. 워싱턴은 봉급이나 보상 없이 공공에 봉사했다.

 두 번째는 유능함이다. 사람들은 가슴속 열망과 머릿속 생각을 돌, 나무, 철강, 황동을 이용해 표현할 수 있는 사람들을 존경한다. 배를 뭇고, 강의 물살을 감히 자기 뜻대로 다스릴 수 있는 사람, 바다 너머로 전신을 보내는 법을 발명한 사람, 좁은 방에 앉아 해전과 육전의 전술을 고안하여 전쟁이 끝난 뒤에 최고의 장군과 제독들에게서 승리에 대한 감사를 받는 사람을 예로 들 수 있겠다. 뛰어난 조합력과 선견지명은 찬탄을 불러일으킨다. 그것이 체스 게임에 쓰였건, 기발한 수학자가 별의 부피를 측량해 우리 눈에 보이지 않는 행성을 예측하는 일이나 인간과 세상을 구성하는 화학 원자를 연구하여 비밀을 알아내는 일이나 프랭클린이 번개를 손으로 잡은 일이나 지질학의 발전이 언젠가는 지진의 피해를 줄이고 화산을 농업의 자원으로 쓸 수 있다고 암시하는 일과 같이 좀 더 고귀한 목적에 쓰였건 말이다. 또한 군중의 소망을 간파하고 그것을 이룰 방안을 알아내는 자를 보라. 그는 친구에게 도움을 구하고 반대편을 논리로 설득한다. 사회를 자기 뜻에 맞추어 빚고 사람들을 자기 손 안의 찰흙처럼 본다. 바람을 움직이는 구름처럼, 아이를 다루는 어머니처럼, 자기보다 지혜가 부족한 사람을 대하는 현자처럼 그는 사람들을 이끌어, 뜻밖이지만 유쾌하며 결국 그들이 가야만 했던 그곳으로 데려간다. 사람들은 그를 찬양하며 따라간다.

    세 번째 뛰어난 특성은 용기다. 그 어떤 두려움에도 흔들리지 않는 완벽한 의지라고 할 수 있는 용기는 험악한 표정이나 위협이나 사나운 적군 앞에서 솟아난다. 아니, 용기가 잠에서 깨어나 아껴 두었던 힘을 활활 불사르려면 이런 상황들이 필요하다. 한 번 깨어난 용기는 위험이 최고에 이를 때까지 결코 다시 잠들지 않고, 잔잔히 흐르며 몸과 마음에 필요한 양분을 공급한다. 헤라클레스, 아킬레스, 루스탐, 아서왕, 시드 같은 인물들은 어느 민족의 신화에나 존재한다. 역사적으로는 레오니다스 1세, 스키피오 장군, 카이사르, 리처드 1세, 크롬웰, 넬슨, 대(大) 콩데, 베르트랑 뒤 게클랭, 단돌로 도제, 나폴레옹, 마세나, 미셸 네를 예로 들 수 있다.

용기가 흔하다고들 하는데, 용기가 엄청난 존경을 받는다는 사실은 세상에 용기가 얼마나 드문지 증명한다. 수컷이 궁지에 몰렸을 때 발휘하는 본능처럼 동물적인 저항은 물론 흔하다. 그러나 진정한 용기, 두 눈 똑바로 뜨고 보는 용기, 행동에서 나타나는 용기, 포구 앞에서 침착할 수 있는 용기, 외로움 속에서도 정의를 고수하며 명랑하게 처신하는 용기는 고귀한 인격이 타고난 자질이다. 사람들이 최고로 손꼽는 자질이니, 용기가 얼마나 숭상을 받는지는 굳이 말하지 않겠다. 용기 앞에서는 다른 모든 것이 용서를 받는다. 테르모필레 전투와 살라미스 해전이 지난 이천 년간 얼마나 찬양을 받았던가? 푸아티에와 크레시와 벙커힐에서 열린 전투들과 워싱턴의 지구력은 얼마나 오래오래 기억되고 있는가? 대의명분을 위해 자신의 목숨을 건 사람들은 인류의 총애를 받는다. 용기는 어린이 책과 소년들이 좋아하는 영웅담과 성인들이 즐기는 로맨스의 단골 소재임은 물론 뛰어난 웅변가들이 선호하는 주제이다. 연설가들은 전쟁에서 일어나는 모든 저항과 전투를 천둥 같은 목소리로 강조하고 청중은 그에 열광한다. 이 모든 현상들이 세상이 용기를 얼마나 높이 사는지 보여 준다. 고작 얼마 전만 해도 우리 나라 모든 국민들이 전장에 나가 있는 아들과 형제들의 무용담을 매일 아침마다 읽고 들으면서도 싫증 내지 않았다. 딱 한 번 용기를 멋지게 선보인 뒤에 나라의 총아가 되어 집회에 갈 때마다 마차로 모셔졌던 이들도 있다.

사람들은 용기를 너무도 선망한 나머지, 사자, 표범, 독수리, 용 등 자기가 사는 지역에서 용기를 상징하는 동물의 이름으로 불리기를 좋아한다. 그러나 동물은 인간보다 빨리 성숙한다는 이점을 지녔다. 악어 거북을 막대기로 건드리면 막대기를 문다. 대가리를 잘라도 이빨은 막대기를 놓지 않는다. 미숙한 알을 깨트리면 아직 눈도 뜨지 못한 배아가 격렬하게 물어 댄다. 이 활력적인 생명체들은 죽고 나서 무는 것뿐만 아니라 태어나기도 전에 물 의지를 품고 있는 듯하다.

그러나 인간은 더없이 무력하게 삶을 시작한다. 아기는 유모가 떠나고 홀로 남자마자 두려워하며 울부짖는다. 아기는 자기 자신을 보호하는 힘을 너무 느리게 얻어서, 어린아이가 건강하게 살아남는 것은 기적이라고 어머니들은 입버릇처럼 말한다. 어린아이가 두려워하는 것은 사실 당연하고, 그 연약함은 아이의 사랑스러움에 일조한다. 어린아이의 무지와 무력함, 너무도 사소한 일들에 슬퍼하고 흥분하는 그 깜찍함 덕분에 누구나 아이를 돕고 싶어 한다. 깨어 있는 매 순간 아이는 눈과 귀와 손과 발을 사용해 위험에 대처하거나 피하는 법을 배운다. 따라서 시간이 흐를수록 두려움을 극복한다. 그러나 문제는, 이 교육이 때 이르게 끝난다는 점이다. 가족의 돌봄 속에서 자라며 어려서부터 매일매일 안전한 일상에 길든 사람들 대부분은 인디언이나 군인이나 개척자들의 자급자족 정신과 용기를 배양하는 거친 경험을 하지 못한다. 용기가 선망받는다는 사실 자체가 대부분 사람들이 용기가 없음을 뜻한다. 프랭클린이 말했다. "인류는 반대를 맞닥뜨리면 잔인해진다." 전쟁에서 심지어 장군들도 전투를 개시하기를 꺼린다. 웰링턴 장군이 말했다. "많은 경우에 군복은 가면이나 다름없다." 또한, "내 일기가 세상에 알려지면 많은 동상이 끌어내려질 것이다." 고대 스칸디나비아의 현자가 기록하기를, 시구르드 대왕의 냉혹한 이혼 처사를 마그네 주교가 비난하자, 주교를 보조하던 신부는 사나운 왕이 격노하여 당장이라도 주교의 목을 치겠거니 조마조마 애를 태웠는데, 그 아찔한 순간에 "하늘이 송아지 가죽 깔개만큼이나 작아 보였다"고 훗날에 말했다고 전한다. 어떤 아일랜드인 소녀 두 명은 잘 놀라는 말이 끄는 수레에 탔는데 말이 뒷다리로 선 순간에 너무 무서워서 말이 아예 보이지 않았다고 했다.

겁이 나면 사람들은 하늘이 송아지 가죽 깔개보다 작아 보일 정도로 눈을 찡그린다. 흥분한 말을 보지 않으려고 눈을 질끈 감는다. 그보다 더 큰 문제는, 두려움이 정신의 눈을 감기고 가슴을 차갑게 식힌다는 점이다. 두려움은 잔인하고 비겁하다. 공포정치 시대에는 광기와 사악함이 판을 친다. 여론이 왜곡되고 사회가 뒤집히며 훌륭한 사람들이 손가락질을 받는다. 집, 가족, 이웃, 재산, 심지어 처음 모은 저축금마저 결국에는 품위 있는 계층을 타락시키는 도구가 된다. 선량한 지역 사회를 대표한다고 주장하는 정당들을 보라. 어찌나 나약하고 한심스러운지! 저들의 창백한 입술을 보라! 늘 방어적으로 나오는 태세가 마치 여자나 어린아이처럼 약해 빠졌으면서 센 척하는 언론에 통솔을 맡긴 듯하다. 이들은 함성을 지르고, 현수막을 들고, 깃발을 흔들 수 있다. 그리고 투표도, 날씨가 괜찮다면 할 수 있다. 그러나 정의를 구현하고자 하는 이들이 이제는 적극적으로 나아갈 것이다. 길거리의 강도와 악당, 타락한 공무원들, 판사 자리에 앉은 도둑들을 더는 참아 주지 않을 것이다. 사회의 타락을 저지하는 이들의 중심에는 화가 단단히 났으며 강력하게 싸울 수 있는, 굳세고 진실한 사람들이 필요하다. 일반적으로 우리는 발끈하여 비판할 태세로 반대편을 관찰하고 반박한다. 그 대신에 우리는 강하고 단호한 의지로 이끌고 변화를 일으켜야 한다. 얼마 전에 의회에서 보았듯이,

우위를 점했을 때도 우리가 자발적으로 노력하고 계획적으로 행동한 결과가 아니라 적이 실수한 덕분이었다.

자연은 스스로 지키지 못하는 것은 보호하지 않는다. 목이 터져라 불평하고 그럴듯한 핑계를 대도 행동을 취하지 않으면 소용없다. 오래전에 캔자스주와 몇몇 곳에서 평화당원들의 헛소리가 많이도 들렸다. 이들은 자기들이 피해자라고 크게 하소연할수록 더 많은 지지를 받으리라 믿는 듯, 심지어 부당한 대우에 맞서려는 시도까지 만류했다. 하지만 그들이 흑인들보다 더 부당한 대우를 받았는가? 그리고 그들이 흑인들에게 어떤 식으로든 도움을 주었는가? 이들처럼 충돌을 기피하는 태도는 역사에서 늘 폭정에 길을 터 주고 피해자를 보호하려는 사람들에게 혐오감을 불러일으켰다. 설 수 없는 것은 쓰러지기 마련이다. 우리가 자신의 권리를 지키기 위해 싸우며 희생하는 만큼 우리의 진심이 전해지고 사람들의 존경을 모은다. 왜 마을 회의에 가지 않느냐는 나의 질문에 이웃 농부가 답했다. "아니, 투표는 소용 없습니다. 결과가 지속되지를 않으니까요. 하지만 총으로 하는 일은 끝까지 남죠." 자연은 모든 생명체에게 자기 자신을 방어하고 도울 의무를 주었다. 내가 지닌 모든 힘을 동원해 스스로를 지키려 노력했으나 상황이 불공정하여서 구경꾼들이 자연스레 끼어들고 싶어 할 때만 나는 도움을 받을 자격이 있다.

한데 평화적인 교육을 받은 우리는 어려운 시기에 준비되어 있지 않다. 내가 크게 오해한 것이 아니라면, 지난 전쟁에 입대한 이들 가운데 한 명도 빠짐없이 자신이 전투에서 어떻게 행동할지 몰라 속을 태웠으리라. 나긋나긋하고 상냥한 소년들, 거친 활동이라고는 기껏 해 봐야 야구나 낚시가 전부였던 소년들이 갑작스레 총검 돌격에 맞서고 포대를 점령해야 하는 상황에 처했다. 물론 그들 모두 절망감을 품고 전투에 임했을 터이다. 각자 입속말로 중얼거렸을 것이다. "내가 하는 일이 승패에 크게 영향을 끼치지는 않을 거야. 자비로운 하늘의 도움으로 내가 나 자신과 친구들과 나라를 망신시키지 않기만을 바랄 뿐이지. 죽는다고! 아, 물론 죽을지도 모르지. 하지만 잘못 처신하면 끝장이야. 어떤 기분일지 모르겠어." 우수한 군인이었던 프랑스의 몽뤼크 장군도 두려움에 자꾸만 몸이 떨려 기도를 하고 나서야 용기를 되찾았다고 고백한 바 있다. 전쟁 초기에 전사한 젊은 군인을 한 명 알았는데, 그는 입대를 결심하고서 누이에게 이렇게 말했다고 한다. "나는 전쟁에 필요한 용기가 없어. 하지만 아무에게도 그걸 들키지 않을 거야." 그 젊은이는 위험천만한 전투마다 나가는 등 자기가 두려워하는 일을 시도함으로써 타고난 약점을 강한 의지로 극복했다. 콜리지는 어떤 영국 해군 장교가 들려준 일화를 기억했다. 그 장교는 열네 살 훈련병이었을 때 알렉산더 볼 경이 이끄는 원정에 처음 가담했다. "총소리가 사방에서 울리는 가운데 우리는 공격할 배에 다가갔고, 나는 공포에 얼이 빠져 다리가 덜덜 떨리고 기절할 지경이었네. 그때 소장님이 나를 보고 가까이 오더니 손을 잡고 속삭였지. '용기를 내렴! 일 분 정도만 참으면 괜찮아진다. 나도 첫 전투 때는 그랬어.' 마치 천사가 내게 말한 것 같았네. 그때부터 나는 배에서 가장 노숙한 해군들처럼 겁 없이 돌진했지. 만약 그때 볼 소장님이 나를 비웃고 망신을 주었다면 내가 어떻게 되었을지 상상도 할 수 없네."

지식은 두려움의 해독제라고 할 수 있다. 지식과 경험과 이성은 삶에서 더 고귀한 목적에도 도움을 주지만 두려움을 해소하는 데도 일조한다. 계단이나 벽난로나 욕조나 고양이는 어린아이에게 군인이 마주하는 대포나 습격만큼 위협적이다. 어린아이나 군인이나, 자신이 마주한 위험을 이해하고 방지책을 찾는 순간 두려움을 극복할 수 있다. 반면에 무지에서 비롯된 두려움이 상상력의 날개까지 달면 그들은 꼼짝없이 공황에 빠질 터이다. 지식은 용기를 북돋는다. 지식과 지식의 실천이라고 할 수 있는 경험은 가슴속에서 두려움을 몰아낸다. 자기가 극복할 수 있다고 믿는 사람은 극복할 수 있다. 한 번이라도 해 본 사람은 다시 시도하기를 두려워하지 않는다. 흥분한 말에 대해 빠삭한 사육사가 말을 안전하게 탈 수 있다. 노련한 병사만이 대포의 번쩍이는 불꽃을 보고 대포알의 경로를 예측할 수 있다. 경험은 그 어떤 중대한 사명감보다 군인의 기량을 높인다. 위험에 익숙해져야 위험을 가늠할 수 있다. 위험을 가늠할 수 있는 이들은 지레짐작하며 두려워하지 않는다. 그들은 색스 원수의 법칙을 뼛속 깊이 이해한다. "병사 한 명이 죽을 때마다 적군은 그의 몸무게만큼의 납도 잃는다."

선원은 돛과 기둥, 증기의 조작을 습득함으로써 두려움을 금세 극복한다. 국경 수비병은 완벽한 소총을 얻어 정확하게 조준하는 법을 배우며 두려움을 극복한다. 선원은 매번 새로운 상황을 경험하며 대처법을 배운다. 승객에게는 시간이 멈춘 듯할 정도로 두려운 상황이 선원에게는 끝없는 수리와 작업을 뜻하는 지루한 시간이다. 배에 물이 새거나 허리케인이 몰아치거나 물기둥이 솟아오를 때 선원은 할 일이 늘었다고 생각할 뿐이다. 사냥꾼이 곰이나 퓨마나 늑대를 보고 겁내지 않듯이 목동은 황소를, 사육자는 혈통 좋은 사냥개를 두려워하지 않을 것이다. 아라비아인은 모래 폭풍을, 농부는 산불을 무서워하지 않는다. 도시 사람에게는 산불이 위협적으로 보일지 몰라도, 농부는 불을 끄는 데 능숙하다. 이웃들이 다 같이 달려가서 소나무 가지로 불길을 잠재우고 괭이로 작은 도랑을 파서 불길이 백 에이커를 넘지 않게 가로막는다.

간단히 말해, 우리는 당면한 어려움에 맞설 능력이 있는 만큼 용기를 낸다. 어떤 학생이 산술 문제를 두고 선생 앞에서 기가 죽으면, 그건 그 학생이 옆자리 친구는 이해한 간단한 풀이 공식을 아직 익히지 못한 탓이다. 한번 그것을 익히고 나면, 소년은 아르키메데스처럼 차분해져서 의기양양하게 다음 문제에 달려든다. 관계에서나 과학에서나 거래에서나 의회에서나 전쟁에서나, 용기는 어려움에 맞설 능력을 뜻한다. 용기는 경쟁 상대가 우리보다 수완이나 기백에서 더 뛰어나지 않다는 믿음에 기초한다. 장군은 병사들에게 그들이나 적이나 같은 인간임을 일깨워야 한다. 그렇다, 지식은 중요하다. 위험이 가하는 위험은 허상이기 때문이다. 눈은 쉽게 겁에 질린다. 적군의 북소리나 깃발이나 번쩍이는 투구나 수염과 콧수염이, 그의 칼이나 총검이 닿기 훨씬 전에 그대를 압도할 수 있다.

용기를 좀 더 자세히 분석해 보기로 하자. 사람마다 성격이 다르며, 성격마다 용기에 다른 영향을 끼친다는 사실을 잊지 말자. 상상력이 부족할수록 겁이 없다. 상상력이 부족한 사람은 실제로 고통을 느끼기까지 두려워하지 않지만, 민감한 사람들은 고통을 예상하는 탓에 실제 고통보다는 오히려 고통을 상상하며 더 괴로워한다. 때로는 주먹질보다 주먹질하리라는 위협이 더 무시무시하고, 구경꾼이 피해자보다 더 통렬히 고통을 느끼기도 한다. 신체적 고통은 표면적이다. 통각 신경은 우리가 정신 바짝 차리고 주의하도록 주로 피부를 비롯한 신체의 바깥에 자리하고 있지 내장에는 별로 없어서, 내장이 파열되면 사람은 어디를 다쳤는지 느끼지 못하고 죽기도 한다. 순교자의 고통은 어쩌면 구경꾼들이 가장 심하게 느낄지도 모른다. 그 고통은 허상이다. 첫 고통이 마지막 고통이라 할 수 있는데, 첫 고통을 겪은 뒤로는 무감각해져서 더는 느끼지 못하기 때문이다. 영웅을 아끼고 그의 신체적 안녕을 걱정하는 우리는 쉽게 눈물을 흘리고 비명을 지르지만, 그는 한없이 평온하며 세상에서 가장 잔혹한 악의도 결국에는 끝나리라는 사실을 깨닫고 나면 우리 역시 마음을 다스리고 굴복하지 않는다.

    용기가 인성과 별도로 존재하지 않음은 분명하며, 두뇌 속의 어떤 기관이나 세포 혹은 심장의 혈관도 용기라는 덕성을 만들거나 자아내는 원자나 요소를 포함하고 있지 않다. 그러나 자기 자신답게 살 자유를 누리는 사람은 누구나 건강하고 올바른 마음가짐에 용기를 품고 있다. 용기는 자신이 해야 하는 일을 즉각 수행하는, 서슴없는 마음이다. 사유하는 사람은 이렇게 말한다. "나와 당신은 의견과 방식이 다르지만, 내가 나의 방식으로만 행동하고 생각할 수밖에 없다는 사실을 모르겠습니까? 이 삶의 방식이 내게 유기적이라는 사실을?" 진정 강해지려면 우리는 자기만의 방식을 고수해야 한다. 모든 힘은 유기적인 행동에서 비롯된다. 오직 의지의 힘으로 임무를 해내는 것에 대한 여성의 의견을 들어보라. 그들은 지쳐 쓰러진다. 플루타르코스는 델포이 신전에서 허가 없이 예언을 전한 무녀의 이야기를 전한다. 무녀는 평소처럼 의식을 치르고 삼지창에 올라서서 동굴의 공기를 들이마셨는데, 경련을 일으키고 죽었다. 물론 고약한 용기도 있다. 피가 들끓어 싸우기를 좋아하고, 싸우지 않고서는 살아 있다고 느끼지 못하는 존재들이다. 말벌, 개미, 수탉, 고양이를 예로 들 수 있다. 이와 비슷한 특성을 몇몇 인종에서 찾아볼 수 있고, 모든 인종에 이런 사람들이 있다. 학교에서 걸핏하면 싸움을 일으키는 소년들이 있듯이, 사회에는 시비 걸기를 좋아하는 이들이 있다. 모든 도시에 건달과 싸움꾼들이 있는데, 이들의 신분은 다양해서 고상한 계층이나 투계장이나 경기장의 관중석 등 어디에서나 찾아볼 수 있다.

기질적으로 타고난 용기가 있고, 합리적인 사고와 훈련으로 기른 용기가 있고, 이상적인 관념으로서의 용기가 있다. 스베덴보리는 자신의 왕을 이렇게 표현했다. "스웨덴의 찰스 12세는 다른 사람들이 두려움이라고 부르는 것도, 술기운 때문에 생기는 가짜 용기와 대담함도 몰랐다. 그는 순수한 물 말고는 어떤 음료도 마시지 않았기 때문이다. 그는 과연 이 세상 그 누구보다 죽음에서 멀리, 또한 진정하게 살았다고 말할 수 있다." 콩데 공작은 이렇게 묘사되었다. "그는 세상에서 가장 격렬한 사내였노라. 전투에서 위험이 닥칠 때 그의 판단력이나 기백은 흔들림이 없었다. 그는 오히려 침착해져서, 깍듯이 예의를 지키며 병사들과 장교들을 이끌었다."

사람마다 재능이 다르듯이 용기도 다르다. 호랑이와 말은 각자 다른 종류의 용기를 지녔다. 싸움을 꺼리는 개도 주인을 위해서라면 싸운다. 라마는 다정히 쓰다듬어 주면 짐을 기꺼이 자기 등에 실어 주지만, 채찍질을 당하면 먹기를 거부하고 죽음을 택한다. 격정적인 공격의 용기가 있고, 차분한 인내의 용기가 있다. 정치계와 들판은 각기 다른 용기를 요구한다. 사적인 모임의 매너에 필요한 용기와 공적 만남에 필요한 용기는 다르다. 어떤 사람은 적대적인 상대에게 위엄 있게 말할 수 있는 용기가 있는 한편, 또 어떤 사람은 포구 앞에서는 눈 하나 깜박이지 않으면서 남들 앞에서는 입도 벙긋하지 못한다.

상인은 거래에서 용기를 발휘해 위기를 극복하기도 한다. 비단 군인들뿐 아니라 상인들 역시 어려운 상황에서 지혜롭고 올곧게 행동하는 사람들의 용기와 판단력을 존경한다.

건축, 조각, 회화, 시 같은 예술 활동에서 거장은 매일 용기를 발휘하며 천재의 진정한 손길로 관객이나 독자의 정신을 고무하는데, 이것은 신체적 용기와는 무관하다. 모든 종류의 천재성에는 용기가 깃들어 있다. 일정량의 능력에 일정량의 힘이 속한다. 성가대에서 한 명의 아름다운 목소리가 풍부한 성량으로 다른 성가대원들의 결점을 망토처럼 가린다. 내가 본 바로는, 뛰어난 성가대원이 자신의 본능을 한껏 따르고 자신 있게 도전할 수 있도록 다른 성가대원들은 자기들 목소리를 낮추어 지지한다.

어떤 직업에서나 용기는 기량을 높인다. 판사는 사건에 읽히고설킨 모순에 정면으로 맞선다. 당면한 문제를 겁내는 대신 반드시 해결해야 하는 일로 여김으로써, 그는 사건도 결국 일반적인 산술과 논리로 설명할 수 있다는 사실을 발견한다. 꾸준한 조사를 통해 사건의 변칙적인 특징들을 제거하면 다른 사건들과 동일한 기준에 놓고 해결할 수 있다. 모르피가 체스 게임에서 대담한 수를 놓았다. 그러나 그의 대담함은 관중의 마음이 그려 낸 허상이다. 체스 선수는 자신의 작전이 안전하며 철저히 방어되어 있다는 사실을 안다. 책의 비평에서도 같은 현상이 보인다. 새로 출간된 책은 며칠간 세간을 떠들썩하게 한다. 기존의 기준에서 벗어나는 책을 보고 독자들은 할 말을 잃는다. 그러나 학자들은 속지 않는다. 책의 존재 목적인 그 오랜 원칙들은 세상 그 어느 책보다 아름답다. 이 원칙들을 가슴속 깊이 아끼는 사람은 책이 그것을 얼마나 잘 표현했으며 어떤 부분에서 부족했는지 정확히 판단한다. 어떤 분야에서건 용기의 원천은 동일하다. 자기 자신의 정신을 들여다보고 그곳에서 진리와 조언을 구하는 습관이다. 그러한 습관은 세상 모든 책을 불필요하게 만들므로 어느 책이라도 쉽게 내려놓을 수 있다. 자신만만한 사람이 남들에게 자기가 읽어 본 저자가 대단하다고 뽐내면, 사람들은 그것을 읽어 보지 않았다는 사실을 부끄러워한다. 그러나 내가 아는 교수님 한 분은 탐구적인 정신이 강하여 그분이 하는 말마다 학생들의 귀감이 되었는데, 우리가 교수님에게 화제가 된 이런저런 신간을 읽어 보았냐고 물었을 때 그가 "아니, 읽어 보지 않았네"라고 답하면, 학생들 사이에서 곧바로 그 책은 명성이 추락했고 다시는 입에 오르지 않았다.

모든 생명체는 자기 사명에 적합한 용기를 지닌다. 예를 들어 아르키메데스는 도시가 포위되고 함락되는 중에도 자기 도형에 집중하는 기하학자의 용기를 지녔고, 로마 병사는 아르키메데스를 처단할 힘을 지녔다. 어느 편이나 자기 자신의 힘을 믿을 때는 강하고, 자기 안에서 타인의 용기를 찾으면 실패하게 된다.

캔자스주의 영웅인 존 브라운 대장이 대화 중에 내게 말했다. "신대륙의 개척자들 가운데 신념 있고 마음이 강한 사람 한 명은 인성이 부족한 사람 백 명, 아니 천 명보다 더 가치가 있습니다. 올바른 사람 한 명이 한 주의 운명을 바꿀 수 있습니다. 군단의 다수를 이루는 난폭한 주정뱅이들로 말하자면, 콜레라나 천연두나 결핵 같은 병이 그들보다 더 가치가 있다고 생각합니다." 존 브라운 대장은 용기와 순수한 마음은 요란하게 드러나지 않는다고 믿었다. "병사 중 한 명이 '아, 저놈이 눈에 띄기만 하면 해치울 겁니다'라고 말하는 순간 나는 그 입만 산 녀석이 전투에 도움이 되지 않으리라는 걸 알 수 있습니다. 조용하고 차분한 사람들, 원칙 있는 사람들이 최고의 병사가 되죠."

전쟁에 나가기 전 가장 겸손한 사람들이
가장 용감한 자들이라고 여전히 밝혀지고 있다.

진정한 용기는 과시적이지 않다. 남들에게 두려움을 주려는 사람은 자신이 겁쟁이라고 고백하는 것이나 진배없다. 본인이 두려움에 떨어 보아서가 아니면, 왜 두려움의 힘에 의존하겠는가?

진실한 성격은 친밀감을 낳는다. 적들 사이에서도 유대감을 형성한다. 버지니아주의 와이즈 주지사는 자신의 죄수 존 브라운과의 첫 면담에서 훌륭한 면모를 보였다. 와이즈 주지사가 뛰어난 사람이었다면, 존 브라운의 출중함을 알아본 눈썰미가 그의 뛰어남을 증명한다. 대화를 나누며 두 사람은 즉시 상대를 이해하고 존경했다. 상황이 허락했다면 두 사람은 기꺼이 이전 지인들을 버리고 서로를 친구로 삼았을 터이다. 적들 사이에 애정이 싹튼다. 헥토르와 아킬레우스, 사자왕 리처드와 살라딘, 웰링턴과 술트, 도마 장군[38]과 압델카데르, 이들 역시 자기가 세상 그 누구보다 자신의 적과 닮았다는 사실을 깨닫고, 국가와 상황이 그들을 갈라놓지 않았다면 서로의 품으로 달려갔을 터이다.

용기가 얼마나 쉽게 전염되는지 보라. 어디에서든 용기는 다른 용기를 자석처럼 끌어낸다. 병사의 용기는 여인의 용기를 일깨운다. 붕대를 들고 오는 플로렌스 나이팅게일은 축복의 그림자를 드리웠다. 영웅적인 여성들은 용감한 퇴역 군인들의 간호에 헌신한다. 존 브라운이 갇혀 있는 감옥의 보초를 서라고 파견

---

[38] 멜키오르 조제프 외젠 도마(Melchior Joseph Eugène Daumas), 프랑스 장교로서 알제리에 주둔하던 중에 압델카데르와 친분을 맺었다.

된 버지니아 보병 부대는 죄수에게 경의를 표할 수 있도록 허락을 구했다. 사람들의 용기를 감지하는 순간 시와 웅변이 전에 없이 높이 고양된다. 용기를 목격한 모든 이들이 새로운 숨결을 느끼지만, 산송장이나 다름없는 고집스러운 정치인들은 부활의 나팔 소리로도 깨울 수 없다.

    최고의 용기는 독창적이고 영감을 주며 천재성이 번뜩인다. 영웅도 업적을 이루려면 때가 맞아야 하며 적합한 마음가짐을 품고 있어야 한다. 그리스의 찬란한 정신이 이루어 낸 최고의 업적은 파르테논이나 동상을 지은 기술이 아니라, 테르모필레에서 페르시아 세력을 물리친 용감한 첫 과업이었다. 유구한 역사를 지녔으며 노예제 사회였던 페르시아의 침입을 그리스가 막은 덕분에 서구 세계의 희망과 새로운 아침이 타락하지 않았다. 똑같은 천재성이 나중에는 건축물과 동상에서 발휘되었지만, 이 첫 번째 업적에는 비할 바가 아니다. 이 역사의 순간에서 우리는 지혜보다 더 뛰어난, 일종의 예지적 본능을 느낀다. 나폴레옹이 적절히 표현했다. "나의 손은 머리와 바로 이어져 있다." 그러나 신성한 용기는 심장과 이어져 있다. 도덕성의 영감을 받고 확장되기 전까지 지성은 사람의 가능성을 반밖에 담을 수 없는 불완전한 상태이다. 건강, 재산, 기술, 능숙한 실력 혹은 수많은 추종자들처럼 우리가 수단으로 삼는 것들이 아니라 목표만이 중요하기 때문이다. 목표가 무엇이냐에 따라 수단이 달라진다. 위대한 목적은 수단에 고귀함을 부여한다. 목숨을 걸고 고지를 지키는 쓸쓸한 희망의 군사들에게 보급되는 음식과 물은 성배만큼이나 신성하고, 태양의 불길을 지피는 연료처럼 숭고하다.

인간의 영혼에는 자신의 존재 이유를 믿는 마음이 깃들어 있다. 창조주가 자신에게 영감을 주는 일을 하기 위해 이 세상에 태어났다고 믿는다. 그러므로 우리의 영혼은 모든 고난이 힘을 합쳐 공격해도 자신이 이길 수 있다고 확신한다. 독실한 허친슨 여사[39]는 노팅엄에서 카발리어에 맞서 싸운 경험을 이렇게 말한다. "최고의, 가장 뛰어난 용기는 곧 하나님의 빛줄기라는 말은 훌륭한 가르침이었다." 종교적 감성은 늘 빛나는 용기로서 증명된다. 그것이 비겁하게 암시될 때는, 그러니까 누군가 덧없고 협소한 이익을 추구하거나 현재 자기 교구가 수용하는 실용적인 교리를 지지하고자 할 때는 신념을 전파할 수 없으며 새롭게 창조하거나 영감을 주지도 못한다. 진정한 종교의 감성은 늘 새롭고 신선한 충격을 안겨 주며 우리를 이끈다. 훈련으로 익힐 수 있는 것이 아니다.

어떤 사람들은 거의 태어나자마자 이단자들의 고문대, 폭군의 도끼로 향하는 듯하다. 조르다노 브루노, 루틸리오 바니니, 얀

---

39 앤 허친슨(Ann Hutchinson), 17세기 미국에서 일어난 청교도 율법폐기론 분쟁의 주요 인물로, 시민의 자유와 종교적 관용을 추구했다.

후스, 바울, 예수, 소크라테스를 예로 들 수 있겠다. 폭스의 《순교자들의 삶》, 시웰의 《퀘이커교의 역사》, 사우디의 《교회의 서》를 읽어 보라. 볼랑디스트가 기록한 2만 5천 명의 순교자, 고해자, 금욕주의자, 자학자들의 삶을 생각해 보라. 많은 부분이 전설에 가깝지만 이야기의 뼈대는 사실이다. 그들의 여린 피부는 총검을 피하지 않았고 심약한 여성이 화형대를 겁내지 않았다. 그들은 고문대를 두려워하지 않았으며 교수형을 치욕스럽게 생각하지 않았다. 딱한 청교도인 앤터니 파슨스는 화형대에서 불길이 올라오기 시작하자 자기 머리에 짚을 두르고 이렇게 말했다고 한다. "이것은 하나님의 모자입니다." 신성한 용기는 세상 그 무엇보다 하나의 신념을 사랑하는 마음을 뜻한다. 금전이나 자기 몸의 편안을 추구하는 대신 마음속의 보이지 않는 생각을 행동으로 옮기겠다고 결심했음을 뜻한다. 어디에서나 그는 사람들을 해방하는데, 그가 추구하는 목표는 이상적인, 완벽한 자유다. 그는 땅이나 금전이나 안락함을 추구하지 않는다. 그는 자신의 천성 말고는 그 어떤 것에도 제한을 받지 않는다. 그는 자유롭게 진실을 말하지만, 거짓을 말할 자유는 거부한다. 세상 어디에서나 그는 사람들이 자기 생각을 말할 수 없게 옭아매고 있는 속박을 끊어 내고자 한다.

    용기에는 단계가 있는데, 위로 올라갈수록 더 고귀한 덕성에 가까워진다. 그러니까 우리 터놓고 말하자. 자신의 의지를 훈련하는 것이야말로 우리의 존재 목적이라고. 가난, 감옥, 고문대, 화형대, 타인의 증오와 저주는 보통 사람이 견딜 수 없는 시련처럼 여겨지기도 한다. 그러나 영적인 깨달음으로 지성이 확장된 영웅은 이러한 고난들을 자신의 숭고한 목표와 비교한다. 그러면 두려움은 동틀 녘의 어둠처럼 스러진다.

이처럼 평화로운 시대에 우리가 용기라는 희귀한 덕성에 관해 무슨 말을 할 수 있겠냐만, 언제까지고 안전하리라는 보장은 없다. 가장 개인적인 삶에서도 난관을 마주치기 마련이다. 그러므로 우리는 용기를 갖고 생각해야 한다. 학자들과 사상가들은 나약한 습관에 빠지는 경향이 있어 길거리의 거친 외침을 듣거나 신문에 실린 난폭한 사건을 보면 움츠러든다. 의대는 섬뜩한 인체 부위를 박물관처럼 쌓아 두고 있고, 시체에 입맛을 들인 양 인류 역사의 추악한 면에 집착하는 우울한 회의주의자들도 있다. 박해, 종교 재판, 성바르톨로뮤 대학살, 악마 같은 만행, 네로, 체사레 보르자, 마라, 로페즈, 인간성을 상실한 사람들, 부모 살해자, 그리고 온갖 종류의 도덕적 악을 저지른 괴물들을 생각해 보라. 유쾌한 사실은 아니지만 강건한 정신은 이에 흔들리지 않는다. 세상의 악이 우리를 공격하는 만큼 우리는 강하게 인내를 발휘하여 궁극의 목적을 꾸준히 탐구해야 한다. 늑대와 뱀과 악어는 자연의 불협화음이 아니라, 생태계를 통제하고 청소하고 개척하는 유용한 역할을 한다. 우리도 자연같이 넓은 관점에서 짐승 같은 인간들을 고려하여 그들에게 할당된 잡무를 찾아 주고, 우리의 세속적인 세상을 어떻게 개선해야 이들이 불필요한 존재가 되어 멸종할지 알아내야 한다.

매일 두려움을 극복하지 않는 사람은 삶의 교훈을 배우지 못한 것이다. 나 자신이나 다른 사람에게 타인의 용기를 흉내 내는 광대가 되라고는 하지 않겠다. 타인의 용기를 빌려 쓰지 않을 용기를 내자. 세상은 넓고 이루어야 할 목표와 극복해야 할 어려움은 많으니 우리 모두가 각자에게 적합한 일과 상황에서 용기를 발휘할 수 있다. 기독교인이건 이슬람교인이건 힌두교인이건 할 것 없이 정직한 사람은 동일한 신념을 전파한다. 그대가 그대보다 더 위대한 선의 힘을 믿지 않고 오직 자연과 인간을 쥐고 있는 운명의 무쇠 같은 손아귀만 본다면, 운명의 가장 큰 쓸모는 우리에게 용기를 가르치는 것임을 기억하라. 좌절한다고 일어날 일을 바꾸지는 못하지 않은가. 그대의 정신이 만물 최고의 지성에게서 영감을 받는다는 사실을 받아들이고, 영감이 고된 의무를 내리거든 복종하라. 영감은 자신을 사용하는 사람에게만 오기 때문이다. 행여나 회의감이 머리끝까지 차올라 세상 모두가 못미더울 때도 용기를 내라. 그대가 늘 중시해야 하는 훌륭한 의견이 하나 있으니, 바로 그대 자신의 것이다.

실제 삶에서 경험한 순수한 용기의 일화를 여기에 추가해도 된다는 허락을 받았다. 이 일화는 모든 사실의 세부 사항을 정확히 알고 있는 여성이 발라드 형식으로 읊었다.

조지 니디버

용감한 일을 해 낸 사람들
그들의 업적을 아름답게 노래한 시인들
선한 조지 니디버의 이야기를
이제 들려주겠소.
캘리포니아 산맥을 달린
대담한 사냥꾼 조지 니디버
예리한 눈과 정확한 조준
아무도 따라갈 자가 없었네.
그를 졸졸 쫓아다니던
어린 인디언 소년
사냥꾼과 즐거움을 나누고
사냥꾼과 식사를 나누었네.
사냥꾼의 솜씨로
새나 사슴이 쓰러지면
소년은 늘 곁에 있으며
기꺼이 도움을 주었지.
어느 날, 양쪽이 가파르게 막힌
두 산맥의 골짜기에서
부지런히 나아가던 그들은

두 마리 곰과 마주쳤네.

아직 곰을 보지 못했건만

굶주린 곰들은 조붓한 골짜기를

달려 사납게 덮쳤지.

소년은 비명을 지르며 돌아서

혼비백산 달아났네.

곰 한 마리가 겁에 질린

소년을 쫓으니

총알이 하나뿐이라는 것을

알면서도 사냥꾼은

총을 들어 소년을 쫓는

곰을 쏘았네.

다른 곰이 무시무시한 속도로

조지 니디버에게 달려드니

사냥꾼은 맨손으로

곰을 마주했네.

다시 말하지만 그는 맨손이었네.

그 무서운 발의 위력 앞에선

총자루건 몽둥이건 지푸라기나 다름없는데

조지 니디버는 똑바로 서서

곰을 정면으로 바라봤다네.

야수가 놀라 멈췄다가 천천히 다가갔으나

터질 듯이 뛰는 심장에도

사냥꾼은 꿈쩍도 하지 않았고

다시 한 번 곰은 멈추고

의아한 눈으로 그를 훑어봤지.

사냥꾼은 곰과 시선을 맞춘 채로

한 발짝도 물러서지 않았네.

이내 곰은 천천히 돌아서

천천히 물러났다네.

곰이 무슨 생각을 했는지는

알 수 없으리.

조지 니디버의 생각을

나는 추측밖에 못하건만

소년을 구하고자

그가 돌린 소총에

용맹함이

순간 번뜩이지 않았을까.

〈용기(Courage)〉에서

나이 듦의 기쁨

◆

　하버드대학 파이베타카파 학술협회의 1861년 설립 기념일에 하버드 졸업생이자 협회 회원인, 존경하는 퀸시 전 대통령께서 만찬에 참석했다. 회원들이 엄숙하게 경의를 표하자 그는 학술협회의 특권을 우아하게 선보이며 연설로 응답했다. 전 대통령은 꽤 오랜 시간에 걸쳐 '노년을 위한 변호'를 펼치며, 손에 든 메모지를 참고 삼아 키케로의 〈노년에 관하여〉를 소개했다. 전 대통령의 인품, 키케로의 에세이를 두고 자신이 논한 장단점을 굳게 믿는 그의 진심, 또한 다윗왕에 대한 키케로의 의견을 열렬히 지지하는 그의 솔직하고 순수한 모습이 대학 축제의 흥을 돋우었다. 연설자와 청중 모두가 명예로 삼을 만한 위엄 있는 연설이었다.

　퀸시 전 대통령의 연설을 듣고 집에 와서 키케로의 유명한 에세이를 찾아보니 쉽게 찾을 수 있었다. 처음부터 끝까지 유려한 그 에세이는 스토아학파의 신조를 용맹하게 펼치는 한편 공공의 이익을 중시하는 로마인의 마음가짐을 드러냈다. 시골에서의 삶을 찬양하는 부분이 특히나 아름다웠고, 에세이의 결론은 한층 더 웅장한 어조로 마무리되었다. 그러나 키케로는 자신의 에세이에서 노년이라는 주제를 소진하는 대신에 그의 시대보다 한층 넓어진 우리 현대인의 삶을 바탕으로 새로운 논점을 더할 여지를 남겨 놓았다.

에세이에서 키케로는 시간이라는 요소에 흔히 결부된 환상을 언급하지 않는데, 자연이 특히나 즐겨 빚어 내는 허상이다. 웰링턴 장군은 병사들을 두고 이런 의견을 표했다. "군복은 겁쟁이들을 감추는 가면이다!" 나는 노인들의 헝겊 신발, 두툼하게 덧댄 망토, 돋보기 안경, 가발과 푹신한 의자도 군복처럼 일종의 위장물이라고 생각한다. 자연 또한 노인에게 침침한 눈, 쉰 목소리, 백발, 건망증과 긴 수면 시간을 줌으로써 허상에 실체를 준다. 이것들 역시 가면으로, 이 가면을 쓴 이들이 전부 늙지는 않았다. 우리가 스스로 젊게 느끼고 친구들 역시 젊거나 심지어 아이 같은 나이에도, 개중에는 때 이르게 머리가 세거나 벗어지는 이가 있는데, 그가 특별히 성스럽거나 지혜롭지 않다는 사실을 아는 친구들은 위압되지 않으나 그보다 어린 이들과 낯선 사람들은 겉모습만 보고 우습게도 그를 공경한다. 이러한 현상은 우리가 어렸을 적에 우러러본 위엄 있는 모습들이 표면에 지나지 않았다는 비밀을 드러낸다. 자연에는 온갖 기묘한 것들이 차고 넘쳐서, 때로는 젊은 어깨 위로 늙은 머리가 있고 때로는 여든 살 가슴 아래 청춘의 심장이 팔딱인다.

노년의 정수가 깃들지 않은 채로 나이 듦의 징표만 보일 때는, 그것이 인위적이건 자연적이건 거짓되고 우스꽝스럽다. 노년의 정수는 바로 지성이다. 지성이 나타나는 것은 무엇이든지 어른스럽다고 불린다. 새파란 청춘의 눈을 들여다보고 그의 눈에서 그대가 애써 가르치려는 바를 이미 알고 있는 영혼을 볼 때가 있다. 그의 주변 사람 모두의 선조가 그의 내면에 자리하고 있다. 인도인들의 베다 경전은 이 사실을 이렇게 표현한다. "분별력이 있는 사람은 자기 아버지의 아버지다." 영국 아서왕과 원탁의 기사들 전설에서 왕의 친구이자 자문이었던 현자 멀린은 아기 때 강가의 바구니 속에서 발견되었는데, 태어난 지 고작 며칠 된 아기가 자신을 발견한 사람들에게 자신의 이름과 사연을 또박또박 말하고 구경꾼들의 운명을 점치었다. 능력이 있는 곳에 나이가 있다. 보조개와 곱슬머리에 속지 말라. 저 아기는 천 살은 먹었으리라.

 시간은 과연 허상이 초석을 다지는 곳이자 활개를 치는 무대다. 시간만큼 쉬이 늘어나고 휘는 것도 없다. 사람의 정신은 한 시간을 한 세기로 늘이거나, 한 시대를 한 시간으로 줄인다. 사디[40]는 디마스쿠스의 사원에서 백오십 살이나 된 페르시아인을 만났는데, 그는 죽어 가면서 혼잣말로 이렇게 중얼거렸다고 한다. "이 세상에 태어나며 나는 말했지. '한동안 즐기다 가야겠군.' 그러나

---

[40] 사디(Saadi Shirazi), 페르시아의 실천 도덕 시인.

이런! 삶의 오색찬란한 식탁에서 고작 몇 입 먹었을 뿐인데 운명이 외치는구나. '그만!'" 쇠퇴하지 않는 인간의 본질은 존재 중심에서 강한 영향을 끼치기에, 홀로 있는 한 우리는 어김없이 외피의 끄트머리에서 시작되는 시간의 전진을 인식하지 못한다. 겨울 낮에 그대가 종 모양 유리 덮개 속에 서 있다면 구름의 모양과 색채를 보고 지금이 유월인지 일월인지 가늠할 수 없을 터이다. 또한 우리가 젊은이들의 눈에 비친 과거의 자기 모습을 보지 못했다면, 세월의 시계가 종을 스무 번이 아니라 일흔 번 울렸음을 깨닫지 못하리라. 우연히 대화를 나눈 상대가 자신의 또래라고 으레 짐작하다가 이내 그들이 알던 사람이 자기 형제가 아니라 아버지라고 깨닫는 경우가 얼마나 많던가!

하지만 자연의 속임수와 자연이 그려 내는 허상에 너무 집중하지 말자. 우리 삶에서 떼려야 뗄 수 없는 조건이 아니겠는가. 일반 상식과 좀더 일치하는 관점에서 나이 듦을 보고 행복과의 상관관계를 따지면, 안타깝게도 처음에는 부정적인 결론에 도달할 듯하다. 관능적인 경험의 관점에서, 거리의 관점에서, 쾌락과 이득을 좇고 거래하는 시장의 관점에서 노년은 우울하고 회의적인 시선으로 낮게 평가된다. 허심탄회하게 사실을 마주하고 결과를 보자. 타바코, 커피, 알코올, 해시시, 청산, 스트리크닌은 약한 희석제다. 가장 확실한 효과를 내는 독약은 시간이다. 자연이 우리 입에 흘려 넣는 이 독약은 그 어떤 약보다 훌륭한 장점 또한 지니고 있다. 감각을 살리고 능력을 키우며 우리가 희망, 사랑, 야망, 과학 등의 이름을 붙이는 꿈을 불어넣는다. 특히나, 이것을 더 마시고픈 갈증을 유발한다. 그러나 몇 모금 더 마시고 취한 이는 위상과 힘과 아름다움과 감각을 잃고 둔하고 몽롱한 상태에 빠진다. 우리는 정신이 더 성숙하고 필력이 발전하기를 기다린다며 집필을 미루다가, 결국에는 자신의 문학적 재능이 이제는 잃어버린 젊은 열정이었음을 깨닫는다. 매사추세츠주의 어느 판사가 예순 살에 자신의 인지 기능이 약해진 듯하다며 은퇴할 의사를 밝혔는데, 당시에 친구들이 공적인 편의를 위해 기다려 달라고 부탁했다. 그런데 일흔 살에 사람들이 은퇴할 때라고 넌지시 내비치자 이 판사는 자기 판단력은 물론이고 모든 능력이 소싯적만큼이나 건강하다고 우기는 게 아닌가. 자기 기만을 제외하더라도, 거리의 튼튼하고 성격 급한 일꾼들은 허구한 날 골골대는 사람들을 참아 주지 못한다. 젊음은 어디에서나 어울린다. 그러나 노년은 여성처럼 자기에게 알맞은 환경이 필요하다. 노년은 마차, 교회, 정치계나 예식장의 의석, 의회 회의실, 법정과 유서 깊은 협회에서 우아하게 보인다. 그러나 혼잡하고 시끄러운 브로드웨이 대로에서 행인들의 얼굴을 살펴보면, 노인들에게서는 좌절과 분노, 일종의 비밀스런 아픔이 느껴지고, 그것들에 연연하지 않겠노라 용감하게 결심한 악문 입을 볼 수 있다. 가장 연로한 이들이 받는 배려를 질투하는 사람은 별로 없다. 사람이 달리 내세울 것이 없어지기 전까지 우리는 나이를 따지지 않는다. 영원한 젊음이 함께하지 않는 불멸이 얼마나 괴로울 수 있는지 티토누스의 전설이 말한다. 한마디로, 거리의 가르침에 의하면 늙음은 수치스러운 일은 아니되 엄청나게 불리하다. 삶은 제법 괜찮지만 우리는 기꺼이 떠날 것이며, 우리 전에 떠난 이들도 기꺼이 우리를 받아 줄 터이다.

나이 듦을 이렇게 보는 시선은 단연 불쾌하다. 보편적인 신념은 과식한 도축업자나 소방수의 변덕 혹은 유아 시절의 홍조를 뺨에 덧칠하는 여자아이들의 감상적인 두려움에 흔들리면 안 될 터이다. 우리는 경험의 가치를 안다. 삶과 예술은 누적된다. 어떤 분야에서 성취를 이룬 사람들만이 그 분야에 의견을 밝힐 권리가 있다. 높은 직위에 오르고 대단한 능력을 지닌 이가 내게 말했다. 예순 살이 되기 전까지는 모든 사람이 별 볼일 없다고. 물론 이 말은 일흔 살이 되지 않았다면 누구에게나 출마할 자격을 주어야 한다는 '공화당 젊은이 클럽'의 신조의 냄새를 살짝 풍긴다. 그러나 모든 정부가 권력 있는 위원의 자리는 노인에게 맡겼다. 고대 로마의 귀족(patres)과 원로(senes), 봉건제도 프랑스의 군주(seigneur), 스파르타의 원로(gerousia), 장로교의 장로(presbytery), 이들 명칭은 모두 단순히 노인을 뜻했다.

장수를 원하는 인간의 보편적인 소망은 시장 거리의 회의적인 신조와 풍자를 반박한다. 자연은 우리가 오래 살기를 바라고,

장수의 이점은 모든 역사를 통틀어 거듭 입증되었다. 물론 젊은 이들이 빠르게 성장해 훌륭한 업적을 이루기도 한다. 마케도니아의 알렉산더 대왕, 라파엘, 셰익스피어, 파스칼, 로버트 번스, 바이런 경을 예로 들 수 있다. 그러나 이들은 매우 드문 예외다. 대부분의 경우에 자연은 자신의 규칙을 입증한다. 기술은 숙련을 통해 쌓인다. 지식은 눈을 항시 뜨고 손을 부지런히 놀림으로써 얻을 수 있다. 그리고 지식은 그게 무엇에 관한 것이든지 간에 힘이 된다. 베랑제[41]가 말했다. "자기 일을 열심히 하는 사람들은 대개 오래 산다." 한 사람의 삶이 진실하고 고귀했다면, 그는 나이를 헛먹은 너절하고 나약하며 성마른 노망 난 늙은이들과 다른 노인이 될 것이다. 이런 노인들은 세상을 두려워하지 않는다. 바로 그들이 세상을 세웠다. 어느 거리에서든 사람들은 이들을 보고 복종하려고 집 밖으로 나간다. 톨레도 사람들에게 "양털 수염을 휘날리는 나의 군주"라는 애칭을 얻은 디아스 데 비바르, 존 바부어의 서사시 속 브루스왕[42]을 생각해 보라. 장님이었던 엔리코 단돌로는 여든네 살에 베네치아 공화국의 도제로 임명되고, 아흔네 살에 콘스탄티노플로 돌격했으며, 다시 한 번 승리하여 아흔여섯 살에 라틴 제국의 권좌에 오를 수 있었으나 거절하고 도제로

---

41 피에르 장 드 베랑제(Pierre-Jean de Béranger), 19세기의 프랑스 시인, 샹송 작곡가.
42 로버트 드 브루스(Robert the Bruce), 13세기에 스코틀랜드 왕국의 독립을 쟁취한 국왕.

서 아흔일곱 살에 죽었다. 지혜로운 예언자가 "인간 중 가장 현명한 자"라고 부른 소크라테스, 기지 하나로 로마에 맞서 시라큐스를 방어한 아르키메데스, 건축, 조각, 회화, 시의 왕관 네 개를 쓴 미켈란젤로의 힘을 우리는 여전히 느낀다. 베네데토 카스텔리는 시력을 잃은 갈릴레오를 두고 이렇게 말했다. "자연이 만든 가장 고귀한 눈이 어둠에 잠겼다. 그 이전에 존재한 모든 인간보다 많이 보았으며 그가 사망한 뒤 태어날 모든 이를 위해 미리 내다본 그 눈이." 여든다섯 살에 죽기까지 매해 중요한 발견을 한 뉴턴, "세상 모든 지식을 자기 것으로 만든" 베이컨, "앞으로 두고두고 최선을 다해 지켜야 할 귀중한 도자기가 프랑스 한복판에 잠들었다"라고 추앙된 베르나르 퐁트넬, 지혜롭고 영웅적인 프랭클린과 제퍼슨과 애덤스, 완벽한 시민 워싱턴, 완벽한 군인 웰링턴, 세상만사를 깨우친 시인 괴테, 과학의 백과사전이나 다름없었던 훔볼트를 생각해 보라.

나이 듦의 장점에 대한 대중적인 견해에서 특히 두드러지는 것을 몇 개 쉽게 찾을 수 있다. 노년은 우리가 인생이라는 바다에서 위험천만한 곳과 여울을 지나쳤음을 뜻한다. 두려워할 요소들이 사라지며 삶의 큰 해악인 두려움 자체도 가져갔다는 말이다. 배가 고향의 항구로 들어오는 순간 배의 보험은 만료된다. 예순 살에 접어든 사람이 자신이 이제껏 피한 위험들을 떠올리고 안도의 한숨을 쉬지 않는다면 이상할 터이다. "어깨에 난 종양을 검사

받아 봐요. 악성일지도 모르니까." 늙은 아내가 말하면 그는 대답한다. "나는 더 확실한 부패를 기다리고 있다오." 단두대 앞에서 맥주 한 잔을 받아 마신 익살맞은 도둑이 건강에 안 좋다며 거품을 뿜어냈다는 우스갯소리가 있다. 총살장으로 끌려가는 죄수에게 무릎이 아픈 이유가 조직이 괴사한 탓이라고 말해도 그는 속상해하지 않을 터이다. 소 떼에 늑막 폐렴이 퍼졌을 때 도축업자들은 이렇게 심한 적은 처음이나 이것은 가축들 사이에 늘 돌던 전염병이라고 말했다. 인간의 몸에 온갖 질병의 씨앗이 들어 있지만 우리는 체질의 힘 덕분에 그것들을 앓지 않는다. 그러나 무슨 이유로든 몸이 약해지면 그때껏 잠들어 있던 질병이 눈을 뜬다.

우리는 나이가 드는 단계마다 적을 잃는다. 쉰 살이 되면 평생 앓던 편두통이 감쪽같이 사라진다는 말이 있다. 바라건대 이 해방의 날이 내가 원예가의 말을 듣고 매년 기다린 축제의 날처럼 시기가 변동되지 않기를. 그 원예가는 7월 10일이 되면 장미 해충이 사라지리라 장담했는데, 우리 집 정원에서는 그것보다 이 주나 더 걸렸던 것이다. 편두통은 그렇다 치더라도, 편두통보다 더 괴롭게 골치를 썩이고 가슴을 후비는 일들이 우리가 늙어 감에 따라 차차 잠잠해진다. 열정은 제 할 일을 완수했다. 자연의 뜻을 받들어 열정을 추구할 때마다 우리가 느낀, 사소하지만 두려운 중압감이 사라졌다. 인간을 이 땅에 붙잡아 두려고 자연은 죽음의 공포를 불어넣었다. 그리고 생명 보존보다 더 많은 것을 원하도록 인간 각자에게 욕망을 보급하는데, 조금 넘치게 보급하기도 한다. 또한 인류의 영속을 위해 자연은, 무질서와 슬픔과 고통을 일으킬 위험을 무릅쓰고, 성적 본능을 강화한다. 인간을 강하게 만들기 위해서 자연은 굶주림과 목마름 또한 심었는데, 때로는 이것들이 지나치게 열심히 일해 질병을 일으킨다. 그러나 이러한 일시적인 지원과 보강은 어린 동물을 보호하는 역할일 뿐, 더 고귀한 자원으로 대체되는 즉시 없어진다. 젊은 시절에 우리는 너무도 여리고 너무도 간절하고 변덕스러운 열정들에 치인다. 시간이 흐름에 따라 정신과 마음이 열리며 더 고귀한 동기를 내보낸다. 우리는 모든 행동에는 필연적으로 결과가 따른다는 교훈을 얻는다. 그리고 하나씩, 우리의 시간을 소모하는 소란스러운 선원들이 떠난다.

    나이 듦의 크나큰 장점이 하나 더 있다. 바로 성공에 별 의미를 두지 않게 된다는 점이다. 나이가 들며 그때까지 이룬 성공의 혜택이 하나둘 쌓여서, 명성이 보장하는 신뢰만으로도 앞으로 나아갈 수 있다. 나는 시인 워즈워스를 예순세 살에 우연찮게 만났는데, 그가 이렇게 말했다. "얼마 전에 제가 넘어지는 바람에 이가 하나 빠져서 친구들이 안타까워했습니다. 그러나 저는 사 년 전에 이렇게 다치지 않은 게 어디냐고 했지요." 과연 자연은 우리가 한창 나이에 장기의 기능을 잃지 않도록 돌보아 준다. 어제 대

법정에서 한 변호사가 변론을 펼치는 모습을 보고 나는 쾌활하고 도전적인 태도가 썩 잘 어울린다고 생각했다. 삼십 년 전에 이 변호사는 자기 변론이 훌륭하고 효과적인지 고민하며 노심초사했다. 그러나 이제 그것은 의뢰인에게나 중요한 문제지, 그는 크게 걱정하지 않는다. 오랫동안 능력을 입증해 왔기에, 앞으로 한 건이나 열 건 남짓한 새로운 사건의 승패가 어떻게 갈리건 그의 명성에는 별 영향이 없다. 물론 그가 일취월장한 모습을 보이면 사람들은 즉시 알아차릴 터이다. 그러나 그가 명성에 못 미치는 성과를 내도 나무랄 사람은 없다. "아, 두통을 앓았던 게지." 혹은 "이틀간 잠을 잘 못 잤대." 이제야 그 모든 허영심과 불안감을 떨쳐 버렸다! 세월에 누적되는 이러한 이득은 모두가 느낀다. 지난날의 성공은 이제 후원자가 되어 그가 입을 다물 때 대변해 주고, 그가 돈이 없을 때 대신 내준다. 그가 소개장이 없을 때 추천사가 되어 주고, 그가 잠자고 있을 때 대신 일한다.

세 번째 장점으로는, 노인들은 자아실현을 이루었다는 사실을 들 수 있다. 젊은이는 채워지지 않은 욕망뿐 아니라 발휘하지 못한 재능과 실현하지 못한 커리어의 꿈에 시달린다. 현실과 상상의 단절에 괴로워한다. 미켈란젤로의 머릿속에는 신처럼 걸어다니는 위풍당당하고 거대한 형상들이 가득해서, 격렬한 끌질로 그것들을 대리석에 구현하기 전까지는, 혹은 그가 고안한 건축 설계를 석공 수백 명이 트래버틴으로 짓기 전까지는 마음을 가라앉히지 못했다. 세상에 큰 이득이 될 재능을 잉태하고 있는 우수한 사람은 모두 폭풍에 시달린다. 그 폭풍은 그들의 재능이 자식을 낳을 때까지 계속해서 몰아친다. 새로운 능력은 사람들이 저마다 적당한 분출구를 찾아서 발휘할 때까지 그를 찔러 우울한 사막으로 몰고 간다. 인간의 의무에 필요한 기능들은 자신들을 사용하라고 투덜거리고 야단치며 우리를 들볶고 채찍질한다. 우리는 친구와 일자리와 지식과 권력과 집과 땅과 가정과 명예와 명성을 원한다. 우리에게는 종교적인 소망과 미적인 소망과 가정에서의 소망과 시민으로서의 소망과 인간으로서의 소망이 있다. 날마다 하나씩 우리는 자신의 소망을 현실로 만드는 법을 배운다. 소명을 찾고 농장을 일구고 사람들과 교류하고 개인적인 힘을 쌓아서, 쉰 살의 끝자락에 마침내 자신의 소망을 어느 정도 이루었음을 확인하고 만족한다. 세월은 모든 욕구를 천천히 충족하고, 이것이 바로 나이 듦의 가치다. 삶이 고되고 부당하지 않으며, 전반적인 삶에서나 개인적인 상황에서나 자기 자신을 자유롭게 표현할 수 있는 사람의 마음은 평온하다. 자아실현을 충실히 이룬 노인의 얼굴은 대개 밝고 탐스럽고 한결같고 부드러운데, 이는 젊은 시절 들끓던 격정이 가라앉아 생각과 행동이 평온해졌음을 암시한다.

    자연은 젊은이들뿐 아니라 노인에게도 보상을 해 준다. 이처럼 활력적이고 온갖 영향이 난무한 세상에서 사람은 값비싼 경험을 하지 않고서는 활동적으로 장수할 수 없다. 이런 경험들은 말로 표현되지 않아도 마음에 새겨진다. 젊은이는 추측하거나 희망할 수밖에 없는 것이 노장에게는 이루어진 현실이다. 젊은이의 재주를 흡족해하며 바라보는 이는 이미 오래전에 그 재주를 숙달했을 뿐만 아니라 갈고 닦아 업적과 교훈을 남겼다. 인디언 족장 레드 재킷이 용맹을 뽐내는 젊은이들을 보고 말했다. "육십 대에 이른 사람은 이십 대와 사십 대를 모두 자기 안에 품고 있다네."

나이 듦의 네 번째 장점은, 노인의 삶은 면면으로 질서정연하게 완성되어 있다는 점인데, 이러한 완성도는 모든 예술가에게 큰 기쁨을 준다. 젊음은 감성이 지나쳐서, 그의 눈앞에서 모든 것이 반짝거리며 그를 유혹한다. 그는 계속해서 새로운 목표를 추구하기에, 젊은이의 한 해에는 시작이 가득하다. 그러나 열두 달이 지났을 때 그는 아무런 결과를 내지 못했다. 그렇다고 그가 시간을 낭비하지는 않았다. 본능은 우리를 자극하여 수많은 경험을 쌓게 하는데, 당장은 무가치해 보이는 이 경험들이 수십 년 후에 유용하게 쓰인다. 이 중 가장 좋은 것들은 실제 삶의 경험이다. 건강하고 현명한 정신은 분류의 본능을 지녔다. 린네는 가설을 토대로 체계를 정립하여 식물을 이십사 개 강(綱)으로 분류했는데, 이때 그는 자신의 분류에 적합한 식물을 하나도 찾지 못한 상태였다. 그의 일곱 번째 강은 적합한 표본이 아예 없었다. 훗날에 기쁘게도 그는 일곱 번째 강에 딱 들어맞는 조건을 갖춘, 즉 꽃잎이 일곱 장으로 갈라지고 수술 일곱 개가 달린 트리엔탈리스를 발견했다. 패류학자는 수중에 조개 껍데기가 고작 몇 개뿐이더라도 표본 수납장을 짠다. 선반마다 강명을 붙이고 서랍마다 종명을 붙인다. 선반도 서랍도 거의 비어 있지만 말이다. 그러나 매해 하나둘 새 표본을 발견하고, 그가 새로운 지식을 얻고 또 그의 이름이 알려지며 수집에 가속이 붙는다. 늙은 학자는 젊은 시절에 잡다한 책과 이야기에서 읽고 들은 놀라운 일화와 어록의 사실 여부를 확인하며 큰 희열을 느낀다. 우리 기억 속에는 출처를 잊어버린 중요한 일화들이 담겨 있다. 고대 로마와 그리스의 영웅적인 연설을 기억하지만 연설자가 누구인지는 통 짐작이 가지 않는다. 호라티우스에 버금가는 위대한 문장이 귓전에 맴도는데, 가능성이 높은 책과 낮은 책 모두를 뒤져도 나오지 않고, 다독가들에게 물어봐도 박학다식한 그들이 이상하게 이것만은 모른다. 무엇보다 특히, 모종의 뜬금없는 생각 하나가 머릿속을 통 떠나질 않는데, 그 무엇과도 연관이 없고 어떤 결론도 추출할 수 없다. 글쎄, 인내심과 시간이 약이다. 시간, 그래, 시간은 지치지 않으며 무엇에도 흔들리지 않고 끊임없이 찾아 헤매 결국에는 모든 것을 알려 준다. 우리가 궁금해하던 이야기의 출처를 발견하는 날이 온다. 용맹한 연설이 그 말을 한 영웅에게 곧장 돌아간다. 아름다운 문장이 그것을 창조한 시인을 찾는다. 최고의 순간은, 그 뜬금없는 생각, 매우 지혜로운 듯하면서도 밖으로 빛을 뿜지 못하기에 반쪽짜리 지혜이자 반쪽짜리 생각으로만 여겼던 이것이 갑작스레 우리 마음속에서 나머지 반쪽이나 앞뒤 생각이나 유사한 생각과 만나 곧바로 굉장한 힘을 발휘하여, 그 생각을 차마 떨치지 못한 우리의 미신적인 본능이 옳았음을 알린다.

    하버드대학 시절에 만난 그리스어 교수를 기억한다. 책에 파묻혀 사는 늙은 독신자였던 그는 세 시간짜리 강의가 끝나면 자유 시간이 많았음에도, 어떠한 과업을 끝내겠다는 희망에 사로잡혀서 끊임없이 초조히 다리를 두드리며 혼잣말로 중얼대곤 했다. "은퇴하고 책을 읽어야 되는데." 괴테의 《파우스트》에서 지혜와 영향력의 중심적인 인물인 마카리아는 세상에서 물러나 홀로 천문학을 연구하고 편지 쓰기를 즐겼다. 괴테 자신도 학문을 완성하는 노력의 정점을 보여 준다. 괴테의 작품 중 다수가 청년 시절부터 노년까지 이젤에 걸린 채로 매달 혹은 매년 조금씩 발전되었다. 모든 별들이 허락할 시에만 펜을 든 그는 진정 별들의 부름에 응답하는 문인이었다. 벤틀리[43]는 자신이 여든 살까지 살 거라고 생각했다. 여든 살이면 읽을 가치가 있는 것은 다 읽었을 것이라며 이렇게 말했다. "그 후에 나의 위대한 이미지는 땅속에 묻히리라." 노인이 실용적인 임무를 완수하고 느끼는 기쁨은 세상에

---

43   리처드 벤틀리(Richard Bentley), 영국의 고전학자이자 신학자. A. E. 하우스먼은 벤틀리를 영국, 어쩌면 유럽이 낳은 최고의 학자라고 불렀다.

서 더 흔히 찾아볼 수 있다. 발명가가 발명을 완성하고, 영농가가 실험을 마치고, 모든 노인이 자기 집의 건축을 마무리하고, 재산을 정리하고 소유권을 해결하고 얽히고설킨 이해관계를 풀어 원한을 해소하고 미래를 위한 최고의 후계자에게 모든 것을 남기는 그 일. 한 사람이 얼마나 오래 사는지는 그가 계획한 과업과 비례하리라. 그의 나이를 보이는 달력이 있듯이, 성취를 나타내는 달력이 있다.

젊은이들의 나라인 미국은 이제껏 휴식과 평온이 낄 틈이 없을 정도로 분주했다. 그래도 우리 나라에도 굳건한 백세 노인들이 있어서 위엄과 지혜의 표본이 되어 준다. 최근에 나는 1825년에 전 대통령 존 애덤스를 만난 일을 기록한 공책을 찾았다. 그의 아들 존 퀸시 애덤스가 대통령에 당선된 직후였다. 대화에 특별히 중요한 내용은 없었지만, 기록에는 매우 연로한 나이에도 여전히 당당하며 그가 누린 명예에 어울리는 영웅적인 사람의 모습이 담겨 있다.

1825년 2월, 애덤스 씨 가족의 초대로 에드워드와 퀸시에 갔다. 전 대통령은 검은 손수건을 꽂은 파란 재킷에 흰 스타킹을 신고, 대머리에는 면 모자를 쓴 채로 커다랗고 푹신한 안락의자에 앉아 있었다. 우리가 경의를 표하고 가문의 경사에 다른 국민들과 함께 축하를 드리고 싶다고 하자 그는 고맙다고 인사하고 말했다. "국민들이 기뻐하니 나도 기쁘네. 내 인생에서 축하와 즐거움의 시간은 거의 끝났지. 내가 이날을 볼 만큼 오래 살았다는 사실이 놀라워. 거의 한 세기를 살았구먼(그는 그해 10월에 아흔 살이 될 것이었다). 길고, 고단하고, 정신없는 삶이었네." 나는 말했다. "세상 사람들은 각하의 삶에 기쁨도 많았으리라 생각합니다." "세상은 모르네." 그가 답했다. "내가 얼마나 힘겹게 일하고 불안해하고 슬퍼했는지." 나는 아들의 당선 수락 연설을 누가 읽어 주었느냐고 물었다. "들었네." 그가 말하고 덧붙였다. "그는 우리 시대에 내가 알던 어떤 사람보다 정치적으로 신중하지. 한시도 경계를 늦추지 않아. 계속 그리하였으면 좋겠네. 하지만 나이가 들면서 정신력이 어떻게 약해질지는 모르는 일이야. 태어나서부터 참 치열하게 공부했으니까. 어린 시절부터 성인이 되기까지. 심지어 유년 시절에도 늘 부지런했네." 존 퀸시 애덤스의 나이가 언급되자 그가 말했다. "쉰여덟 살이지. 이번 칠월에 쉰여덟 살이 된다네." 그러고는 말했다. "대통령들은 다 그 나이였어. 워싱턴 장군은 쉰여덟 살이었고, 나도 그랬고, 제퍼슨 씨나 매디슨 씨나 먼로 씨도 마찬가지야." 아들을 언제 만나기로 했는지 묻자 그는 말했다. "만날 계획 없네. 애덤스가 다음 번에 퀸시로 올 때는 내 장례식 때문일 걸세. 만나면 무척 기쁘겠지만, 나를 보러 여기에 오기를 바라지는 않아." 그리고 전 대통령은 리치미어 씨를 언급하며, 그가 "아주 늙었을 때도 매일같이 타운으로 내려와 오래된 관청에서 걷는 모습이 사람들의 기억에 남았지"라고 했다. 그러고는 덧붙였다. "리치미어 씨만큼 잘 걸을 수 있으면 좋을 텐데. 그는 영국 왕실 정부 아래서 오랫동안 세관 징수원으로 일했네." 에드워드가 말했다. "리치미어 씨만큼 잘 걸을 수 있다고 해도 그분과 삶을 바꾸고 싶지는 않으시겠죠." "사실이네." 그가 말했다. "내가 원하는 삶과는 다르지." 그리고 그는 화이트필드 이야기를 꺼내며, 자신이 대학교 신입생이었을 때 화이트필드의 설교를 듣고 싶어서 타운의 올드 사우스 교회에 갔는데 출입을 허락받지 못했다고 했다. "하지만 화이트필드를 보기는 했네." 그가 말했다. "창밖에서 보면서 설교도 들었지. 그런 목소리는 그전에도, 그 후에도 들어 보지 못했네. 어찌나 쩌렁쩌렁한지 저기 예배당에서도 들렸을 게야." (퀸시 예배당을 가리키며) 그는 춤 선생이나 연극 배우처럼 움직임이 우아했지. 설교 내용보다는 목소리와 매너가 성공에 큰 역할을 했겠지. 나는 그곳에 조녀던 시월과 같이 갔었네." "그의 설교가 흡족하셨나요?" "흡족했느냐고? 나는 이루 말할 수 없이 기뻤네." 우리는 화이트필드가 돌아왔을 때도 예전만큼 인기가 있었는지 물었다. "사람들이 예전처럼 열광하지는 않았네." 그가 말했다. "열정은 좀 시들해졌지만, 명성이 널리 퍼진지라 더 존경을 받았어. 사람들은 그를 두려워하기보다는 그를 보고 감탄했지."

    우리는 전 대통령의 방에 한 시간 정도 머물렀다. 나이에도 불구하고 그는 또박또박 말했고, 중간중간 숨이 차서 말을 멈추기는 했지만 용감하게 긴 문장을 구사하며 단어 하나 고쳐 말하지 않고 끝까지 마무리 지었다.

 그는 제임스 페니모어 쿠퍼의 신간에서 《개척자들》과 《스파이》[44]를 칭찬하고, 소설 인물들의 묘사가 매우 정확하다고 했다. 그는 누가 자신에게 책을 읽어 주거나 손님을 방에서 맞이해 대화하기를 좋아한다며, 아침부터 저녁까지 손님을 맞이하고 나면 다음 날에 몸이 더 좋다고 했다.

 일요일 오후에 아들의 당선 소식이 때 이르게 알려졌을 때, 그는 조금도 들뜬 기색을 보이지 않고, 당선이 확정되기에는 아직 이르니 당신이 잘못 안 모양이라고 소식을 전달한 사람에게 말했다. 소식을 전한 이는 풀이 죽기는 했으나 기어코 예배당에 가서 신도들에게 큰 목소리로 알렸고, 모두 기뻐서 어쩔 줄 몰라 하며 자리에서 일어나 세 번 만세를 외쳤다. 휘트니 목사는 즉시 예배를 종결했다.

 인생을 잘 살아 낸 노인은 근력, 신체적 본능, 몸집, 이것들을 필요로 하는 활동들처럼, 우리가 잃어도 크게 상관 없는 것들을 잃었을 뿐이다. 그러나 유년 시절에는 약하다가 노년에 강해지는

---

[44] 원문에는 《Peep at the Pilgrims》와 《Saratoga》라고 되어 있지만 쿠퍼는 그런 제목의 책을 출간한 적이 없으므로 에머슨이 잘못 기입한 듯하다. 출판 연도와 내용을 참고 삼아 《개척자들》과 《스파이》라고 추정했다.

근원적인 지혜는 이런저런 방해물이 사라진 노인의 마음속에 순수한 상태로 행복하게 머문다. 사랑하는 사람은 늙지 않는다는 말을 들어 보았다. 인간을 입에 올릴 때마다 불멸의 교리를 포교한다는 말도 있다. 불멸의 속성은 인간에게 새겨져 있다. 인간과 불멸의 관계는 우리로서는 이해하기가 어렵고 생의 저편에서 어떤 속삭임도 들려오지 않는다. 그러나 우리가 지식을 모으고 기술을 익혀 정성껏 키운 지성은 삶의 끝자락에서 새롭게 태동하며 애정과 도덕적 감성을 더욱 풍요롭게 한다.

〈노년(Old Age)〉에서

부록

에머슨의 일기

"지금 무슨 일을 하나요?"

그[에머슨]가 물었다.

"일기를 쓰나요?"

그래서 나는 오늘 첫 일기를 쓴다.

_〈소로의 일기〉중에서

"드넓은 세상(Wide World)." 열여섯 살에 에머슨이 일기를 쓰기 시작하며 일기장에 붙인 이름이다. 그는 일기 쓰는 습관을 평생 지켰는데, 단순히 일상의 기록뿐 아니라 사람들과의 대화, 사유, 발상 등 머릿속에 떠오르는 모든 것을 기록했다. 그는 "저축통장"이라고도 부른 일기장을 한껏 활용했다. 주제별로 체계적으로 정리한 일기는 강연문의 바탕이 되었고, 그는 강연문을 다듬고 편집하여 에세이로 출간한 뒤에 나중에 단행본으로 묶었다. 반세기가 넘는 시간 동안 꾸준히 쓴 그의 일기는 미국 문학의 매우 중요한 자산이다. 이 자리를 빌려 에머슨이라는 사람을 좀 더 친밀히 알 수 있게 해 주는 일기를 소개한다.

1820년 10월 25일

나는 퍽이나 자주 게으르고 산만하며 어리석고 진실하지 못하다. 한심스러운 자질이며, 세심한 주의를 기울여 스스로 바로잡지 못하면 훗날에 지독한 후회와 열등감에 시달릴 터이다. 주변 사람들은 모두 부지런하여 나중에 큰일을 해낼 텐데 나는 게을러서 보잘것없는 사람이 되려나. 안 된다! 이렇게 되지 않도록 방지하자! 내겐 자극이 필요하다.

1822년 3월 4일

평범하지 않은 삶이 기다리고 있다는 희망이 어렴풋이 아른거린다고 해서 자기 자신이 위대하거나 혹은 위대한 업적을 남길 거라고 으레 확신하면 안 된다. 꿈꾸기는 쉬워도 행하기는 어렵다. 명예를 꿈꾸느라 시간을 허비하고 있다는 사실 자체가 그대와 명예 사이를 거대한 태산처럼 가로막고 있다. 평범함에서 위대함으로 가는 그 고달픈 길을 밟을 준비가 적절히 된 사람들은 흥분거리를 찾아 요란하고 절박하게 아우성칠 필요를 느끼지 못하며 그럴 시간도 없다. 그건 나약한 지성들이 흔히 보이는 모습이다. 위대함을 추구하는 과정 자체가 온 힘과 집중력을 요구하여 존재의 아릿한 공허감을 채워 주기 때문이다. 위대함은 절대로 뜻밖에 찾아오지 않으며 우리의 노력이나 승인 없이 불쑥 나타나지 않는다. 아니, 우리의 길에 갑작스레 나타나는 것은 다른 종류의 유령이다. 무장 강도처럼 돌아다니는 가난이 그러하다. 길모퉁이와 대로에서 이빨을 드러내는 경멸과 번개처럼 내려치는 분노가 그러하다. 때 이르게 위대함을 인정받는 사람은 없다. 오랫동안 지닌 끝에 인정받는다. 그렇지만 나는 흔히들 생각하듯이 위대함이 매우 희귀하며 얻기 어렵다고 여기지 않는다. 앞서 언급한, 위대해지고자 하는 바로 그 희망, 그리고 그것을 이루기 위한 노력이 성공할 수 있다는 일종의 암시이다. 사람마다 제각기 정신의 틀과 지성의 수준이 다른 것은 물론 하나님의 계획이었을 터이다. 그러나 교육이 발휘하는 놀라운 효력은 인간의 정신이 무한히 발전할 수 있음을 뜻한다.

1822년 5월 13일

십이일 후에 나는 열아홉 살이 된다. 내겐 끔찍하게 느껴진다. 교육받은 사람 가운데 이처럼 많은 해를 보내면서 이처럼 많은 날을 낭비한 사람이 또 있을까? 내가 배움이 부족하다는 말은 아니다. 사유에 능통하고 정신이 자유로운 덕에 나는 여느 또래 못지않게 많은 것을 배웠다. 그러나 성년에 다가가는 나는 이제껏 능력을 낭비했다는 후회와 허탈함으로 가슴이 저며 온다.

나의 지성의 기록에서 눈을 돌려 마음의 기록을 살펴보자. 텅 비어 있습니다, 주님. 나는 한 마리 비둘기보다도 애정이 없다. 나는 몰인정하고 이기적이며 조심스럽고 냉정한데, 또 다른 한편으로는 낭만을 꿈꾼다. 감정이 메마른 탓에 친구나 낯선 사람이나 자연스럽게 진심으로 반기지 못한다. 그러면서 내가 알지도 못하는 사람과의 우정을 꿈꾸고 그에 관한 소망을 품는다. 하나님의 이 드넓은 세상에서(나와 주님과의 관계는 이해조차 못하겠다) 내가 따뜻하게 온 마음으로 헌신하는 사람은 단 한 명도 없으며, 기쁠 때나 슬플 때나 함께하기로 인연을 맺은 사람도 없고, 내 마음 가까이에 두고 소중히 여기는 사람도 없다. 게다가 나는 감수성이 가장 풍부한 나이에 이렇게 말하고 있는 것이다. 이십 년이 흐른 뒤에 돌이켜 보면, 그때까지 내가 살아 있다면, 아니, 죽었다면 더 그럴 텐데, 이 고백이 무시무시하게 들릴지도 모르겠다. 그럴지도 아닐지도. 하지만 어쨌든 이 고백은 삭막하고 쓸쓸한 내 영혼을 정확하게 그렸다.

1823년 3월 23일

수많은 사람들 가운데 한 명의 젊은이. 모래 벌판의 모래 한 알. 동시대인들 틈에서 무명으로 살아가는 나는 성인의 가운을 한시바삐 걸치고자 서두르고 있다. 어렸을 때부터

내 귓가에는 위인들의 이름이 울렸다. 나는 인류라는 거대한 집단에서 내가 올라야 하는 자리를 잊을 수 없으며 내가 존경하는 지성인들과 나 사이의 드넓은 간극을 모른 척할 수도 없다. 젊은이들은 하나같이 자신의 헛된 야심이 사실은 숨겨진 천재성이라고 착각하고 그릇된 길로 빠질 위험을 안고 있다. 젊은이에게 가장 큰 적은 시간도 운명도 세상도 아니다. 본인의 게으름이다. 인간은 자기 내면에 적을 품고 있다. 자신이 타고난 정신의 위대함을 실현하는 길을 무엇이 가로막고 있나 곰곰이 생각해 보면, 감각적 탐닉과 게으름이 가장 단단한 장벽이며, 이것을 넘고 나면 하나님이 그 어떤 장애물도 두지 않았음을 깨달을 터이다.

"Faber quisque fortunae suae." 모든 인간은 스스로 운명을 개척한다는 이 격언은 과연 모든 면에서 진리이다. 인간들은 자신의 자유 의지를 자랑스러워한다. 이것은 곧 하나님께서 우리가 스스로 금과 은과 놋과 쇠를 골라 자신의 인성을 빚을 수 있게 허락하셨다는 말이다. 그런데 막상 인간들은 일하기를 두려워하여, 이것들로 아름답고 튼튼한 용기를 만드는 대신 천으로 싸서 묻어 둔다. 자기 힘으로 자신의 가능성을 실현할 수 있다는 생각이야말로 애쓸 동기를 부여하고 영혼에 용기와 생기를 불어넣는다. 더는 자기 능력을 불신하거나 남들과 비교하거나 결과를 걱정하지 말자.

신속히 계획하고 행동하고 이루어 내자. 단 한 시간도 게으름을 피우며 미루거나 낭비하지 말자. 할 일은 많고 시간은 없으니, 기회는 그 누구의 사정도 봐주지 않고 지나간다. 근면한 습관과 노동은 천국으로 가는 길이며, 외적인 가혹한 수행은 필요치 않다. 머리에 재를 뿌리거나 거친 베옷을 입거나 쇠로 만든 벨트를 찰 필요 없다. 그 대신에 정신을 바로잡자. 재를 뿌리는 대신 겸손하고 온화한 마음가짐을 갖추고, 쇠로 만든 벨트를 차는 대신 영혼을 엄격히 단련하자. 인간의 영혼은 비옥한 땅이지만 방치하면 썩고 낭비된다. 그러니 그대의 영혼에서 무수한 싹이 돋아 풍작을 이루기를 원한다면, 근면하고 절제하며 경작하고 또 경작하라.

1826년 9월 23일

건강, 경험, 행복. 이것들이 얼마나 밀물처럼 내게서 멀어지는지! 딱한 시지프스는 오르페우스가 연주할 때는 잠시나마 바위 굴리기를 멈출 수 있었다. 하지만 나는 나의 바위를 계속해서 밀어 올리고, 이 오르막은 또 얼마나 높은지……. 건강해지면 참으로 기쁘겠다.

1828년 날짜 미상

나는 게으름을 부릴 정도로 자유를 즐기지는 않는다. 그러나 내가 보기에 게으름이 초래하는 유일한 악은 불행이다. 기민한 정신과 생각이 왕성히 샘솟는 건강한 지성으로 삶을 스스로 이끌 때 나는 큰 기쁨을 느낀다. 내가 좀 더 부유했다면 지금보다 나은 삶을 살 수 있었겠지. 더욱 다양한 방면에서 더 큰 능력을 발휘했을 것이라는 말이다. 승마와 크리켓을 더 자주 즐기고, 몸에 열을 내는 육체적 노동을 일상에서 자주 하여 지적 노동을 할 입맛을 돋울 것이다. 부유해서 가장 좋은 점은, 세상 그 누구를 만나도 자유롭게 말하고 행동할 수 있다는 것이다. 나는 이러한 독립성을 무척이나 탐내지만 거의 누리지 못하고, 어떤 사람들 사이에서는 꿈도 꿀 수 없다.

괴팍한 취미인지는 몰라도(다른 사람들을 관찰한 끝에 괴팍한 특성이라고 생각하게 되었다) 나는 걷는 것을 열정적으로 좋아한다. 구름 낀 칠월 한낮에 의도적으로 책을 덮고, 모자에 낡은 옷을 걸치고는 산책에 나선다. 야생 블루베리 덤불을 조용이 헤치고 타인의 시선에서 자유롭다고 확신할 수 있는 곁길로 슬며시 들어가며 즐거워한다. 이렇게 혼자가 되고 나면 명예로부터 까마득히 먼 자작나무 숲속에서 블루베리 등 숲에 널려 있는 잡동사니를 모으며 몇 시간이고 무위하는데, 참으로 드문 즐거움이다. 겨울이 오면 이 시간을 추억하고, 봄이 되면 설레는 마음으로 기대한다.

나와 같은 취미를 지녔거나 혹은 이것을 점잖은 취미로 봐 줄 사람을 한 명도 알지 못한다.

1828년 날짜 미상

한 가지 주제나 한 가지 분야에 그치지 않고 더 다양한 지식을 얻고 싶다. 나는 튼튼한 헛간을 훌륭한 비극 작품만큼이나 중요하게 여기는 사람을 좋아한다.

1831년 2월 13일

엘렌이 천국으로 떠나고 닷새가 허망하게 흘렀다. 엘렌은 그곳에서 주님을 보고, 주님을 배우고, 주님을 찬양하고, 주님을 사랑하고, 또 주님께 호소하겠지……. 오, 영혼의 아버지, 우리가 다시 만날 수 있게 하소서.

어떤 것들은 두 번 다시 돌이킬 수 없다. 지금 나는 끔찍할 정도로 세상에 무관심하지만 이러한 무관심도 언젠가는 사라질 터이다. 그날이 오는 것이 두렵기까지 하다. 익숙한 임무들을 다시 한 번 불쾌하지 않은 심정으로 마주하는 날이 올 것이다. 다시 한 번 나는 차분한 얼굴로 친구들을 만나고 즐거움을 느낄 것이다. 다시 한 번 작은 희망에 들뜨고 소소한 걱정에 시달리며 묘지를 잊을 것이다. 그러나 죽은 이가 다시 내게 돌아올까? 지난 화요일에 감긴 눈이 사랑을 가득 품고 다시 한 번 나를 보아줄까? 아침 안개, 저물 녘의 별, 꽃, 바깥에서 마주하는 자연의 얼굴과 세상에 존재하는 모든 시가 나로 하여금 사랑스러운 친구의 마음과 삶을 떠올리게 하는 날이 다시 한 번 올까? 아니. 사람은 딱 한 번 태어나고 딱 한 번 세례를 받고 딱 한 번 첫사랑을 경험한다. 인간과 마찬가지로 사랑은 영영 젊을 수 없다…….

1831년 7월 6일

여기, 산의 능선에 에워싸여 있노라면 생각의 톱니바퀴가 힘차게 돌아가고, 사랑과 지혜의 봉우리에서 인간의 결함을 차분히 내려다볼 수 있다. 일요일에 내가 설파해야 하는 메시지가 무엇일까? 종교적인 정신은 쉽게 믿는 경향과 무관하며 종교적인 행동은 단순히 형식이 아니다. 종교는 삶이다. 인간의 질서이자 힘이다. 삶에서 얻거나 추가해야 하는 것이 아니라, 이미 지닌 능력을 새롭게 쓰는 일이다. 바르게 사는 일이다. 사랑하는 일이자 봉사하는 일이자 사유하는 일이자 겸손을 실천하는 일이다.

1831년 12월 28일

올해가 빠르게 저물어 간다. 그러나 그게 나와 무슨 상관인가? 내게 중요한 것은 오직 하나, 내가 어떤 사람이느냐는 것이다. 스물여덟 살이건 여덟 살이건 쉰여덟 살이건 나이는 중요하지 않다. 봄에 꽃잎이 흩날리는 것이나, 여름에 과일이 무르익는 것이나, 가을에 수확을 거두는 것이나, 겨울에 눈이 내리는 것을 서글퍼하랴?

1832년 1월 20일

어린이들에게 날카로운 도구를 맡기면 안 된다. 마찬가지로, 위대한 신이여, 인간이 자신의 힘을 잘 쓸 수 있기 전에는 그가 감당할 수 있는 것보다 더 큰 힘을 주지 마소서. 우리가 내키는 대로 다 하고 살면 세상이 어떤 지옥 꼴이 나겠는가! 어린아이들이 상대의 눈을 찌르지 않는 법을 배울 때까지는 그들의 펜싱 사브르 끝에 버튼을 달아 놓아야 한다.

1832년 3월 10일

올해 나는 포도주와 독주에 이십 달러를 썼는데, 술은 마셔서 다 사라졌고 술을 마신 사람은 더 힘들어졌구나. 그 돈으로 수십 년간 기쁨을 안겨 줄 그림을 사거나 빚을 갚을 수 있었건만…….

1832년 10월 17일

진정함 위대함은 모두 내적 성장에서 시작된다.

1833년 6월

나는 만질 수 있거나 맛볼 수 있거나 냄새를 맡을 수 있는 것들을 수집하지 않는다. 카메오도, 그림도, 메달도 수집하지 않는다. 내 가방에는 낡은 옷뿐이다. 그러나 나는 끊임없이 발전하는, 세월의 작품을 매우 소중히 생각하며 경탄하는 마음으로 관찰한다. 다섯 달 동안 우리가 얼마나 많은 것을 볼 수 있으며, 수백 년에 걸쳐 완성된 가르침을 우리가 얼마나 금방 배울 수 있는지 생각하면 실로 굉장하지 아니한가.

1833년 7월 13일, 파리 식물원

줄줄이 늘어선 경이로운 생명체들의 형태를 보고 있노라면 우주의 신비가 그 언제보다 놀랍게 다가온다. 은은한 나비, 조각된 껍데기, 새, 야수, 물고기, 곤충, 뱀. 모든 형태에서, 심지어 생물의 체계적인 형태를 닮은 바위에서도 영원한 생명의 원칙이 불끈거린다. 제아무리 괴상하거나 원시적이거나 아름다운 형태도 결국에는 인간에게 내재한 어떤 특성을 표현한다. 나는 내 안의 지네를 느낀다. 악어와 붕어와 독수리와 여우를 느낀다. 기묘한 동질감이 내 마음을 움직인다. 나는 거듭 말한다. "자연주의자가 되리라."

1834년 1월 3일

괴테는 그 무엇 하나 하찮게 여기지 않았다. 요한 흘라우버르는 사람들이 버리는 것을 활용했다. 퀴비에는 더없이 사소한 사실들을 토대로 중요한 발견을 했다. 목소리를 낮출수록 음역을 쉽게 조절할 수 있다. 세부적인 것들은 아름답지 않아도 전체적으로 본 풍경은 아름답다. "멀리 볼 수 있는 한, 눈은 피곤하지 않다."

1834년 3월 2일

사람이 진정 홀로 있는 경우는 매우 드물다. 사회에서 물러나는 것처럼 자신의 고독에서도 물러나 외로움 속으로 들어가야 한다. 서재에서 책을 읽거나 글을 쓸 때는 곁에 다른 사람이 없더라도 나는 혼자가 아니다. 내게는 진정한 고독을 누리는 방법이 하나 있으며 모든 이들에게 효과적이리라고 생각하는데, 그것은 바로 창가로 가서 별을 올려다보는 것이다. 별을 바라보며 경이로움에 빠져 사소한 문제들을 잊지 못한다면 대체 무엇으로 그럴 수 있겠는가. 때로 나는 공기가 투명한 이유는, 인간으로 하여금 신과 지고한 운명에 끊임없이 감탄하게 만들려고 한 것이 아닌가 생각한다. 거리에서 올려다본 별하늘은 얼마나 굉장한 광경인지! G. A. S에게 이 이야기를 했더니 그는 방에서 기도를 올릴 만한 장소를 못 찾다가 별을 보고서야 찾았다고 말했다.

1834년 4월 11일

어제 케임브리지의 오번산에 거의 종일 머물렀다. 프레시 폰드에서 점심을 먹고 숲으로 돌아갔다. 오랫동안 쏘다니며 많은 것을 보았다. 뱀 네 마리가 나로서는 알 수 없는 목적으로 구덩이를 오르락내리락했다. 먹이를 잡거나 교배하려는 것이 아니라 그저 스르륵스르륵 오르내리기만 하는 게 아닌가. 아네모네의 사촌이라고 할 수 있는 노루귀꽃이 온통 파랗고 아름답게 흐드러져 있었으나, 이 식물은 구두쇠 기질은 못 버렸는지 지난해의 색 바랜 잎사귀를 여전히 두르고 있었다. 그다음에는 검은머리박새가 나무로 날아왔는데, 무슨 새인지 맞히려는 순간에 치카디디, 하고 자기 이름을 노래했다. 이내 어딘가 먼 나무에서 새 떼가 요란하게 우짖기 시작했다. 무슨 새인지는 알 수 없었으나 일 킬로미터 밖에서도 들릴 정도로 시끄러웠다. 나는 어둡고 씨늘한 숲속을 벗어나 볕이 좋고 동풍이 들지 않는 골짜기로 갔고, 나무 옆에 드러누워 가장 유쾌한 풍경으로 시선을 돌렸다. 눈을 가느스름하게 뜨고, 눈에 들어오는 것들을 영혼으로 받아들였다. 케임브리지나 보스턴이 나와 무관하게, 시시하고 사소하게 느껴졌다. 매사추세츠주의 시곗바늘이 가리키는 방향에 무관심했다. 내가 태어난 고귀한 이 땅과 이곳을 따뜻하게 덥히고 밝게 비추는 태양만을 보았다. 머리 위로 웅장하게 펼쳐진 구름을 보았다. 지금은 오후다. 하늘은 그렇게만 말했다. 빛 속에서 반짝이는 수많은 솔잎이 자기들의 신비를 밝혀내 보라고 도전장을 내미는 듯했다. 지난해에 떨어진 우중충한 오크 나무 낙엽이 바스락거리며 뒹굴다가 다시 가만해졌다. 바람이 높다란 숲의 우듬지를 쓸고 지나갔다. 내가 드러누워 있던 이끼부터 창공에 이르기까지 이 찬란하고 웅장한 건축물의 비율과 아름다움을 누가 내게 설명해 줄 수 있을까?

1834년 4월 12일

내가 저지른 실수는 전부 나만의 신념을 포기하고 타인의 관점에 의존한 것에서 비롯되었다.

1834년 5월 16일

어렸을 때 바닷가에 가면 조개껍데기의 다채로운 빛깔과 모양에 매혹되곤 했다. 여러 개를 집어 주머니에 넣어 가져왔다. 그러나 집에 와서 꺼내 보면 홍합 껍데기와 달팽이 등껍질이 메마르고 보기 흉한 것이, 내가 주웠을 때와 전혀 달랐다. 그때 나는 개별적인 아름다움보다 주변과의 어우러짐이 더 중요하다는 사실을 깨달았다. 해변에서 그것들은 바다와 하늘에 에워싸인 채 촉촉이 젖어 있어서 아름다워 보였던 것이다.

1834년 10월 14일

자기도 모르게 무언가에 거부감이 들 때마다 주의를 기울여야 한다. 중요한 진실의 표면이 언뜻 드러난 것이다.

1836년 2월 28일

눈이 소복이 쌓인, 하얗게 빛나는 맑고 추운 일요일 아침. 찰스는 우월한 존재가 한 가정을 들여다보면 자연스러운 관계를 목격하고 인간의 가치를 알아볼 터이지만, 상점이나 국회나 교회나 사회를 보면 인위적이고 경멸스러운 모습을 발견할 것이라고 생각한다. 사회에는 독성이 깃들어 있는 듯하다. 자연이 그 독성을 해독할 수 있다고 나는 믿는다. 서로 목청을 높이는 상점과 사무실에서 빠져나와 하늘과 숲에 시선을 돌리는 순간 사람은 다시 사람다워진다. 가식을 내려놓는 것에서 그치지 않고 자기 본모습을 찾는다. 그러나 하늘과 숲에 눈길을 주는 이가 얼마나 드문지!

1837년 5월 6일

계속해서 삶을 미루는 일은 참으로 안쓰럽다. 나는 마치 앞날에 더 훌륭한 공감과 친밀한 애정이 기다리고 있다는 듯이 지금 사람들과 공감하고 친밀하게 지내기를 거부한다. 그러나 대체 어떤 방법으로 또 어디서? 벌써 나는 서른네 살이다. 벌써 몇몇 친구들과 동료들이 죽거나 나를 떠났다. 새로운 남녀가 내게 다가오고 있다고 하기도 어렵다. 유행을 좇기엔 나는 너무 늙었다. 권력이 있고 신분이 높은 이들의 후원을 기대하기에도 너무 늙었다. 가까운 이들의 애정과 만남이 주는 기쁨을 만끽하도록 하자. 신이 내게 주신 선물이다. 오래된 신발이 발에 편한 법이다. 그러나 이들과의 만남이 불쾌함을 자아내면 나는 굳이 만나지 않겠다. 나는 은둔자의 운명을 타고났고, 그것에 만족한다. 현명한 사람들과 어울리는 그 희귀한 시간에 황금 열매를 따겠다. 그런 만남들 사이에는 홀로 잘 지낼 수 있고, 그렇게 함으로써 나의 열매는 더욱 달콤해지리라.

1838년 5월 11일

어젯밤에 먼 숲에서 윤곽이 뚜렷이 보이는 소나무 네 그루의 우듬지 위로 달이 떠올랐고, 밤 열 시에 달빛이 얼마나 휘황한지 나는 산책을 나섰다. 그러나 밤의 숭고한 빛은 만족을 주지 않고 애만 태운다. 경이감을 불러일으키지만 아무것도 설명하지 않는다. 달빛의 아름다움은 떠다니며 춤을 추고 사라졌다가 나타나기를 반복하지만, 집을 나선 지 오 분 만에 매력을 잃는다. 도란거리는 목소리가 울리는 따뜻하고 네모난 집을 나서 차갑고 웅장하고 갑작스러운 밤으로 걸어 들어가 구름 속의 보름달처럼 신비로운 형상을 마주하는 순간 시적 감동이 가슴에 차오른다. 그 순간에 우리는 아내나 어머니나 아이를 포함한 모든 인간관계를 뒤로하고 물, 공기, 빛, 탄소, 석회암, 화강암 같은 야생적인 요소와만 함께한다. 나는 물의 정령 쿨러본을 떠올린다. 나는 축축하고 차가운 요소로 변한다. "자연이 나를 뒤덮는다." 개구리들이 울어 대고 멀리서 물이 졸졸 흐르고, 바람이 마른 잎을 쇄쇄 스치고 풀잎이 누워 바스락거린다. 나는 인간의 세계에서 생을 마치고, 차갑고 기묘하며 물과 땅과 공기와 천상을 품은 요소와 연결되어 새로운 존재로 거듭난다. 태양과 달에 씨앗을 뿌린다.

1839년 7월 9일

사랑하는 내 아들, 끝없이 귀엽게 종알거리고 똑같은 말을 되풀이하는 모습이 참 좋다. 내가 왜 쓸데없는 일과 글 쓰기를 멈추고 와서 자기 장난감 말을 묶어 주지 못하는지

도무지 이해하지 못하는 것도. 세상에 자신의 장난감보다 중요한 것이 무엇이 있냐는 듯이.

1841년 10월 9일

내가 좋아하는 책을 읽을 때의 마음가짐으로 사람들이 내 책을 읽으면 좋겠다. 폭발적인 감정과 놀라움, 경이로움과 폭죽이 아니라, 꽃의 향기나 여행자의 눈앞에 펼쳐진 새로운 풍경처럼 홀연히 스며드는, 유쾌하고 즐거운 영향이기를 바란다. 나는 나의 글에 놀라고 충격을 받은 독자들에게서 미움을 받거나 거부당하기를 원하지 않으며, 나의 글에 영감을 받은 젊은이들에게서 애정을 받기도 원하지 않는다.

1842년 1월 28일

어젯밤, 여덟 시 십오 분에, 나의 왈도가 세상을 떠났다.

1842년 1월 30일

왈도가 시선을 준 것은 더 소중해졌고 시선을 주지 않은 것은 하찮아졌다. 금요일 새벽 세 시에 잠에서 깨어났는데, 동네 모든 닭장의 수탉이 어찌나 쓸데없이 악을 쓰고 있던지……. 동이 트며 태양이 한껏 빛을 뿜었지만 나의 상실감은 풍경마저 욕되게 만들었다. 자나 깨나 내가 추억하는 이 아이가 새벽 별과 저물 녘 구름에 아름다움을 더하고 소소한 일상을 특별하게 만들었다. 아이는 생생한 호기심으로 집에서 일어나는 온갖 일과 사소한 사건들에 빛을 뿌렸다. 내가 스토브에 넣는 단단한 무연탄과 부드러운 유연탄, 할머니의 난로에서 조금씩 주워 오던 장작 더미. 아이는 집게발과 줄을 써 보고 싶어 안달하고, 서재의 현미경과 자석과 작은 지구본과 갖가지 잡동사니와 도구들을 만져 보았으며, 자갈로 덮여 있는 골짜기와 닭장의 둥지와 개집과 헛간에 수차례 찾아갔다. 모든 것에 자기가 지어낸 이름을 붙이고 자기 방식으로 생각하고 말하고 행동했었다. 무엇 하나 허투루 말하는 법이 없었다. 몸가짐은 신중하고 심지어 위엄까지 풍겼으며, 태도는 더없이 부드러웠다.

바깥세상은 분주히 돌아가는데, 아이의 작은 발은 움직이지 않는구나.

아이는 그 순진한 숨결을 한 마리 새처럼 놓아 버렸다.

월요일 밤에 나는 아이가 사촌 윌리에게 보낼 편지를 받아 적었다. 아이는 윌리가 선물한 요술 램프에 감사를 표하고 이렇게 말했다. "윌리한테 전해 주세요. 저는 선물을 많이 받았으니까, 윌리가 너무 주고 싶은 게 아니라면 더는 안 보내도 된다고요." 아이는 참으로 충만한 삶을 살았다. 그 어떤 아이도 부럽지 않을 만큼 행복을 누렸다. 부모와 주변 사람들의 간섭에서 자유로운 채로 완벽한 존중을 받았다. 또한 얼마나 인복이 많았는지. 왈도가 아기였을 때 엘리자베스는 아이를 자기 자식처럼 여기며 그녀만의 소탈하고 현명한 방식으로 사랑을 듬뿍 주었고, 한 번도 아이에게 군것질거리를 주지 않았다고 자랑했었다. 왈도도 고모를 어찌나 따랐는지, 엘리자베스가 방문할 때마다 자기를 보러 온 거라고 확신하고 친구와 장난감을 두고 한달음에 달려 나갔다. 메리 러셴은 두 해 여름에 아이의 교사이자 친구로서 참된 사랑과 가르침을 베풀었다. 또한 작년에 우리 집에서 가족이나 다름없이 지낸 헨리 소로는 호루라기와 모형 배와 공기총 등 갖가지 장난감과 그가 만들고 고칠 수 있는 온갖 도구로 아이를 즐겁게 해 주었고, 한결같이 다정하면서도 단호한 태도로 아이의 사랑과 존경을 받았다. 마거릿 풀러와 캐럴라인 스터지스 역시 우리 집에 올 때마다 아이와 대화를 나누며 관심과 애정을 쏟았다.

또 손자를 깊이 사랑한 할머니는 꾸준히 인내하며 아이에게 읽고 쓰는 법을 가르치고 책을 읽어 주었다.

슬픔에 빠지면 누구나 어린아이가 된다. 지력의 차이는 가뭇없이 사라진다. 세상에서 가장 현명한 사람도 백지 상태가 된다.

1842년 2월 4일

세상에서 고통이라고 불리는 것에는 전부 아편이 포함되어 있다. 고통이 다가올 때는 위협적으로 보이지만 매끈한 표면에 미끄러지지 않을 정도로 거친 마찰을 일으키지는 않는다. 우리는 사유의 품으로 부드럽게 떨어진다. 사람들은 울부짖고 이를 갈지만, 사실 그들의 고통은 그들이 표현하는 것만큼 심하지 않다. 험준하고 거친 산을 오르듯이 사람들은 진리를 얻으려고 고통을 찾아 나서기도 하는데, 고통은 한 폭의 그림이나 위조품이나 도깨비와 다름없음을 깨닫는다. 우리에게 남은 것은 죽음뿐이다. 우리는 어느 정도 음울한 만족을 느끼며 그 사실을 마주한다. 봐, 적어도 저건 진실하잖아. 저건 나를 피해 가지 않을 거야. 영혼의 에너지에 작용하고 반응을 일으킬 수 있는 것이 있다면, 그건 바로 죽음이다.

1842년 3월 20일

왈도의 죽음에서 나는 괴로움 말고는 아무것도 이해하지 못하겠다. 아이의 죽음을 설명할 길이 없으며, 그 사실 자체에서 어떤 위안도 찾을 수 없다. 오직 나는 딴 생각을 하려고 노력하고, 잊으려고 노력하고, 새로운 일을 해 보려고 노력할 뿐이다.

1843년 5월 20일

나는 삶의 모든 순간을 만끽한다. 나만큼 즐거움에 민감한 사람은 몇 없을 터이다. 어떤 시골 사람이 말한 것과 비슷하다. "한 달간 바다에 나가 있었는데, 한 끼도 거르지 않았다." 나는 저녁을 먹고 순무를 키울 뿐, 죽음을 전혀 두려워하지 않는다. 이 모든 책임들을 내려놓고 수많은 골칫거리에서 벗어난다고 생각하면 오히려 자주 마음이 가벼워진다.

1843년 5월 20일

세상을 믿고 다 잘 되리라 희망하는 마음가짐이 무엇보다 중요하다. 그렇게 하는 사람은 경험으로 이루어진 세상에서 벗어나 자기만의 세상을 만들어 나간다.

1846년 5월

입하에 나는 여름이 얼마나 빨리 무르익는지 보며 금세 끝날까 봐 걱정한다. 그러나 칠월과 팔월의 무더위가 물러갈 즈음이면 나는 욕심껏 누린 사람처럼 가을의 서늘함을 받아들일 준비가 되어 있다. 죽음을 맞이할 때도 이와 같은 마음가짐이리라.

1847년 4월

그대가 배우고 해낸 일들은 안전하게 남아 열매를 맺으리라. 악한 날에도, 수치스러운 날에도, 빚과 우울감과 재난에 뒤덮인 날에도 일하고 배우라. 화살의 구름이 드리운 그늘 속에서도 최선을 다해 싸우라.

1848년 8월

학구적인 사람들은 하나같이 자신이 인기가 없다고 생각하는 경향이 있다. 파커는 자신이 뉴잉글랜드에서 가장 인기가 없는 사람이라고 내게 심각하게 이야기했으며 편지로도 그렇게 말한 적이 있다. 알콧도 자신을 그렇게 생각하는데, 파커나 알콧이 먼저 그 명예를 가로채지 않았으면 의심의 여지 없이 나 또한 내가 가장 인기가 없다고 말했을 터이다.

1850년 9월

돌이켜 보면, 삶에서 가장 즐거운 순간들은 책을 읽는 시간이었다고 깨닫는다. 그렇다. 그러나 그 즐거움은 자기 자신의 내면에서 우러나왔다. 그 시간에 산책을 했거나 괭이질을 했거나 수영했거나 요트를 탔거나 학교에 있었어도, 내면의 즐거움이 그 활동들과 상황들을 소중하게 만들었을 것이다.

1851년 10월 14일

오늘 우스터에서 '여성 집회'가 열렸다. 남성과 동등한 소유권이나 선거권을 지니지 못하는 한, 여성은 늘 불리한 위치에 있으리라 생각한다.

1851년 10월 27일

어젯밤에 헨리 소로와 주저리주저리 나눈 이야기들을 기억하기는 어려울 터이다. 그러나 우리는 다시 한 번, 슬픔에 가까운 기분으로, 영원한 외로움에 관해 이야기했다……. 우리가 아는 사람들 모두 얼마나 고립되어 있으며 안쓰럽게 고독한지!

1851년 12월 18일

X가 사는 게 통 재미가 없어졌다고 불평했다. 참으로 이상한 말이다. 대부분 사람에게 세상은 너무 흥미롭지 않은가. 흥미로운 것들이 차고 넘친다.

우리는 너무 많은 일을 하려다가 삶을 낭비한다. 손이 미치는 모든 것을 붙잡으려다가 결국 하나도 잡지 못한다. 농업에 관련된 신문을 펼쳐도 므두셀라에게나 어울릴 만한 소재들을 꼭 발견하기 마련이다. 책 한 권이 마음을 끌 때마다 나는 스무 권을 내려놓는다. 나는 보스턴을 피하는데,

그곳에서는 원하는 만남이나 하고 싶은 일을 애초에 시작도 할 수 없기 때문이다. 나는 프랑스를 더 잘 알고 싶고 예술을 공부하고 싶으며 법률을 연구하고 싶다.

1862년 6월

헨리 소로는 내 눈앞에 꼿꼿하고 차분하고 독립적인 모습으로 남아 있고[45], 그의 진정한 모습은 비단 그의 일기에서만 나타나는 것이 아니라, 내가 산책하거나 오늘처럼 호수에서 배를 저을 때도 내 마음 가까이 있다. 현명하게 그는 자신의 진정한 모습 그대로 사유와 자연을 만끽하며 홀로 살았다. 옛 수도승들과 그들의 금욕적인 삶과 어찌나 비슷한지!

1863년 6월 24일

헨리 소로의 일기를 읽다 보면 그의 강한 원기를 감지한다. 걸을 때나 일할 때나 임야를 둘러볼 때나 그에게서 늘 느껴지던 오크나무 같은 견고함과, 나라면 힘의 낭비라고 피할 노동에 임하는 일꾼의 단호함을 헨리의 글에서 찾아볼 수 있다. 헨리에게는 근력이 있어서, 나로서는 하릴없이 포기해야 하는 일들에 그는 도전하고 해낸다. 그의 글에서 나

---

45   헨리 데이비드 소로는 그해 5월에 죽었다.

와 같은 생각과 정신을 발견하는데, 그는 한 걸음 더 나아가, 나라면 모호한 일반성으로 표현했을 것을 뛰어난 이미지로 구현한다. 이것은 마치 경기장에 가서, 내가 흉내도 낼 수 없는 기력으로 뛰고 기어 오르고 팔다리를 휘두르는 젊은이들을 보는 것만 같다. 그들의 성과는 나의 예전 몸부림과 점프의 연장에 지나지 않지만 말이다.

1864년 5월 24일

어제, 5월 23일에 우리는 찬란한 햇살과 푸르른 초목과 잔잔한 바람 속에서 호손을 슬리피할로우에 묻었다. 제임스 프리먼 클라크가 교회와 무덤 앞에서 예식을 거행했다. 롱펠로우, 로웰, 홈스, 애거시즈, 호어, 드와이트, 위플, 노턴, 알콧, 힐러드, 필즈, 토머스 판사, 그리고 내가 운구자 역할을 맡았다. 프랭클린 피어스는 가족과 있었다. 정교하게 배열한 무성한 흰 꽃이 교회를 아름답게 장식했다. 시신은 마지못해 아주 잠깐만 친구들에게 보여졌는데, 고귀하고 평온해 보였다. 온전했으며, 차분하고 강력한 얼굴이었다. 교회와 묘지에 많은 조문객이 와 주었다. 모든 것이 무척이나 밝고 차분하여서 괴로움이나 슬픔이 거의 느껴지지 않았으며 홈스는 마치 즐거운 모임처럼 보였다고 말했다.

교회에서 클라크는 호손이 그 누구보다 삶의 그늘을 잘 포착했고 인간의 본성에 깃든 죄악을 연민의 시선으로 보았으며 마치 예수처럼 죄인들의 친구였다고 말했다.

나는 호손의 죽음에 깃든 비극적인 요소를 좀 더 자세히 살펴봐야 한다고 생각했다. 그는 몹시 고독했으며, 아마도 더는 고독을 견딜 수 없어서 죽은 듯하다.

그의 죽음에 나는 충격을 받고 실망했다. 호손은 그의 작품이 내비치는 것보다 훨씬 더 훌륭한 사람이고, 그가 여전히 더 많은 작품을 쓸 수 있으며 언젠가는 한층 더 순수한 재능을 발휘하리라 믿었던 것이다. 게다가 나는 그의 인품에 확신이 있었다. 그에게 공감과 이해가 필요하며, 소극적이고 망설이던 그에게 시간을 주고 기다리면 언젠가 우리가 우정을 나눌 수 있으리라 믿었다. 우리가 허심탄회하게 대화하는 사이가 되었으면 우리 두 사람 모두에게 참으로 좋은 일이었을 것이다. 그와는 대화를 나누기가 쉬웠다. 우리의 대화에는 그 어떤 장애도 없었다. 다만 그는 무척이나 과묵하고 나는 수다스러운데, 그는 아무런 기색도 내비치지 않았으므로 나는 내가 말을 너무 많이 할까 봐 걱정되어 입을 다물었다. 호손은 자기 중심적이거나 자기 주장이 강하지 않았다. 오히려 겸손했으며, 자신이 재능을 다 써버린 게 아닌가 걱정했다. 한번은 그가 사는 언덕의 숲속에서 조우했는데, 그는 자기 집으로 가는 길을 되밟으며 이렇게 말했다. "제 흔적이 남을 곳은 이 길뿐입니다." 내가 너무 오래 기다린 듯하다.

1864년 7월

노년은 나이 듦에 부착된 고충과 더불어 이 모든 것에서 곧 벗어나리라는 위안 또한 안겨 준다. 불만족스럽고 변덕스러운 우리 인간들에게 상당히 위로가 되는 생각이다. 전쟁에서 벗어나고, 빛에서 벗어나고, 갈증에서 벗어나고, 우울에서 벗어나고, 치과 의사의 손에서 벗어나고, 가슴을 후비고 찌르는 고통을 초래하는 자기 의심과 수치심과 후회에서 벗어나고, 또다시 찾아올 겨울과 높은 물가와 성에 안 차는 지인들에서 벗어난다고 생각하면 홀가분하지 않을 수 없다. 죽음의 전령인 잠이 얼마나 고통을 완화해 주는지 생각해 보라. 매일 밤 나를 위해 이 시끄러운 개들을 조용히 시켜 주지 않는가.

1867년 4월

흑인들이 천한 계층이라고 불평하는 당신들. 유대인들이나 흑인들을 천한 계층으로 만들고 그 자리에 가둬 두는 자가, 모두가 누리는 권리를 그들에게서 박탈하는 당신들이 아니면 누구겠는가?

옮긴이 후기

> 모든 삶은 실험이다. 더 많이 실험할수록 좋다.
>
> _ 랄프 왈도 에머슨

소셜미디어 시대라는 표현이 이제는 진부하게 느껴질 정도로 SNS는 우리 삶의 모든 국면에 녹아 들어 있다. 틱톡, 인스타그램, 유튜브, 트위터에 접속하는 순간 전 세계 만인의 삶을 클릭 한 번으로 들여다볼 수 있다. SNS에 너무도 익숙해진 우리는 이 공간의 모든 것이 의도적으로 만들어졌다는 사실을 부지불식간에 잊는다. 그야말로 끊임없이 이어지는 가면무도회인 셈이다.

"런던과 파리와 보스턴과 샌프란시스코에서 축제와 가면무도회가 한창이다. 아무도 자신의 가면을 벗지 않는다. 다 같이 만들어 내는 이 작품의 통일성과 허상을 깨는 일은 무례하다고까지 할 수 있다."

모든 것이 정교하게 조작된 이 세계에서는 어디까지가 진짜이고 어디부터가 가짜인지 헷갈린다. 최근에는 SNS를 하루에 세 시간 이상 사용하는 청소년은 우울증과 불안증을 경험할 확률이 두 배 증가한다는 미국보건당국의 연구 결과가 발표되는 등 SNS의 악영향에 대한 우려의 목소리가 높아지며, 담배처럼 사람에게 유해하다는 경고성 문구를 표시하자는 움직임까지 생겼다. SNS를 사용하면서 우리는 자기 자신을 타인과 습관적으로 비교하고, '좋아요', '팔로워'의 숫자로 자신의 가치를 매긴다. 퍼스널 브랜딩이 곧 경쟁력이라는 이 시대에 '나'라는 브랜드가 진정한 자기 모습인지 아니면 타인의 시선을 염두에 두고 만들어 낸 거짓된 모습인지 누가 알 수 있을까. 자기만의 정체성과 가치관을 세우는 일이 그 언제보다 어렵고 시급해진 지금이야말로 랄프 왈도 에머슨의 가르침이 절실히 필요하다.

랄프 왈도 에머슨. 대부분 독자에게 낯설지는 않은데 정확히 어떤 사람이며 대표작은 무엇인지 금방 떠오르지는 않는 이름일지도 모르겠다. 하지만 이 말들은 어떨까.

삶은 여행이지 목적지가 아니다.
친구를 얻는 유일한 방법은 먼저 친구가 되어 주는 것이다.
바다는 커다란 물방울이며, 각각의 물방울은 하나의 바다이다.

명언 제조기라는 별명을 붙여도 무리가 아닐 만큼 에머슨의 말들은 명언집이나 유명인들의 연설문에 자주 등장한다. 그러나 에머슨이 현대 철학과 문학에 미친 지대한 영향은 인터넷에 흔히 떠도는 명언 몇 구절로 담아 낼 수 없다. 생전에 에머슨은 미국에서 가장 유명하고 영향력 있는 지성인이자, 우리 시대로 치면 TED 토크의 슈퍼스타라고 할 수 있을 정도로 인기를 누린 강연가였다. 또한 에머슨은 미국 최초의 공공 지성인이라고 불린다. 그는 전문 철학자가 아니었고 작가라고 하기도 애매하지만, 그의 사상은 미국 철학과 문학에 기반을 마련했다. 그를 가장 정확히 정의하는 표현은, 그의 유명한 파이베타카파 협회 연설 〈미국 학자〉에서 찾을 수 있다. 바로 '사유하는 사람'이다. 고전 문학과 동서양의 철학과 근대 과학을 망라하며 매일매일 꾸준한 사유와 관조를 통해 발전시킨 그의 사상을 한마디로 정의하기는 어렵다. 그의 사상을 초월주의나 신비주의 등 어떤 '주의'의 범주에 한정하는 일은 그의 신조에 어긋난다. 에머슨은 사상의 이론이 아닌 실천을 중시했으며, 평범한 일반인들과 일상에서 위대함과 신성의 가능성을 보았다. '삶의 철학'을 설파한 에머슨이니만큼 그의 삶을 살펴봄으로써 그의 사상에 좀 더 쉽고 깊게 다가갈 수 있을 듯하다.

에머슨의 성장기

랄프 왈도 에머슨은 1803년 5월 25일에 보스턴에서 태어났다. 대대로 목사직에 몸을 담은 에머슨 가문은 부유하지는 않았으나 메이플라워호의 필그림스로 거슬러 올라가는 오랜 전통을 지녔으며 집안의 분위기는 엄격하고 학구적이었다. 아이들은 대체적으로 허약한 편이라 딸 두 명과 아들 한 명은 어려서 죽었고, 에머슨의 형제 두 명이 서른 살이 되기 전에 결핵으로 사망했다. 지적 장애를 앓은 로버트를 제외하면 형제들 모두 학구적 열의가 강하고 성적이 우수했다. 그러나 에머슨의 여덟 번째 생일을 앞두고 아버지가 갑자기 사망하며 집안은 큰 위기를 맞는다. 어머니 루스는 생활비를 마련하기 위해 하숙업을 시작했고, 에머슨의 고모인 메리 무디 에머슨에게 같이 살며 아이들 양육을 도와 달라고 청했다. 메리 무디는 에머슨에게 가장 일찍 그리고 가장 큰 영향을 끼친 인물이다. 그는 당시에 여자에게 허락되지 않은 고등 교육을 받지 못했지만 뛰어난 지력에 왕성한 학구열을 지녀서, 독학으로 플라톤, 셰익스피어, 밀턴, 로크, 워즈워스 등 다양한 문학과 철학 사상을 섭렵했다. 독립적인 정신을 중요하게 여긴 그는 조카들에게 독창적인 관점을 키우고 꾸준히 학업에 정진하기를 장려했고, 훗날에 에머슨은 그의 존재를 "그 어떤 교육도 제공할 수 없는 축복"이라고 불렀다. 에머슨은 열네 살에 하버드 대학에 입학했고, 중간 성적으로 졸업했다. 대학 시절에 에머슨은 시를 즐겨 썼으며 목사보다는 작가에 어울리는 성향을 보였지만, 목사가 되기로 했던 형 윌리엄이 독일 유학 중에 환멸을 느끼고 법조계로 전환하자, 에머슨네 집안에는 '가업'이나 다름없는 목사직을 맡아야 하는 부담을 에머슨이 고스란히 떠맡았다. 에머슨은 끝내 목사가 되기로 마음먹고 신학 대학원에 들어가는데, 불확실한 미래와 자기 의심 속에서 진로를 결정한 청년 에머슨의 심정이 일기에 절절히 담겨 있다.

삶에서나 일에서나 내가 성공할 가능성은 정확히 예측할 수 없다. 과거를 바탕으로 미래를 예상할 수 있다면, 성공할 가능성은 매우 낮을 것이다. 하지만 내 경우에는 꼭 그렇지 않으리라 생각한다. 현직에서 나는 성공을 기대한 적도 없다. 학생들을 신중히 가르치고 정직하게 일하여 돈을 벌었지만, 교사로서 나는 조금도 발전하지 않았으며 내가 맡은 업무들은 나의 적성에 전혀 걸맞지 않다. 여태 나는 희망에 속았다고 할 수 있으리라. 등에 짐을 짊어지고, 그 짐을 내려놓을 수 있는 저기 먼 언덕에 시선을 고정한 채로 힘겹게 걸어왔다. 어쩌면 앞으로도 오랫동안 희망에 속은 채로 살다가, 삶의 끝에서 끝내 짐을 내려놓지 못하고 떠날지도 모른다. 그러나 나는 성직이 나의 정신과 행동, 외적인 상황과 내면의 성질을 모두 새롭게 빚어 주리라 믿는다. 아니, 성직은 내게 시작점이 되어 줄 것이다. 나는 우아하고 조리 있게 말하는 법을 익힐 것이고, 선한 마음과 열의와 압도적인 덕성으로 노력하여 인간의 그릇된 판단과 어긋난 열정과 타락한 습관을 바로잡을 것이다.

_〈에머슨의 일기〉 중에서

그러나 에머슨은 입학과 거의 동시에 갑자기 시력이 크게 저하되었다. 수술로 시력을 되찾기는 했으나 얼마 후에는 폐에 문제가 생겨 따뜻한 남부 지방으로 요양을 갔다. 그가 태어나고 자란 보스턴과 딴판인 플로리다주의 생어거스틴에서 에머슨은 나폴레옹의 조카 아킬레 무라트를 만나 친구가 된다. 무라트는 매우 독특한 성격에 공공연한 무신론자였는데, 에머슨은 친구와 다양한 주제로 토론하며 자신의 관점을 확장하고 한층 더 성숙할 수 있었다.

상실과 보상

1829년부터 1832년은 몹시도 파란만장한 시기였다. 1829년에 에머슨은 아름답고 재기발랄하며 시를 즐겨 쓰는 엘렌 터커와 약혼했고, 얼마 후에 보스턴 제2교회의 부목사로 임명받았다. 스물일곱 살에 명망 높은 교회에서 안정적인 일자리를 얻었으며 사랑하는 여인과 결혼한 에머슨은 오랜 고생 끝에 마침내 세상에서 자기 자리를 찾았다고 생각했을지도 모른다. 그러나 다음 몇 년간 일어난 일은 그의 인생을 송두리째 뒤집어 놓았다. 그는 크나큰 상실과 아픔을 경험하는데, 그런 일이 없었으면 어쩌면 에머슨은 평범한 보스턴의 목사로 평생 살았을지도 모르니, 에머슨의 에세이 〈보상〉의 한 구절이 절로 떠오른다.

> 불운에 대한 보상은 오랜 시간이 흐른 뒤에야 비로소 이해할 수 있다. 열병에 걸리거나 신체가 절단되거나 참담한 실망을 겪거나 재산이나 친구를 잃었을 때, 그 순간에는 보상이 불가능하며 절대 보상받지 못할 상실처럼 느껴진다. 그러나 끝에 가서 세월은 모든 사건 아래에 흐르는 깊은 복구의 힘을 드러내리라.

에머슨과 만났을 때 이미 결핵을 앓고 있던 엘렌은 결혼한 지 이 년도 채 되지 않아 꽃다운 열아홉 살의 나이로 사망했다. 그다음 해인 1832년에 에머슨은 목사직을 사임한다. 그는 자신이 진심으로 믿지 않는 성찬식을 진행할 수 없으니 그 의무를 면해 달라고 요청했으나 교회 당국은 거절했고, 에머슨은 결국 교회와 결별했다. 이 대담한 결정은 엘렌의 죽음으로 인한 충격의 여파로 볼 수도 있으나, 에머슨은 학생 시절부터 구식 교리와 관습에 얽매인 교회 제도와 형식적인 의식에 거부감을 느꼈다. 사임하기 며칠 전에 쓴 에머슨의 일기는 당시 그의 마음을 잘 표현한다.

좋은 목사가 되기 위해서는 성직을 떠나야 하지 않을까 때때로 생각했다. 이 직업은 낡아 버렸다. 시대는 바뀌었는데 우리는 선조들의 죽은 형식으로 숭배한다. 소크라테스의 이교가 나약하고 구식인 기독교보다 낫지 않았을까?

_〈에머슨의 일기〉 중에서

목사직을 사임한 후에 에머슨은 몸과 마음이 쇠약해진 채로 유럽으로 떠났다. 열 달 남짓한 긴 여행은 가슴에 큰 상처를 입고 인생의 갈림목에 서 있던 에머슨에게 필요한 자극을 주고 새로운 가능성을 보여 주었다. 여행 중에 그는 윌리엄 워즈워스, 새뮤얼 콜리지, 토머스 칼라일 등 낭만주의 시인들과 지성인들을 만났는데, 특히 토머스 칼라일을 높이 평가한 그는 평생 서신을 주고받으며 우정을 이어 갔다. 에머슨은 파리 식물원에서 목격한 자연의 신비에 영감을 받았고, 이때 가슴 깊이 느낀 자연의 영성과 만물의 상호 관계를 바탕으로 그의 첫 출간작이자 지금까지도 대표작으로 남은 《자연》을 집필했다.

콩코드와 초월주의 클럽

여행에서 돌아온 뒤에 에머슨은 리디아 잭슨(결혼 후에는 그녀를 '리디언'이라고 불렀다)과 결혼하여 콩코드로 이사했다. 두 번째 결혼에는 첫 결혼 같은 열정은 없었으나, 현실적이고 사교성이 뛰어나며 인권 문제에 열정적이었던 리디언은 가정에 든든한 버팀목이 되어 주었다. 부부가 가정을 꾸리고 평생을 보낸 콩코드는 에머슨과 인연이 깊다. 콩코드는 에머슨의 선조가 세운 마을이었고, 에머슨은 어린 시절부터 콩코드에서 많은 시간을 보내며 자연의 아름다움에 눈을 떴다. 당시에 인구 2천 명 정도의 작은 마을이었던 콩코드는 에머슨의 등장과 함께 19세기 중반 미국 지성의 뜻밖의 중심지로 부상했다. 에머슨, 마거릿 풀러, 에이머스 브론슨 올컷, 너새니얼 호손, 헨리 데이비드 소로, 조지 리플리 등 뉴잉글랜드의 내로라하는 지성인들과 문인들이 콩코드에서 교류하며 여러 주제를 두고 활발히 토론했고, 이들의 모임은 곧 초월주의 클럽이라고 불리게 되었다. 초월주의자들은 모든 인간에게 선함과 신성이 깃들어 있고, 개인 각자가 자신의 직관에 의지하며 일상에서 영적인 경험을 추구해야 한다고 믿었다. 에머슨의 에세이 〈자연〉은 초월주의 사상에 기반을 깔았다고 평가되고, 그는 흔히 초월주의의 창시자로 불리는데, 흥미롭게도 그는 단 한 번도 자신을 초월주의자라고 칭하지 않았다.

1830년대 후반부터 에머슨은 꾸준히 명성을 쌓았다. 1837년에 에머슨은 하버드대학의 파이베타카파 학술협회 설립 기념일 연설에서, 미국의 지성인이 '사유하는 사람'으로서 과거와 유럽의 그림자에서 벗어나 독립적으로 진리를 찾고 행동으로 사상을 실천해야 한다고 강조했다. 올리버 웬델 홈스가 '미국의 지적 독립선언문'이라고 부른 이 연설은 미국 문학사상 가장 유명한 연설 중 하나이다. 그다음 해에 에머슨은 하버드 신학 대학원 졸업생들에게서 졸업 연설을 부탁받는다. 이 자리에서 에머슨은 그가 목사직을 사임했을 때부터 품고 있었을 듯한, 관습에 얽매인 교회 제도를 향한 비판을 여지없이 쏟아 냈다. 졸업식에는 열 명도 채 되지 않은 졸업생들과 그들의 가족과 친구, 교수진이 전부였지만, 에머슨의 연설은 뜨거운 논란을 일으켰고, 에머슨은 삼십 년 가까이 하버드대학에서 강연을 금지당했다.

프리랜서 강연가로서의 삶

이 사건을 기점으로 에머슨은 설교 활동을 완전히 그만두고 강연에 집중했다. 첫 아내의 유산 말고는 딱히 수입이 없던 그에게 강연은 거의 유일한 생계 수단이었는데, 이것은 당시 미국에서 유행한 리시움 운동 덕분에 가능했다. 리시움 운동은 1825년에 교육자 조시아 홀브룩이 아리스토텔레스가 제자들을 가르친 곳의 이름을 따서 창안한 일종의 대중 교육 운동으로, 시작된 지 십 년도 지나지 않아 미국 전역에 삼천 개가 넘는 강연장이 설립되었다. 에머슨은 "나의 설교단은 리시움이다"라고 말했을 정도로 리시움에서 인기를 누렸고, 나중에는 동부와 중서부를 넘어 캘리포니아, 캐나다, 영국까지도 순회 강연을 다녔다. 전국 곳곳으로 강연을 다니는 일은 물론 고생스러웠으나, 강연을 다닌 덕분에 에머슨은 콩코드 자택의 서재에서 벗어나 여러 다른 환경의 다양한 사람들을 만나고 미국의 실상을 체감할 수 있었다. 더 나아가 그는 강연장에서 자신의 이론을 시험해 보고, 청중의 반응과 그들과 나누는 교감을 통해 사상을 발전시키고 다듬을 수 있었을 것이다. 강연 단상에서 에머슨은 절제된 몸짓에 깃든 진심과 깊고 풍부한 목소리로 청중을 사로잡았다. 영국 최초의 여성 사회학자 해리엇 마티노는 에머슨의 강연을 이렇게 표현했다.

> 에머슨에게는 어딘가 고귀하면서도 너무도 다정한 분위기가 감돌아서, 사람들은 이유도 모르는 채로 깊은 감명을 받는다. 논리학자들은 그를 상대로 거듭 승리를 거두겠지만, 아무런 의미가 없는 승리이다. 에머슨은 사람들의 이성을 특정한 방향으로 이끌지 않으면서도 드높이고, 사람들의 정신은 그의 강연을 듣기 전보다 더욱 고귀해진다.

노예제도 폐지 운동: 행동하는 학자

1842년 1월에 에머슨은 하늘이 무너지는 슬픔을 겪었다. 건강하고 명랑한 다섯 살배기 아들 왈도가 선홍열에 걸려 갑작스레 죽은 것이다. 십여 년 전에 첫 아내 엘렌을 잃고, 1834년과 1836년에 연이어 동생 두 명을 잃은 에머슨은 이미 상실의 슬픔을 여러 번 겪었지만, 결핵을 앓은 엘렌과 형제들과 달리 왈도의 죽음은 전혀 예상하지 못한 재앙이라는 점에서 더 큰 충격과 슬픔을 낳았다.

> 저는 아무 말도 하지 못하겠습니다. 사랑하는 제 아들이, 우리 집에서나 다른 집에서나 비교할 상대를 찾을 수 없었을 정도로 훌륭했던 아이가, 제 품에서 꿈처럼 빠져나갔습니다. 샛별처럼 제 세상과 일상의 모든 면에 아름다운 빛을 뿌리던 아이입니다. 저는 아이의 존재감 속에서 잠들어 아이를 기억하며 깨어났습니다…….
> _〈메리 무디 에머슨에게 보낸 부고 편지〉 중에서

그러나 에머슨은 비탄에 빠져 절망하는 대신, 납득하기 어려우나 부정할 수 없는 삶의 일부인 상실을 고찰하고, 자신이 얻은 깨달음을 에세이 〈경험〉에 담았다. 어쩌면 슬픔을 극복하기 위한 노력의 일환으로, 1840년대에 에머슨은 여러 분야에서 왕성하게 활동했다. 그는 에이머스 브론슨 알콧이 "필경사를 기다리는 영혼을 위한 자유로운 공간"이라고 묘사한 초월주의 기관지 「더 다이얼(The Dial)」을 편집했고, 볼티모어, 필라델피아, 뉴욕 등으로 분주히 강연을 나갔다. 또한 1840년대 중반부터는 노예제도 폐지 운동에 참여했다. 에머슨에게는 미국의 첫 공공 지성인이라는 별명이 있지만, 그는 초기에는 강연을 다닐 때 말고는 사회에 얼굴을 자주 비치지 않았다. 젊었을 때부터 에머슨은 사람들이 집단으로 하는 행동을 경계했고, 정치적 활동과 소위 '개혁자'들을 마뜩지 않게 여겼다. 그러나 자기 시대의 가장 뜨거운 사회 문제를 언제까지고 모른 척할 수는 없었고, 아내 리디언은 콩코드 반노예제 여성 협회 창립자의 일원이었을 정도로 노예제도 폐지 운동에 열성적이었다. 1844년부터 그는 노예제도를 비판하는 연설을 하고 집회에 참석했는데, 이 활동에 불붙인 연료는 무엇보다 그가 미국의 지성인들과 정부에 느낀 실망감이었다. 1850년에 에머슨의 우상이나 다름없던 대니얼 웹스터가 나라의 화합을 위해 북부는 도망 노예를 남부로 돌려보내야 한다는 주장을 펼쳤고, 미국 의회는 끝내 도망노예법을 통과시켰다. 씁쓸한 배신감을 느낀 에머슨은 평소의 온화한 태도와 다르게 맹렬히 웹스터를 비난하고 보다 적극적으로 노예제도 폐지 운동에 뛰어들었다.

이 역겨운 법이 19세기에 글을 읽고 쓸 줄 아는 사람들에 의해 제정됐다. 맹세컨대, 나는 절대 따르지 않겠다!

_〈에머슨의 일기〉 중에서

콩코드의 현자

1850년대부터 에머슨은 당대 최고의 지성인으로서 미국은 물론 유럽에까지 명성을 떨쳤다. 인기가 정점에 이른 1867년에는 무려 80회 가까이 강연을 나갔다. 그의 명성 때문인지, 심지어 하버드대학도 그를 다시 초청하고 명예 박사 학위를 수여하는 등 화해의 손길을 보냈다. 1872년, 에머슨이 예순아홉 살이었을 때 그의 집에서 화재가 발생했다. 이웃들이 한달음에 달려와 도움을 주었는데, 굳이 말하지 않아도 에머슨의 서재가 가장 중요하다고 판단한 사람들은 그의 책과 서류 들을 구출하여 창밖으로 던졌고, 오랜 친구인 루이자 메이 올컷이 에머슨의 귀중한 책과 자료들을 지켰다고 한다. 에머슨은 화재로 큰 충격을 받았지만, 이 사건은 얼마나 많은 사람들이 그를 아끼는지 증명한 소중한 경험이기도 했다. 친구들이 모은 돈으로 에머슨은 집을 재건할 수 있었고, 집을 공사하는 동안 딸 엘렌과 함께 유럽과 이집트를 여행했다. 두 사람이 귀국한 날에 마을 사람 전체가 콩코드의 현자를 환영하기 위해 거리로 나왔고, 악단이 음악을 연주하며 흥거운 축제가 벌어졌다. 그 광경에 감동을 받은 딸에게 에머슨이 어리둥절하여 물었다고 한다. "오늘이 무슨 공휴일이니?" 말년에 에머슨은 치매로 추정되는 증세를 보이기 시작했다. 일상적인 활동은 가능했으나 이해력과 언어 능력과 기억력이 점점 쇠퇴했다. 어느 날 그는 외출했다가 비를 맞은 뒤에 폐렴에 걸렸고, 1882년 4월 27일에 일흔여덟 살의 나이로 가족들과 친구들이 지켜보는 가운데 타계했다.

    이처럼 간략하게 요약한 전기에 한 삶의 궤적을 오롯이 담을 수는 없지만, 에머슨은 과연 자신의 신념을 삶에서 실천하는 지성인이었음을 알 수 있다. "삶이야말로 완전한 행동입니다. 사유에서 그치는 것은 불완전한 행동입니다." 에머슨이 진정 에머슨다운 삶을 살기 시작한 시점은 그가 목사직을 그만둔 순간이라고 할 수 있다. 그때 그는 엘렌이 남긴 작은 유산을 제외하면 경제적 수단이나 보장된 일자리가 없었음에도 신념에 어긋나는 일을 하느니 안정적인 직업을 그만두는 편을 택했다. 주변 사람들의 기대를 저버리고 자기 신념을 추구하는 일이 에머슨이라고 쉬웠을 리 없다. 지금 우리나라에서도 얼마나 많은 젊은이들이 사회와 주변 사람들이 승인하는 길을 밟아야 한다는 부담에 시달리고 있는가. 〈자기 신뢰〉에서 에머슨이 표현한 당대 미국 젊은이들의 방황과 좌절은 현재 한국 사회에 대입해도 무리가 없을 듯하다.

이 나라의 젊은이들은 첫 시도가 뜻대로 풀리지 않으면 완전히 낙담한다. 젊은 상인이 사업에 실패하면 사람들은 그가 '망했다'고 말한다. 우리 대학의 최고 학생이 졸업하고 일 년 안에 보스턴이나 뉴욕 혹은 이들 도시의 교외에서 직업을 찾지 못하면, 다들 그가 좌절하여 남은 평생을 한탄 속에 보낼 만하다고 여긴다.

에머슨은 자기 신뢰의 길이 결코 평탄치 않음을 알았다. 한국의 집단주의 정신을 드러내는, "모난 돌이 정 맞는다"라는 속담처럼, 사회에 순응하지 않고 자신의 가치관을 좇는 일에는 위험이 따른다. 에머슨 또한 비싼 값을 치렀다. 하버드 신학 대학원 졸업 연설 뒤에 그의 모교 하버드대학뿐 아니라 교회들도 그에게서 등을 돌렸는데, 집안 대대로 목사직에 임한 그에게 이러한 배척은 거의 파문처럼 느껴졌을지도 모른다. 자칫 감정적으로 치달을 수 있는 상황에서 에머슨은 자신의 가르침대로 행동했다. "침묵 속에서 꾸준하고 엄격하게 사유하여 자신의 신념을 지켜야 합니다. 세상의 무관심을 견디고, 비난을 견디고, 거듭 관찰하며 때가 오기를 기다려야 합니다." 그는 자신을 이단자, 심지어 미친개라고 부르는 세상의 비난에 일절 반응하지 않고, 조용히 자기 할 일을 하며 소란이 가라앉기를 기다렸다.

　에머슨은 수십 년간 다양한 주제로 강연을 했지만, 그의 핵심 사상은 '개인의 무한함'이다. 앞서 언급했듯이 에머슨은 평범한 사람들과 일상에 담긴 위대한 가능성을 믿었다. "상점과 쟁기와 장부에도 빛이 아른거리고 시인으로 하여금 노래하게 만드는 힘이 깃들어 있음을 보여 주십시오. 그러면 세상은 단조로운 잡동사니는 모아 둔 창고가 아니라 형태와 질서를 얻을 것입니다. 그 무엇도 하찮지 않습니다." 이 믿음은 그가 유대감을 표한 퀘이커교의 '내면의 빛'과 상응한다. 자신에게 존귀한 내면의 빛이 깃들어 있으며 그것을 만물과 공유한다는 믿음은 자연스레 자기 자신은 물론 타인과 다른 생명체들을 소중히 여길 근거가 된다. 또한 자기 자신을 믿고 자신의 뜻대로 행동하라는 말은 곧 다른 사람들도 그렇게 할 권리가 있으므로 모두가 서로 존중해야 한다는 다양성과 포용성으로 귀결된다.

그러나 사회에 순응하지 말고 내면의 목소리를 따르라는 에머슨의 가르침은 자칫 오용되거나 악용될 위험이 있다. 아인 랜드(Ayn Rand)의 위험한 이기주의와 유사한 부류라고 오해받을 수도 있다. 에머슨은 그 위험을 인식한 듯하다. "뻔뻔한 호색가는 철학을 빙자해 자신의 악행을 포장한다." 에머슨의 자기 신뢰는 이기주의나 무분별한 탐닉이나 파괴적인 반사회적 행동을 정당화하지 않는다. 에머슨은 우리에게 머릿속에 떠오르는 아무 충동이나 따르라고 하지 않는다. 우리가 귀 기울여야 할 목소리는 가슴속 깊은 곳의 신성한 직관이며, 자기만의 엄격한 규율을 세워서, "[자기] 세계의 윤리를 따름으로써 세간의 윤리를 지킬 수" 있어야 한다.

그렇다면 이러한 직관의 목소리를 어떻게 들을 수 있을까? 에머슨은 아기와 어린아이들은 자신의 본능을 따르며 자신의 생각을 곧이곧대로 표현하는데, 바로 이것이 인간의 자연스럽고 바람직한 모습이라고 한다. 그러나 사람은 성장하며 점차 타인의 시선을 통해 자신을 정의한다. 바로 이러한 이유로 에머슨은 우리가 의도적으로 고독을 추구해야 하며 그러기에 가장 좋은 장소로 자연을 제안한다.

> 숲속에서 우리는 이성과 믿음을 되찾는다. 숲속에서는 삶의 그 무엇도 나를 쓰러뜨릴 수 없다고 느낀다. 그 어떤 불명예스럽거나 불행한 일도 (내가 볼 수만 있다면) 자연은 치유할 수 있다. 맨땅에 서서, 나의 머리를 청쾌한 대기에 맡기고 무한한 우주로 떠오르면, 그 모든 하찮은 자의식이 말끔히 씻겨 사라진다. 나는 투명한 눈이 된다. 나는 아무것도 아닌 채로 모든 것을 본다. 우주를 다스리는 존재가 나를 통해 흐르고 나는 신의 일부 혹은 편린이 된다.

에머슨은 고독을 중요하게 여겼지만 사회적 동물인 인간에게 타인과의 교감이 필요하다는 사실 또한 간과하지 않았다. 그는 지나친 고독이 비현실적일 뿐만 아니라 유해하다는 사실을 인정했다. 인간은 본질적으로 고독한 존재이지만 ("멀리서는 하나의 빛을 뿜는 듯한 성운도 망원경으로 보면 별들이 떨어진 채로 따로따로 빛나고 있듯이, 가장 친밀한 친구들 사이에도 결코 건널 수 없는 골이 존재한다") 타인과 공존해야 하는데, 사회로 나가는 순간 타인의 기준에 자신을 종속하며 주체성을 잃을 위험이 있다. 에머슨이 평생 탐구한 이 문제는 20세기에 와서 실존주의 사상가들에 의해 다시 조명된다. 에머슨은 중년에 집필한 〈사회와 고독〉에서

이 문제의 해결책을 제시한다. 그는 우리가 사회라는 옷을 두르고 있어야 하지만, 사람들은 조금씩 선택적으로 만나라고 권하며 사회와 고독의 상호 보강적인 관계를 피력한다. 에머슨에게 진정한 독립성은 남들과 있건 홀로 있건 자기 자신을 지킬 수 있는 능력이다. "위대한 사람은 군중 속에서도 고독이 주는 독립성의 완벽한 즐거움을 누린다." 에머슨은 서재나 자연의 품에서 홀로 사유하는 시간을 즐겼지만, 마음이 맞는 사람들과의 만남 또한 소중히 여겼다. 콩코드의 에머슨 자택은 지인과 친구들이 찾아와 즐거운 한담을 나누고 토론을 벌인 활기찬 장소였다. "사회와 고독은 거짓된 이름이다. 사람과 많이 혹은 적게 어울리느냐가 아니라, 타인과 진정한 공감을 이루는 것이 중요하다."

이러한 에머슨의 결론은 사람들끼리 서로 자유를 존중하는 공존을 강조한 보부아르의 실존 윤리와 같은 맥락이다. 에머슨이 해결책으로 제안하는 우정은 가볍거나 경박하지 않다. "나는 그에게서 뜻과 생각과 진심과 눈길을 원하지, 아무개의 소식이나 수프 한 접시를 원하지 않는다. 정치 이야기나 잡담, 친절한 편의는 더 값싼 관계에서 얻을 수 있다. 나와 친구의 관계는 시적이고 순수하며 보편적이고, 자연만큼이나 장엄해야 않을까?" 진정한 우정은 서로 대등한 두 사람이 자신의 진실한 모습을 공유하는 일이다. 서둘러 친해지거나 상대를 소유하려고 욕심을 부리는 순간 우정은 망가진다. 또한 타인과의 공감에 목말라 아무하고 값싼 관계를 맺지 말라고 그는 경고한다. 이처럼 서로에게 충분한 시간과 공간을 주며 우정을 키우라는 에머슨의 말은 사랑이란 두 고독이 서로 만나 보호하고 반기는 것이라는 릴케의 말을 떠올리게 한다.

실제로 릴케는 젊은 시절에 에머슨의 영향을 받은 듯하다. 1898년에 릴케는 지인에게 보낸 편지에서 에머슨을 언급했다. "매우 영향력 있는 미국 철학자 랄프 왈도 에머슨을 알게 되었습니다. 이제 막 그를 공부하기 시작했어요." 어디 릴케뿐이랴. 에머슨은 열네 살 어린 헨리 데이비드 소로의 정신적 멘토이자 친구로서 그를 물심양면으로 도왔다. 나중에 두 사람은 관점의 차이로 사이가 소원해지지만, 에머슨의 영향을 빼놓고 소로의 삶과 사상을 논하기는 불가능하다.

그 누구보다 에머슨을 존경한 사람은 독일 철학자 니체였다. 학창 시절에 에머슨의 글을 처음 접한 니체는 팬심이라는 표현이 적절한 열정으로 에머슨을 높이 평가했다. 그는 에머슨을 미국의 가장 위대한 사상가뿐 아니라, 자신의 '영혼의 형제'로 여겼고, 니체 학자들은 자라투스트라의 '초인' 개념이 에머슨에서 영감을 받았다고 추정한다. 또한 미국의 대표 시인 월트 휘트먼은 자신의 시 〈풀잎〉을 읽고 찬사를 보낸 에머슨에게 매우 긴 감사 편지를 썼는데, 그것을 《풀잎》 시집의 개정판에 서문으로 포함하며 이렇게 끝맺었다.

스승이여, 제가 이 나라의 청년들을 대표하여 여기에 적은 말과 다짐을 받아 주십시오. 선생님을 뛰어넘을 자는 없으나, 우리 가운데 가장 뛰어난 이들은 선생님의 발자취를 따르리라 약속합니다. 선생님의 업적을 저희가 이어 갈 수 있게 맡겨 주시기를 청합니다. 저희는 선생님의 뜻을 이해하고 동일한 울림을 마음속에서 듣습니다. 그러므로 저희는 그것을 수호하고 이 나라 전체에 널리 퍼뜨리겠습니다.

또한 〈가지 않은 길〉로 우리에게 잘 알려진 로버트 프로스트는 에머슨을 '시적인 철학자'이자 '철학적인 시인'이라고 부르며, 조지 워싱턴, 토머스 제퍼슨, 에이브러햄 링컨과 더불어 자신이 가장 존경하는 미국인으로 손꼽았다.

이처럼 세계적인 지성인들과 문인들에게 큰 영향을 끼친 에머슨이 지금 시대 독자에게 많이 알려지지 않은 까닭은 무엇일까. 일단, 에머슨의 글은 읽기가 다소 어렵다는 사실을 들 수 있다. 에머슨의 글에는 그가 평생 탐구한 철학과 추상적인 개념들이 부가 설명 없이 흩뿌려져 있고, 그의 비유와 메타포는 사전 지식 없이는 이해하기가 힘들다. 그가 최고의 강연가로서 인기를 누린 시절에도, 많은 청중들이 그의 사상을 완벽히 이해하지 못한 채로 그에게 매혹되고 영감을 받았다고 한다. 오죽하면 당시 비평가 제임스 러셀 로웰이 이렇게 말했을까. "우리는 에머슨의 말을 들으러 간다기보다는 에머슨을 들으러 간다."

또 하나의 이유는, 에머슨의 글은 독자들을 만족시키는 명확한 '결론'을 제공하지 않기 때문인지도 모른다. 그러나 이것은 에머슨의 의도였다. 독립적인 지성을 무엇보다 중요하게 여긴 에머슨은 독자들이나 청중이 자신의 사상을 수동적으로 받아들이기를 원하지 않았다. 오히려 그들이 비판적인 정신으로 도전하기를 바랐다. 연설문 〈미국 학자〉에서 그는 책을 신성시하는 풍조를 비판하며 아무리 위대한 저자의 책이라도 자신에게 와 닿는 진리만 습득하고 나머지는 버리라고 충고한다. 시인 메리 올리버는 에머슨을 소개하는 글에서 "문학은 하나의 좁고 절대적인 길이 아닌 여러 가능성으로 갈라지는 길로 우리를 이끌 때 가장 쓸모가 있다"라며 이렇게 말했다.

> 그것이야말로 에머슨의 핵심이다. 그는 한 가지 결론으로 곧장 나아가는 대신 문제의 모든 측면을 둘러보고 부드럽게 제안하는 데서 그치며, 문을 열고 우리에게 직접 보라고 권한다. 에머슨이 유일하게 고집하는 점 하나는, 우리가 찾아보아야 한다는 것이다. 정원의 잡초를 뽑을 때나 젖소의 우유를 짤 때나, 반드시, 주의 깊게 관조하고 사유하여 삶의 정수를 찾아야 한다는 것이다.

에머슨은 반세기에 가까운 세월에 걸쳐 1,500여회의 강연을 했다. 그 사실을 고려하면 단행본으로 출간된 에세이는 그야말로 새 발의 피다. 에머슨이 정확히 어떤 기준으로 에세이로 출간할 강연문을 골랐는지는 알 수 없으나, 강연 내용의 철학적 중요성, 청중의 반응, 시대성, 단행본의 전체적인 주제에 부합하느냐 등을 기준으로 삼았으리라 짐작해 본다.

이 모음집에 수록할 에세이를 고를 때는 두 가지 사항에 중점을 두었다. 에머슨의 대표 사상과 삶의 철학이 담겨 있는가. 그리고 우리 시대가 심하게 앓고 있는 문제들에 실용적인 답안을 제시하는가. 고심한 끝에, 에머슨의 대표작이자 그의 핵심 사상이 집결되어 있는 〈자기 신뢰〉와 〈미국 학자〉, 인간관계에 대한 에머슨의 성찰이 녹아 있는 〈우정〉과 〈사회와 고독〉, 삶의 어느 단계에서나 우리에게 필요한 조언이 담긴 〈용기〉와 〈태도〉, 그리고 삶의 저물녘을 애수가 아닌 기쁨 충만한 마음으로 바라보는 〈노년〉을 선택했다. 에머슨을 단순히 소로의 멘토로만 알고 있거나, 〈자기 신뢰〉와 〈자연〉 등 그의 대표작만 접해 본 독자들이 에머슨을 좀 더 친밀하고 깊이 알게 되는 기회가 되기를 바란다.

친숙한 이름 헨리 데이비드 소로의 입을 빌려 에머슨의 소개를 마친다.

에머슨에게는 아무도 대적할 수 없는 특별한 재능이 있다. 그는 인간에게 깃든 신성을 그 누구보다도 명확하고 체계적으로 포착했다. 또한 그가 젊은이들에게 미치는 영향을 따라올 사람은 없다. 에머슨의 세계에서는 모든 사람이 시인이 될 가능성을 품고 있다. 그의 세계에서는 사랑이 지배하고 아름다움이 흘러넘치며 인간과 자연이 조화롭게 존재한다.

_〈헨리 데이비드 소로의 일기〉 중에서

랄프 왈도 에머슨 연보

1803년　선거일인 5월 25일 보스턴에서 유니테리언교 목사 윌리엄 에머슨과 루스 해스킨스 에머슨의 여덟 자녀 중 셋째 아들로 출생하다. 에머슨은 메이플라워호로 이민 온 필그림 파더스의 7대 손이다. 에머슨이 두 살이었을 때 그의 아버지는 그가 '다소 둔한 학생'이라고 표현했다.

1807년　4월 26일 큰형 존 클라크 에머슨이 결핵으로 사망하다.

1808년　11월 가족이 보스턴 제1교회의 목사관으로 이사하다.

1811년　5월 12일 의사의 권고로 메인주 포틀랜드에서 요양하던 아버지가 사망하다.

1812년　가을 보스턴 공립 라틴어 학교에 입학하다. 시를 쓰기 시작하다.

1814년　고모 메리 무어 에머슨이 아이들 양육과 살림을 돕기 위해 같이 살기 시작하다. 11월에 가족은 콩코드로 이사하다.

1815년　봄 가족은 보스턴으로 돌아오다. 에머슨은 가을에 동생 에드워드와 라틴어 학교를 다시 다니기 시작하다. 사립학교에서 따로 프랑스어를 공부하다.

1817년　9월 최연소로 하버드대학에 입학하다. 돈을 벌기 위해 하버드대학 총장의 비서직과 웨이터 일을 구하다.

1818년　미들네임인 왈도를 이름으로 쓰기로 결정하다.

1820년　일기를 쓰기 시작하다. 일기장에 '드넓은 세상'이라는 이름을 붙이

	다. 〈소크라테스의 인품〉이라는 에세이로 학교 에세이 경연에서 2등을 하다.
1821년	7월 21일 하버드대학을 59명 가운데 30등으로 졸업하다. 형 윌리엄이 설립한 여학생 학교에서 교사로 일하기 시작하다.
1823년	12월 윌리엄이 신학을 공부하러 독일로 떠나다. 에머슨이 혼자 학교를 운영하다.
1824년	12월 폐교하다. 하버드 신학 대학원에 들어갈 준비를 하다.
1825년	2월 하버드 신학 대학원의 기숙사로 들어가다. 안질환과 류머티즘이 발병하다. 10월에 윌리엄이 독일에서 돌아와 성직을 포기하겠다고 밝히다. 건강이 나빠진 에드워드는 요양하기 위해 유럽으로 떠나다.
1826년	눈의 질병은 나았지만 류머티즘을 앓다. 케임브리지에 사설 학교를 설립하다. 10월에 설교할 수 있는 자격증을 취득하다. 폐에 문제가 생겨 사우스 캐롤라이나주 찰스턴으로 요양을 떠나다.
1827년	플로리다주 생어거스틴으로 떠나다. 나폴레옹의 조카 아킬레 무라트와 우정을 쌓다. 봄에 보스턴으로 돌아와 설교를 다니다. 12월에 콩코드에 설교하러 갔다가 엘렌 터커를 만나다.
1828년	에드워드가 망상증을 앓기 시작하다. 에머슨은 파이베타카파 명예 회원으로 뽑히다. 에머슨은 12월에 엘렌 터커와 약혼하다.
1829년	3월 11일 보스턴 제2교회 부목사로 임명되다. 9월에 엘렌 터커와 결혼하다. 에드워드가 건강 문제로 푸에르토리코로 떠나다.
1831년	2월 8일 엘렌이 결핵으로 사망하다. 에머슨은 매일 아침 엘렌의 무덤을 찾아가다. 찰스도 푸에르토리코로 요양을 떠나다.
1832년	9월 9일 '성찬식'이라는 제목으로 설교하며 목사직에서 사임할 의사를 밝히다. 크리스마스에 유럽으로 떠나다.
1833년	이탈리아를 여행하고 6월에 파리에 도착하다. 파리 식물원에서 '자연주의자'가 되겠다고 결심하다. 7월에 영국에 도착하다. 잉글랜드에서 존 스튜어트 밀, 새뮤얼 콜리지, 윌리엄 워즈워스를 만나고, 스코틀랜드에서 토머스 칼라일과 만나다. 건강을 회복하고 돌아오다. 11월에 보스턴에서 '자연과학의 쓸모'라는 제목으로 강연하다.

1834년 매주 일요일 프리랜서 목회자로 설교를 계속하다. 칼라일과 서신 교환을 시작하다. 봄에 엘렌의 유산 중 절반을 얻다. 에드워드가 10월 1일에 푸에르토리코에서 사망하다. 에머슨은 어머니와 콩코드로 이사하다.

1835년 보스턴에서 위인들의 삶을 주제로 강연하다. 1월에 리디아 잭슨과 약혼하고, 9월 14일에 결혼하여 콩코드에 정착하다. 에이머스 브론선 알콧과 친분을 맺다. 매사추세츠주 이스트렉싱턴 교구의 목사직은 거절하지만 매주 일요일에 설교하기로 하다. 보스턴에서 겨울에 '영국 문학'을 주제로 강연 시리즈를 시작하다.

1836년 5월 동생 찰스가 결핵으로 사망하다. 마거릿 풀러가 7월에 에머슨의 집에서 3주간 지내다. 하버드대학의 200주년 기념일인 9월 8일에 대학 동창인 프레더릭 헨리 헤지, 조지 리플리, 조지 풋넘과 함께 그들만의 클럽을 만드는 것에 관해 의논하다. 바로 다음 날에 익명으로 첫 책 《자연》을 출간하다. 클럽 결성을 논의한 날에서 11일 후에 첫 모임을 개최하다. 헤지는 자신들의 클럽을, "엄격히 따졌을 때 클럽이라고는 할 수 없었다……. 마음이 맞는 남녀가 때때로 모여 이야기를 나누는 것이었다"라고 표현하다. 헤지가 보스턴에 올 때 주로 모임을 갖는다는 이유로 '헤지 클럽'이라고 불리던 이 클럽은 나중에 '초월주의 클럽'이라는 별명을 얻다. 10월 30일 첫 아들 왈도가 출생하다.

1837년 8월 31일 하버드대학 파이베타카파 학술협회 기념일에 '미국 학자' 연설을 하고, '우리 모두를 하나의 마음'으로 융합하는 '콩코드의 정신'이라는 찬사를 받다.

1838년 이스트렉싱턴 교회에서 설교를 중단하다. 헨리 데이비드 소로와 만나 친분을 맺다. 밴 뷰런 대통령에게 편지를 보내 체로키 인디언 강제 이주를 반대하다. 7월 15일에 크게 논란이 된 하버드 신학 대학원 졸업 연설을 하다.

1839년 2월 24일 딸 엘렌 터커 에머슨이 출생하다. 소로의 어머니가 산파로 출산을 거들다.

1840년	마거릿 풀러와 창간한 기관지 「더 다이얼(The Dial)」의 첫 호를 7월에 발행하다. 에머슨은 초월주의자들이 설립한 실험적인 농촌 공동생활체 브룩 팜에 참여하기를 거절하다.
1841년	3월 《에세이 첫 번째 시리즈》를 출간하다. 미국보다는 런던과 파리에서 호의적인 평가를 받는다. 봄에 헨리 데이비드 소로가 에머슨의 집에 들어와 살기 시작하다. 잡다한 집안일을 돕는 것으로 하숙비를 대신하기로 하다. 11월 22일에 딸 이디스가 출생하다.
1842년	1월 27일 장남 왈도가 성홍열에 걸려 사망하다. 마거릿 풀러의 뒤를 이어 「더 다이얼」의 편집을 맡다.
1843년	봄 소로는 뉴욕지방검사가 된 에머슨의 형 윌리엄의 아이들의 교습을 맡아 스테이튼아일랜드로 이사하다. 에머슨은 단테의 《신생》 번역을 완성하다.
1844년	7월 10일 아들 에드워드 왈도가 출생하다. 월든 호숫가에 땅을 사다. 10월에 《에세이 두 번째 시리즈》를 출간하다. 미국의 텍사스 합병과 멕시코 전쟁을 반대하다.
1845년	월든 호숫가의 에머슨 소유 땅에 헨리 데이비드 소로가 통나무집을 짓고 살기 시작하다. 에머슨은 흑인을 회원으로 받지 않는 뉴베드포드 리시움에서 강연하기를 거부하다.
1847년~1848년	강연 초대를 받고 잉글랜드로 떠나다. 찰스 디킨스, 앨프리드 테니슨, 토머스 칼라일, 해리엇 마티노를 만나다. 에머슨이 유럽으로 떠난 동안에 소로는 월든 호수를 떠나 에머슨의 집에서 살며 도움을 주다. 5월 15일 시위로 어수선한 시기에 프랑스를 방문하다. 런던으로 돌아와 '19세기의 정신과 매너'라는 제목으로 강연하다. 쇼팽과 식사를 하고, 조지 엘리엇을 만나다. 7월 말에 보스턴으로 출발하다.
1850년	9월 마거릿 풀러가 난파로 사망하다. 겨울에 '인생의 처신' 강연 시리즈를 진행하다.
1851년	도망노예법을 옹호한 대니얼 웹스터의 3월 7일 연설에 크게 분노하다. 콩코드 주민을 대상으로 도망노예법을 반대하는 연설을 하다.
1853년	11월 16일 어머니 루스가 향년 여든네 살로 사망하다.

1854년 미국 곳곳에서 강연 초빙이 쏟아지다. 뉴욕시에서 도망노예법을 반대하는 강연을 하다.

1855년 뉴욕과 필라델피아와 보스턴에서 도망노예법을 반대하는 연설을 계속하며 노예 폐지 운동에 적극 참여하다. 월트 휘트먼의 시집 《풀잎》을 읽고 매우 감탄하여 시인에게 축하 편지를 보내다.

1856년 8월 《영국 특성》을 출간하다. 한 달 만에 3천 부를 완판하다. 《에세이 첫 번째 시리즈》와 《에세이 두 번째 시리즈》를 중쇄하다.

1857년 어머니와 왈도의 유골을 슬리피할로우 묘지로 옮기다.

1859년 5월 27일 지적 장애를 앓던 동생 로버트가 병원에서 사망하다. 12월 2일에 노예 해방 운동가 존 브라운이 교수형으로 처형되다. 에머슨은 그 소식을 듣고 매우 심란해하며, 그의 교수형대가 "십자가만큼 신성해질 것"이라고 하다. 존 브라운의 유족을 위한 모금 모임에서 연설하다.

1860년 3월 보스턴에서 월트 휘트먼을 만나다. 12월에 《인생의 처신》을 출간하다.

1862년 워싱턴에서 '미국 문명'이라는 주제로 강연하고 링컨을 만나다. 5월 6일에 소로가 결핵으로 사망하다. 그의 장례식에서 에머슨은 〈소로〉라는 제목의 추모문을 읽고, 나중에 「아틀란틱 먼슬리」에 싣는다.

1863년 5월 1일 고모 메리 무디 에머슨이 향년 여든아홉 살로 사망하다.

1864년 5월 19일 너새니얼 호손이 사망하다. 미국 예술 과학 아카데미 회원으로 선출되다.

1865년 4월 19일 콩코드 주민 앞에서 링컨을 추모하다. 77회 강연을 나가다.

1866년 7월 하버드대학이 에머슨에게 명예 박사 학위를 수여하다.

1867년 1848년 신학 대학원 졸업 연설의 논란 이후 거의 33년 만에 하버드대학에서 연설 초빙을 받다.

1868년 9월 13일 뉴욕에서 형 윌리엄이 사망하다.

1869년 하버드대학에서 초서, 셰익스피어, 존슨, 베이컨을 포함한 영국 작가들을 주제로 강의하다.

1870년 3월 《사회와 고독》을 출간하다. 4월부터 두 달에 걸쳐 하버드대학 철

	학과에서 16회 강의를 진행하다.
1871년	쇠약해진 체력 탓에 하버드대학의 강의를 중단하고, 가족과 친구들과 캘리포니아로 기차 여행을 떠나다.
1872년	7월 24일 콩코드 집에 화재가 발생하다. 제임스 러셀 로웰을 비롯한 친구들이 모은 모금으로 집을 재건축하고 에머슨은 딸 엘렌과 유럽과 이집트 여행을 떠나다. 파리에서 헨리 제임스의 안내로 루브르 박물관을 관람하다. 칼라일을 마지막으로 만나다.
1873년	파리와 런던을 거쳐 5월 27일에 귀국하다.
1875년	딸 엘렌과 제임스 엘리엇 카봇의 도움으로 《문학과 사회의 목표》를 작업하고, 12월에 출간하다.
1882년	4월 27일 콩코드 자택에서 폐렴으로 사망하다.

에머슨 산문선
나를 믿고 나아가기

초판 1쇄 발행 2025년 6월 30일

지은이 랄프 왈도 에머슨
옮긴이 구원

주간 이동은
편집 김주현
미술 임현아 김숙희
마케팅 장기석 성스레
제작 전우석 박장혁

발행처 북커스
발행인 정의선
마케팅 이사 사공성
이사 전수현

출판등록 2018년 5월 16일 제406-2018-000054호
주소 서울시 종로구 평창30길 10 (03004)
전화 02-394-5981~2(편집) 031-955-6980(마케팅)
팩스 031-955-6988

이 책은 저작권법에 의해 보호를 받는 저작물이므로 무단 전재 및 복제를 금지하며, 이 책의 내용 전부 또는 일부를 이용하려면 반드시 저작권자와 북커스의 서면 동의를 받아야 합니다.

ISBN 979-11-90118-91-0 (04080)
　　　979-11-90118-84-2 (04080) (세트)

• 값은 뒤표지에 있습니다.
• 파본이나 잘못된 책은 구입하신 서점에서 교환해 드립니다.